全国中医药行业高等教育"十四五"创新教材

高等中医药院校通识教育系列教材

旅游地理与华夏文明

（供中医药高等院校及相关院校通识课程用）

主 编 闫秀娟

全国百佳图书出版单位

中国中医药出版社

·北 京·

图书在版编目（CIP）数据

旅游地理与华夏文明 / 闫秀娟主编 . —— 北京 : 中国中医药
出版社 , 2024. 11. —— (高等中医药院校通识教育系列教材)
ISBN 978–7–5132–9086–9

Ⅰ . F592.99；K203

中国国家版本馆 CIP 数据核字第 202492MT96 号

中国中医药出版社出版

北京经济技术开发区科创十三街 31 号院二区 8 号楼
邮政编码　100176
传真　010–64405721
北京盛通印刷股份有限公司印刷
各地新华书店经销

开本 787×1092　1/16　印张 14　字数 323 千字
2024 年 11 月第 1 版　2024 年 11 月第 1 次印刷
书号　ISBN 978 – 7 – 5132 – 9086 – 9

定价　58.00 元
网址　www.cptcm.com

服 务 热 线　010–64405510
购 书 热 线　010–89535836
维 权 打 假　010–64405753

微信服务号　zgzyycbs
微商城网址　https://kdt.im/LIdUGr
官 方 微 博　http://e.weibo.com/cptcm
天猫旗舰店网址　https://zgzyycbs.tmall.com

如有印装质量问题请与本社出版部联系（010–64405510）
版权专有　侵权必究

全国中医药行业高等教育"十四五"创新教材

高等中医药院校通识教育系列教材

编审委员会

全国中医药行业高等教育"十四五"创新教材

高等中医药院校通识教育系列教材

《旅游地理与华夏文明》编委会

主　　编　闫秀娟（河南中医药大学）

副 主 编　乔　娟（河南中医药大学）
　　　　　徐向宇（河南中医药大学）

编　　委　（按姓氏笔画排序）
　　　　　张　辉（河南财经政法大学）
　　　　　陈　层（河南中医药大学）
　　　　　林永青（河南中医药大学）
　　　　　罗启权（暨南大学）
　　　　　周　艳（福建警察学院）
　　　　　魏孟飞（河南中医药大学）

前　言

在新医科建设背景下，通识教育教学担负着新的历史使命。为培养具有专业素养和人文精神、全面和谐发展的高素质中医药人才，自 2014 年起，河南中医药大学开始探索适合中医药院校教育的通识教育教学改革。

截至目前，我校通识教育教学改革大致经历了三个阶段：改革与探索阶段（2014—2017），主要是贯彻通识教育理念，初步构建通识教育课程体系，建设通识教育师资队伍，探索构建通识教育教学运行机制和评价体系；完善与发展阶段（2018—2020），学校加入郑州市龙子湖高校园区六所高校联合组建的课程互选学分互认联盟，完善通识教育课程体系，改革考试评价体系；深化与提高阶段（2021 年至今），学校着力推动大类人才培养模式改革，成立通识教育研究中心，推进师资队伍建设，重塑通识教育课程体系，加强通识教育系列教材建设。学校通识教育注重突出中医药文化特色，将中国传统文化和中医药文化课程纳入通识课程，并坚持"五育"并重，将美学教育、劳动教育、国家安全教育等课程纳入通识课程模块，初步构建起了具有河南中医药大学特色的通识教育课程体系。2022 年，学校启动建设具有高等中医药院校特色的通识教育教材，遴选立项建设一批高等中医药院校通识教育系列教材。

本套教材首批共 12 本，包括《汉字文化》《五运六气基础》《中外科技史》《劳动教育》《中国古代文学经典导读》《化学与生活》《旅游地理与华夏文明》《大学生自我管理》《生活中的经济学》《本草文化赏析》《中国饮食文化》《中医药人工智能及实践》。本套教材在我校各专业通识教育教学中使用，同时适合其他中医药高等院校及相关院校本科生、研究生通识教育课程教学使用。

在编写过程中，我们参考了其他高等院校的教材及相关资料。限于编者的能力与水平，本套教材难免有诸多不足之处，还需要在教学实践中不断总结与提高，敬请同行专家提出宝贵意见，以便再版时修订提高。

高等中医药院校通识教育系列教材编审委员会

2024 年 3 月

编写说明

爱国主义是中华民族精神的核心，是中华民族团结奋斗、自强不息的精神纽带。习近平总书记强调："要在厚植爱国主义情怀上下功夫，让爱国主义精神在学生心中牢牢扎根。"这启示我们，爱国主义是教育必须提供的一堂人生必修课。爱国主义的基本内涵之一是爱祖国的大好河山，是人们对自己家园及民族和文化的归属感、认同感、尊严感与荣誉感的统一，是中华民族精神的核心之所在。

鉴于此，河南中医药大学旅游地理与华夏文明教学团队凝心聚力，以拓展中国旅游地理知识、提升旅游文化鉴赏和思辨能力、涵养深沉的家国情怀为目标，面向全国各专业教师、通识课专任教师、学生及社会旅游爱好者，全面梳理、精选中国旅游地理与华夏文明相关知识内容，精心组织编排了此通识课程教材。

本教材分上、下两篇。上篇是总论部分，包括第一章到第三章，分别为绪论、中国自然旅游资源和中国人文旅游资源；下篇为分论部分，共九章，分别为皇城风貌燕赵文化旅游区、林海雪原关东风情旅游区、黄河沃土华夏文明旅游区、山水神秀江南风韵旅游区、巴山蜀水石林洞乡旅游区、活力岭南闽粤文化旅游区、世界屋脊雪域高原旅游区、大漠绿洲丝路文化旅游区、山海胜境多元文化旅游区，主要介绍我国九大一级旅游区的自然地理环境、人文地理环境、风物特产和代表性旅游文化资源。

本教材注重基础、体系完整、关注前沿、便于学习。在体例安排上，由主编进行总体设计，总论部分介绍旅游地理学基础知识及旅游资源分类，有助于读者全面了解我国旅游资源的概况；分论部分脉络清晰、层次分明、详略得当，使读者能够系统深入了解各大一级旅游区的自然地理环境、人文地理环境和主要旅游文化胜地。在内容取舍上，遵循科学、精简的原则。聚焦中国的世界遗产点，共纳入遗产点51个，5A级景区36个，其他代表性旅游文化胜地 22 个，便于读者迅速掌握我国的"硬核"旅游资源，提高旅游者对中国境内自然和人文旅游资源的熟知度，进一步了解我国神奇多样的环境地貌、悠久灿烂的历史文化、丰富的物产和多姿多彩的民俗风情，激发其对中国优秀历史与传统文化的兴趣，拓展知识范围，拓宽视野和胸怀。

本教材坚持以读者为中心，思政交融的编写思路。在板块设计上，遵循"以读者为中心"的原则，在知识传授和能力培养的同时，注重价值观引领，将"思政目标"纳入教学目标之中，并贯穿始终。基于课程团队一线教师长期深入的教学和研究基础，设计了总领全篇的"思维导图""情境导入""知识目标""能力目标"，开阔视野的"知识拓展""课堂互动"和启智润心的"探研思辨"板块，融入社会主义核心价值观、生态文明观、中医药文化、红色革命文化、科学精神、大国工匠、中华优秀传统文化等思政元素，旨在培养读者运用地理的、空间的眼光来解读和分析文化现象的能力；提升读者景观审美能力、文化鉴赏能力、讲解表达能力、旅游线路设计能力等人文素养和综合能力，厚植家国情怀和"四个自信"。

本教材编写分工如下：第一章、第二章由闫秀娟编写；第三章由闫秀娟、陈层编写；第四章由闫秀娟、林永青编写；第五章由魏孟飞、周艳编写；第六章由徐向宇编写；第七章由乔娟编写；第八章由闫秀娟编写；第九章由乔娟、罗启权编写；第十章由闫秀娟编写；第十一章由乔娟编写；第十二章由乔娟、张辉编写。最后由闫秀娟、乔娟、徐向宇统一审稿定稿。

本教材的写作和出版得到了中国中医药出版社、河南中医药大学教务处的支持和帮助。该书凝结了编写团队的智慧与辛勤劳动，书中引用了诸多网络资源未能全部标明出处，在此一并表示衷心的感谢！虽然全体写作人员在编写过程中竭尽全力、通力合作、力求完美，但由于能力和水平有限，不足之处恳请广大读者提出宝贵意见，以便再版重印时修订提高。

《旅游地理与华夏文明》编委会

2024 年 6 月

扫描二维码
查看本书配套资源

目　录

上篇 总 论

第一章 绪 论 ▷▷▷▷

【思维导图】

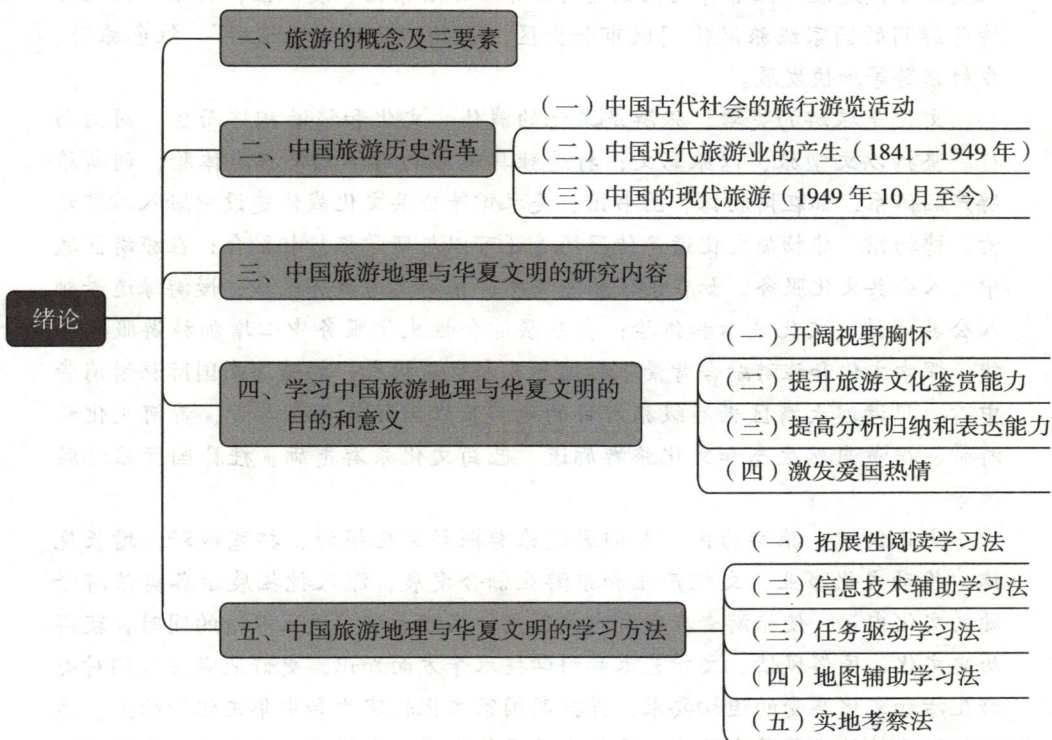

【知识目标】

1. 掌握：旅游的概念和三要素；中国旅游地理与华夏文明的研究内容。
2. 熟悉：中国旅游历史沿革。

3.理解：学习中国旅游地理与华夏文明的目的和意义。

【能力目标】

1.掌握中国旅游地理与华夏文明课程的学习思路和方法。

2.能够从时间的角度思考旅游现象的发展演变过程。

3.能够运用地理的、空间的眼光来解读和分析旅游相关文化现象的能力。

【思政目标】

通过学习绪论，对中国旅游地理及其文化内涵予以总览，明确学习意义，厚植爱国热情和家国情怀，引导树立正确的历史观和价值观。

【情境导入】

文化铸魂　旅游为民

国家《"十四五"旅游业发展规划》指出，"十四五"时期要以习近平新时代中国特色社会主义思想为指导，以推动旅游业高质量发展为主题，明确"以文塑旅、以旅彰文，系统观念、筑牢防线，旅游为民、旅游带动，创新驱动、优质发展，生态优先、科学利用"的原则。到2025年，实现文化和旅游深度融合，建设一批富有文化底蕴的世界级旅游景区和度假区，打造一批文化特色鲜明的国家级旅游休闲城市和街区，推动"互联网＋旅游"、红色旅游、乡村旅游等加快发展。

文化是旅游的灵魂，旅游是文化的载体。文化和旅游相伴而生、同向而行。坚持以文塑旅、以旅彰文，打造独具魅力的中华文化旅游体验，创新旅游产品体系，如在博物馆、图书馆、美术馆等公共文化载体建设中融入旅游元素，博物馆、非物质文化遗产传习场等还可以与研学旅行相融合；在旅游区域中嵌入公共文化服务，如在景区休憩场所、旅游交通服务区域、慢游绿道等融入公共阅读、文化展示和体验；在基层综合性文化服务中心增加旅游服务功能。探索文化和旅游融合背景下的国际艺术交流模式；打造海南国际旅游消费中心、粤港澳大湾区世界级旅游目的地、长江国际黄金旅游带、黄河文化旅游带、杭黄自然生态和文化旅游廊道、巴蜀文化旅游走廊、桂林国际旅游胜地等。

文化铸魂，旅游为民。人们通过旅游探寻文化根源、拓宽视野，增长见识。推动文化事业、文化产业和旅游业融合发展，深入挖掘展示各类旅游资源的文化内涵，使旅游者在欣赏自然风光、名胜古迹、风土人情的同时，获得历史文化、民俗风情、文学艺术和科学技术等方面知识，更好地满足人们对美好生活和文化享受的迫切要求，并提高国家文化软实力和中华文化影响力。通过旅游业的健康繁荣发展为人民带来更多获得感、幸福感、安全感，共同描绘"十四五"旅游业美好画卷。

一、旅游的概念及三要素

"旅游"一词由来已久，最早出现于南朝文学家沈约的《悲哉行》一诗中："旅游媚年春，年春媚游人。徐光旦垂彩，和露晓凝津。时嘤起稚叶，蕙气动初苹。一朝阻旧国，万里隔良辰。"从沈诗看，旅游一词在当时就已含有外出游览的意思。

1991 年世界旅游组织（UNWTO）对旅游的定义为："旅游是人们为了特定的目的而离开他们惯常的环境，前往某些地方并作短暂停留（不超过一年）的活动，其主要目的不是为了从访问地获取经济收益。"这个定义的科学性主要在于肯定了旅游的短期性（在外地的暂时停留不超过一年）、异地性和旅游的目的是获取经济收益之外的其他原因。

现代学界普遍接受的旅游的定义是，旅游是人们出于移民和就业任职以外的其他目的，离开自己的惯常居住地前往异国他乡的旅行和逗留活动，以及由此引起的现象与关系的总和。

由以上定义可以看出，旅游活动包括三要素：①旅游的主体——旅游者；②旅游的客体——旅游资源；③旅游的媒介——旅游业。主体、客体和媒介三者相互依存、相互制约、紧密结合，构成旅游活动的整体。本教材重点介绍旅游的客体，即旅游资源。

旅游资源是指自然界和人类社会中，凡能对旅游者有吸引力，能激发旅游者的旅游动机，具备一定旅游功能和价值，可以为旅游业开发利用，并能产生经济效益、社会效益和环境效益的事物和因素。（《中国旅游资源普查规范（试行稿）》）

二、中国旅游历史沿革

（一）中国古代社会的旅行游览活动

中国是世界文明古国，也是旅行游览活动发生最早的国家之一。中国第一部诗歌总集《诗经》、古籍《山海经》以及《史记》中都有关于我国先民旅行游览活动的记载。中国古代旅游活动具有专业性强和人文色彩浓厚的特点，为深入了解作为文化现象的中国古代旅游活动，可以根据旅游的目的来分析，把中国古代旅游归纳为几种特色鲜明的类型。

1. 帝王巡游 帝王巡游是指中国古代帝王或历代最高统治者对自己的国家和领土所进行的巡视游览活动。古时历代帝王大都有巡游的经历，其目的有政治的、军事的、经济的，也有纯游览性质的。其中，秦始皇、汉武帝、康熙、乾隆等是最典型的几个代表。

秦始皇是中国封建帝王巡游的第一人。公元前 221 年他统一中国后，为了"示疆威，服海内"，秦始皇先后五次巡视全国，足迹所至，北到今天的秦皇岛，南到江浙、湖北、湖南地区，东到山东沿海。此外又依古代帝王惯例，于泰山祭告天地，以表示受命于天，谓之"封禅"。公元前 210 年，秦始皇最后一次巡游，南下云梦（在今湖北），沿长江东至会稽，又沿海北上返山东莱州，在西返咸阳途中于沙丘（今河北邢台附近）病逝。

汉武帝喜巡游，爱猎射，祠山川，慕神山，是史学界公认的中国封建社会的大旅行家之一。他七登泰山，六出萧关；北抵崆峒（今甘肃平凉），南达寻阳（今江西九江），许多名山大川都有他行迹。

康熙曾六次南巡。乾隆也有过六次南巡，并且前两次和他的祖父康熙一样，以浙江杭州为终点，还登上绍兴会稽山祭禹陵而还，意在炫耀国力、安抚江南民心。

2. 官吏宦游　在古代，国家重臣受帝王的委派，为了达到政治、经济、军事等目的而到各地进行的旅行活动称为宦游，其中最具影响力的要数西汉张骞出使西域和明代郑和下西洋。

张骞两次出使西域。张骞是西汉著名外交家、探险家和旅行家。曾经奉汉武帝的派遣两次出使西域，累计长达18年。汉建元三年（公元前138年），他奉武帝之命，带100多人行程7000多千米，出使大月氏。元狩四年（前119年），他又率300人前往乌孙，走访了大宛、康居、月氏、大夏、安息。张骞出使西域打通了汉朝通往西域的南北道路，即赫赫有名的"丝绸之路"，汉武帝以军功封其为博望侯。

郑和七下西洋。从永乐三年至宣德八年（1405—1433年），郑和曾经率领当时世界上最庞大的舰队七下西洋，累计历时28年，完成了举世瞩目的壮举。《明史·郑和传》记载的郑和出使过的国家或地区，共有36个。郑和下西洋，是15世纪初叶世界航海史上的空前壮举，对中外经济、文化交往起到了积极作用；郑和本人，也在这一历史事件中展现出其外交才能、军事谋略以及精神品质，并赢得世人的尊重和纪念。

3. 买卖商游　古代商人以经商为目的，负货贩运，周游天下。随着中国古代水路、陆路交通条件的不断完善，加之商人的不断努力与开拓，中国历史上形成了相当一批举世闻名的"商路"，其中最为著名的有："海上丝绸之路""殷明略航线""茶马古道"等。买卖商游使中国的货品行销五洲、闻名世界，在中国社会发展历史中扮演了举足轻重的角色。

【知识拓展】

海上丝绸之路

海上丝绸之路，是古代中国与外国交通贸易和文化交往的海上通道，也称"海上陶瓷之路"和"海上香料之路"。它从中国东南沿海，经过中南半岛和南海诸国，穿过印度洋，进入红海，抵达东非和欧洲，成为中国与外国贸易往来和文化交流的海上大通道，并推动了沿线各国的共同发展。习近平总书记基于历史，着眼于中国与东盟建立战略伙伴十周年这一新的历史起点，为进一步深化中国与东盟的合作，构建更加紧密的命运共同体，为双方乃至本地区人民的福祉而提出"21世纪海上丝绸之路"的战略构想。建立"21世纪海上丝绸之路"不仅有深厚的历史渊源，也具有坚实的现实基础，对促进中国及海上丝绸之路相关各国的经济发展、文化交流，有着极为重要的意义和作用。

4. 士人漫游　中国古代社会的许多矢志求学之士，为创万世之业，既"读万卷书"，又"行万里路"，几乎都有过旅行游览的经历，从而拓宽视野，增长见闻，解放思想，施展才华，使这一时期的科学技术、史学、文学、医学获得较大成就。其中比较著名的有：司马迁、郦道元、李白、徐霞客和李时珍等。

【知识拓展】

李时珍编写《本草纲目》

李时珍，明代著名医药学家，在数十年行医以及阅读古典医籍的过程中，他发现古代本草书中存在着不少错误，决心重新编纂一部本草书籍。明世宗嘉靖三十一年（1552年），李时珍着手开始编写《本草纲目》，以《证类本草》为蓝本，参考了800多部书籍，其间，从嘉靖四十四年（1565年）起，多次离家外出考察，足迹遍及湖广、江西、直隶的许多名山大川，弄清了许多疑难问题。李时珍认识到，"读万卷书"固然需要，但"行万里路"更不可少。于是，他既"搜罗百氏"，又"采访四方"，深入实际进行调查。经过27年的长期努力，完成《本草纲目》初稿，时年61岁，以后又经过10年三次修改，前后将近40年。这部伟大的著作，吸收了历代本草著作的精华，尽可能地纠正了以前的错误，补充了不足，并有很多重要发现和突破，是到16世纪为止中国最系统、最完整、最科学的一部医药学著作。

5. 高僧云游 中国古代社会的高僧云游是很盛行的，主要是佛教徒以朝拜、学佛、传法为目的的旅行活动。著名旅行家有法显、玄奘、鉴真等，其中玄奘西游取经的故事流传最广。

玄奘，唐代高僧，佛教学者。为解惑释疑，提高佛教地位，他于太宗贞观三年（公元629年）从长安出发，经秦州（今甘肃天水）、兰州、凉州（今甘肃武威）、瓜州（今甘肃安西）出玉门关，沿天山南路西行，经西域16国，前后4年到达天竺（古代印度）。他遍游天竺五部，尽取佛学要义。645年，他从印度回国，带回650多部佛教书籍，还奉唐太宗之命，著《大唐西域记》，记述了他西游16年、行程5万里、所历110个国家和传闻得知的28个国家的地理、宗教、习俗等。这部书文辞绚丽雅致，叙述生动真实，从不同层面、不同角度、不同深度反映了西域的风土民俗，是研究中国西北地区及邻国乃至中亚等地的地理、历史、文化的重要史籍。

6. 节会庆游 中国自古以来便有重视节庆的民族传统，每逢佳节常常有各式各样的节庆聚会。春节的庙会、元宵节的灯市、清明节的踏青春游、端午节的龙舟庙会、中秋节的赏月家庭聚会、七夕节的观星鹊桥会、重阳节的登高会等，都会吸引各地的人们作长途或短途的旅行。在中国各族人民生活习俗和节会喜庆中，春节庙会、元宵灯市、清明踏青、端午竞舟、中秋赏月、重阳登高等是较为流行的游览方式。

（二）中国近代旅游业的产生（1841—1949年）

近代中国由独立的封建国家逐渐沦落为半殖民地半封建国家，社会的各个领域都发生了深刻的变化。西方的商人、传教士、学者和形形色色的冒险家随着古老中国的大门被打开而纷纷来到中国。与此同时，中国的一些爱国志士，为寻求救国救民的真理，也纷纷出国考察旅行和求学。正是这种出入中国门户的国际性旅行和旅游活动日益频繁，导致了近代中国旅游业的产生。

1923年，主持上海商业储蓄银行的银行家便在该行内部率先设立"旅行部"，专门为中国人办理出国手续和代订车船票，组织国内和出国旅游活动。1927年6月，旅行部从上海商业储蓄银行中独立出来，成立中国旅行社。这是我国最早的一家旅行社，其在国内各主要城市设立20多家分支机构，还在新加坡、菲律宾、缅甸等东南亚诸国中设立过办事处，组织机构逐步扩大。此时，旅游业作为一种行业，虽说业已形成，但是它的规模小，水平低，对国民经济的促进作用十分有限。

（三）中国的现代旅游（1949年10月至今）

中国现代旅游业的发展历程大体可分为开创阶段、改革振兴阶段和全面发展阶段。1978年以后，随着国家开放政策的实施，旅游业在国民经济中的地位和作用得到应有的重视。在一系列正确的方针政策指引下，通过不断改革，突破了我国旅游业长期以来基本属于外事接待的模式，其作为一个综合性经济事业的性质得到肯定，一种具有较强活力的新发展模式逐步形成。

旅游生产力全面快速地发展，产业规模不断扩大。改革开放40多年来，无论是对旅游资源和旅游产品的规划、开发，还是旅行社、旅游交通、旅游饭店、旅游教育与培训的建设与发展的速度、规模都令世人瞩目。全国一万多个景区涵盖了自然景观、历史古迹和社会生活等各个方面。在旅游产品的更新换代方面，诸如生态旅游、滑雪旅游、度假旅游、会展旅游等一批适应国际潮流、具有国际知名度的旅游产品也快速起步。我国的旅游业将迎来从旅游资源大国到旅游强国的新时代。

三、中国旅游地理与华夏文明的研究内容

中华大地风景名胜众多，不同的自然环境造就了无数奇观异景，塑造出千姿百态的壮丽景观。中国亦是历史悠久的文明古国，拥有光辉灿烂的华夏文化、丰富斑斓的文化遗产、珍贵罕世的历史文物等，因此旅游资源丰富多样、内涵深刻、生命力旺盛、吸引力极强。

中国旅游地理与华夏文明的研究内容是学习中国自然和人文旅游资源的风貌特征、历史背景和文化内涵，主要介绍中国自然山水的旖旎风光、美丽神奇的历史遗迹、多姿多彩的民族风情和万千胜景的文化底蕴。

为更好地认识中国旅游地理环境，本书根据旅游地理区划的原则，以地理环境特征、旅游资源特点及行政区域的完整性等为主要划分依据，根据我国各地自然、人文景观特色资源的不同将全国划分为9个一级旅游区，即皇城风貌燕赵文化旅游区、林海雪原关东风情旅游区、黄河沃土华夏文明旅游区、山水神秀江南风韵旅游区、巴山蜀水石林洞乡旅游区、活力岭南闽粤文化旅游区、世界屋脊雪域高原旅游区、大漠绿洲丝路文

化旅游区、山海胜境多元文化旅游区。在各论中将系统阐述各个一级旅游区的自然地理环境、人文地理环境、风物特产概况，以及具有代表性的旅游文化胜地。

四、学习中国旅游地理与华夏文明的目的和意义

（一）开阔视野胸怀

通过学习中国旅游地理与华夏文明，了解旅游活动、地理环境和历史文化之间相关影响的道理，熟悉各一级旅游区的自然地理、人文环境和代表性旅游文化胜地，提高读者对中国境内自然和人文旅游资源的熟知度，进一步了解我国多样的环境地貌、灿烂的文化、丰富的物产和迥异的民俗风情，激发其对中国传统历史文化的兴趣，拓展知识范围，开阔视野和胸怀。

（二）提升旅游文化鉴赏能力

"旅行中重要的不在于看见了什么，而在于如何看"。本课程以旅游自然地理和旅游人文地理为主线，培养读者运用地理、空间的眼光来解读和分析文化现象的能力，从时间角度来看待文化现象发展演变过程的能力。以人文为底蕴，通过拓宽旅游资源的深度和厚度，使读者能够实现从欣赏风景到品读风景的转变，提升景观审美能力、文化鉴赏能力。

（三）提高分析归纳和表达能力

通过章节中"课堂互动""探研思辨"等板块的设计，启发学生分析归纳我国九大一级旅游区旅游资源的特点，并在每个旅游区找到自己感兴趣的旅游文化胜地，制作导游词及完成解说视频，同时根据各大旅游区的特点，制定特色旅游线路，如皇家风情游、中原访古游、江南水乡游、丝绸之路游等，提高学生分析归纳、语言表达和旅游线路规划的能力。

（四）激发爱国热情

中国丰富的自然和人文旅游资源蕴含着深厚而多元的中国文化，通过学习能够了解我国主要旅游区的地理环境特征和代表性旅游资源，并从其蕴含的光辉璀璨的华夏文明中得到启迪和文化熏陶，如在万里长城上感受"不到长城非好汉"的精神气魄；在古代帝王陵寝中了解中国封建社会的宇宙观与权力观；在古典园林中感悟中国人深邃的哲理思辨及对生活的美好追求，加深热爱祖国大好河山和悠久历史文化遗产的情感，增进对中国国情的认识，对中华文化的认同，激发爱国热情和家国情怀，增强作为中华民族一员的自豪感和使命感，树立起正确的历史观和价值观，坚定"四个自信"思想素质。

五、中国旅游地理与华夏文明的学习方法

为更好地学习本课程，可以借鉴以下方法。

（一）拓展性阅读学习法

中国旅游地理与华夏文明所涉及的知识面非常广，但相关知识又不可能在书本中全面、系统地介绍，因此，通过拓展性阅读来丰富知识的深度与维度十分必要。以学习园林旅游资源为例，既可以进行先行式拓展阅读，从中国造园艺术的传世经典——《园冶》一书中了解中国古代园林设计的高妙艺术、引发兴趣思考；也可以进行补充式拓展阅读，从《中外园林通史》中了解对比中外园林景观的发展历程和其所蕴含的文化背景，开拓文化视野，从而使知识网络化、立体化、综合化，有效提高读者的知识素养。

（二）信息技术辅助学习法

借助现代信息技术手段，通过网络查找、观看具有代表性的中国旅游资源的相关图片、视频、微课等，获得丰富的感性知识，或者通过开展旅游景点虚拟仿真实验项目体验身临其境的感觉，都能够直观地了解和认识景区风貌，掌握其旅游特色。

（三）任务驱动学习法

任务驱动学习法是在真实的学习情境中带着任务进行学习，能够持续驱动和维持读者学习兴趣和动机，更有效率、更有质量地完成学习。在学习中国九大一级旅游区时，可以带着"为该旅游区你最向往的旅游胜地创作一篇导游词"的任务，对景点成因、历史传说、文化背景、审美功能等做全面的了解和分析。在完成任务的过程中，自己动手搜集整理资料、撰写导游词、分析总结，不仅对所学知识记忆深刻，同时还能不断地发现问题并解决问题。

（四）地图辅助学习法

不同地域的地理位置、地理环境对各地旅游特色和历史文化的形成影响深远，因此，把所学区域旅游地理知识落实到地图上，就会更加直观、易懂易记。利用旅游地图和地理图表学习，能提高地理空间感与方位感，使繁杂、零散的旅游地理知识由机械记忆转变为形象记忆和理解记忆，学习就会事半功倍。

（五）实地考察法

在条件允许的前提下，读者若能够对书本上介绍的内容进行实地考察，不仅能增加感性认识，巩固、扩大、加深所学旅游地理和历史文化知识，还能使所获得的知识在实地考察过程中得到应用和提高，从而深化对知识的理解和掌握，真正地实现知识源于生活，知识用于生活。

【知识拓展】

中国的世界遗产

世界遗产指经过联合国教科文组织的世界遗产委员会确定后，进入《世界遗产名录》的物质或非物质遗产，是全人类公认的具有突出意义和普遍价值的文物古迹及自然景观。中国的世界遗产地或为历史遗迹、文明见证，或为自然造化、生态奇观，或为人文杰作与自然景观的和谐共处，是旅游资源中的精华。

截至 2022 年，中国的世界物质遗产总数达到 56 处，其中世界文化遗产 33 项、世界文化景观遗产 5 项、世界文化与自然双重遗产 4 项、世界自然遗产 14 项。中国是世界文化与自然双重遗产数量最多的国家（与澳大利亚并列，均为 4 项），首都北京是世界上拥有遗产项目数最多的城市（7 项），世界物质遗产总数在全球排名第二，仅次于意大利的 58 项，是名副其实的世界遗产大国。

【本章小结】

我国旅游活动历史悠久，并经历着兴衰起伏的发展变化过程。中国旅游地理与华夏文明课程旨在系统介绍中国旅游地理知识、阐述中国自然和人文旅游资源的风貌特征、历史背景和文化内涵，展示生生不息的华夏文明，使读者在丰富多彩的自然美景中陶冶高尚情操、在悠久灿烂的历史文化遗产中提升文化素养。

课堂互动

1. 请吟诵李白的山水诗作，并谈谈诗词中描绘的旅游景点。
2. 学生分组讨论，谈一谈开展自助旅行需要做哪些准备。

探研思辨

1. 5 月 19 日"中国旅游日"是国务院于 2011 年批准设立的非法定节假日。这一天是《徐霞客游记》首篇《游天台山日记》开篇之日，以此纪念杰出的旅行家徐霞客，"达人所之未达，探人所之未知"。"中国旅游日"寓教于游、传播文化，以特色鲜明的主题、广泛的参与性和普遍的惠民性，成为广大人民群众和旅游业每年一度的重要节日，也见证了旅游从生活点缀到成为生活刚需的变化。设立"中国旅游日"，标志着中国旅游业正迈入一个更好地满足人民群众日益增长的旅游需求的新时代。

（1）请搜集徐霞客生平经历和主要成就，分析其在旅游业获得崇高地位的原因。

（2）在深入了解历年"中国旅游日"活动主题的基础上，试为下一次"中国旅游日"活动设计一个新颖精彩的主题。

2. 为充分挖掘旅游投资和旅游消费增长潜力，国家出台了多项政策法规，2009 年以来主要有《国务院关于加快发展旅游业的意见》《关于金融支持旅游业加快发展的若干意见》《关于鼓励和引导民间资本投资旅游业的实施意见》《国民旅游休闲纲要（2013—2020年）》《关于促进旅游业改革发展的若干意见》《2015年全国旅游工作会议报告》《关于进一步促进旅游投资和消费的若干意见》《关于促进全域旅游发展的指导意见》等，通过逐步落实带薪休假制度、加快基础设施建设、多方资金支持等方面，全力推动旅游产业发展。

（1）请阐述一下旅游业在现代国民经济中的重要作用。

（2）通过实地考察，探明你家乡所在地区近年来旅游业发展概况，并试述促进当地旅游业高质量发展的举措。

第二章　中国自然旅游资源　▷▷▷▷

【思维导图】

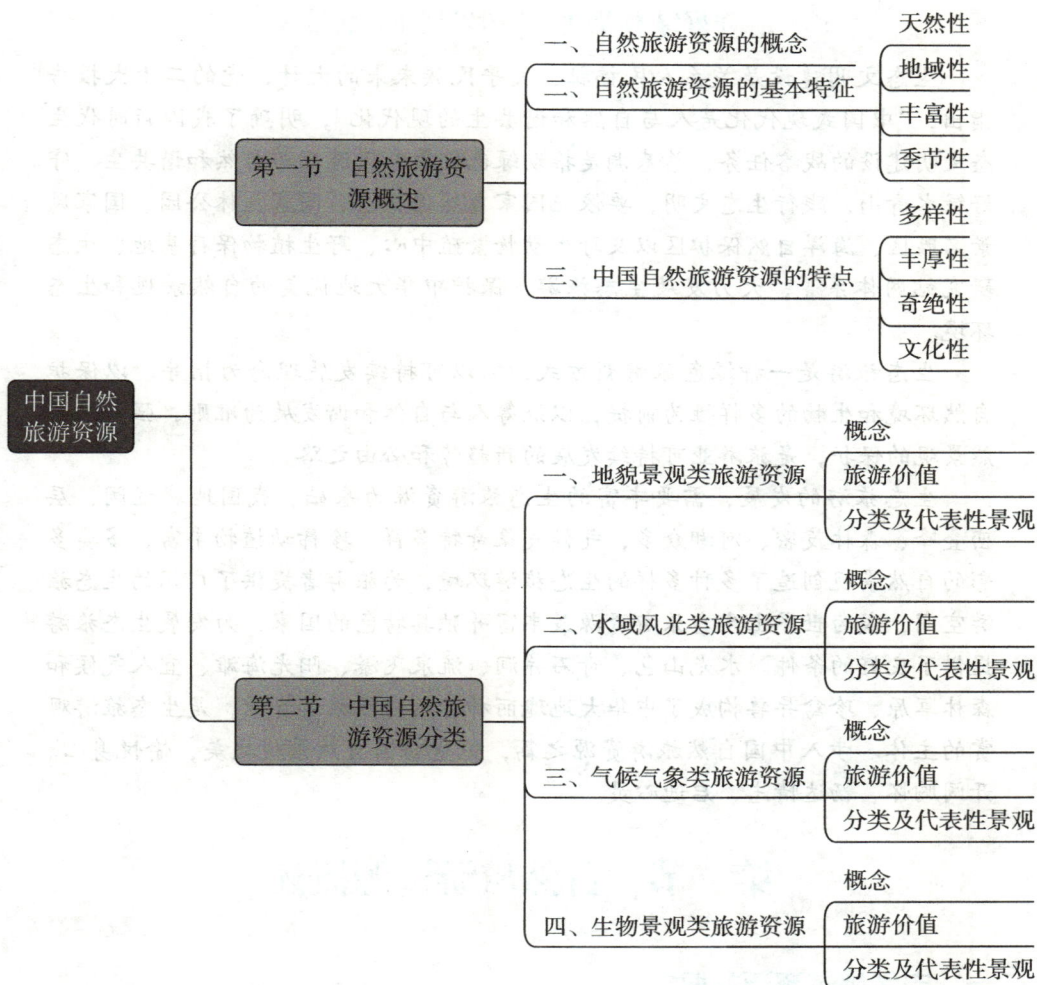

【知识目标】

1. 掌握：中国自然旅游资源的特点和分类。
2. 熟悉：自然旅游资源的概念和基本特征。
3. 理解：中国各类自然旅游资源的代表性景观。

【能力目标】

1. 提高学生对自然旅游资源的审美能力和鉴赏能力。

2. 培养学生科学地解释阐述自然旅游资源的形成与景观特色的分析能力。

【思政目标】

1. 通过系统学习中国各类自然旅游资源的概念、价值和代表性景观，学会欣赏中国的壮美自然奇景，增强民族自豪感和自信心。

2. 树立尊重保护自然、爱护生态环境、人与自然和谐共生的生态文明观。

【情境导入】

守好绿水青山，大力发展生态旅游

生态文明建设是关系人民福祉、关乎民族未来的大计，党的二十大报告指出，"中国式现代化是人与自然和谐共生的现代化"，明确了我国新时代生态文明建设的战略任务，总基调是推动绿色发展，促进人与自然和谐共生。守好绿水青山，践行生态文明，要依托国家自然保护区、国家森林公园、国家风景名胜区、海洋自然保护区以及野生动物繁殖中心、野生植物保存基地、生态研究站网体系等，大力发展生态旅游，保护中华大地优美的自然景观和生态环境。

生态旅游是一种绿色旅游新方式，它以可持续发展理念为指导、以保护自然环境和生物的多样性为前提，以统筹人与自然和谐发展为准则，强调对自然景观的保护，是旅游业可持续发展的新趋势和必由之路。

生态旅游的发展，需要丰富的生态旅游资源为基础。我国地域辽阔、层峦叠峰、森林茂密、河湖众多，气候气象奇特多样、珍稀动植物丰富，多姿多彩的自然景观创造了多种多样的生态旅游环境，为旅游者提供了广阔的生态旅游空间，成为世界上生态旅游资源最丰富并独具特色的国家，为发展生态旅游提供了良好的条件。水光山色、奇石异洞、流泉飞瀑、阳光海滩、宜人气候和森林草原、珍禽异兽构成了中华大地瑰丽神奇的自然旅游资源，是生态旅游观赏的主体。步入中国自然旅游资源之篇，饱览祖国自然景观之美，愉悦身心、开阔胸怀、畅达情志、启迪心灵。

第一节　自然旅游资源概述

一、自然旅游资源的概念

自然旅游资源又称自然风景旅游资源，是指能使人们产生美感或兴趣，具有旅游功能的各种地理环境或生物构成的自然景观。自然旅游资源是在亿万年自然地理环境的演变之中形成的，基本上是天然赋予的。由于地表自然条件的地域差异，各地区各种自然要素的不同组合，构成了千变万化的景象和环境，能够满足人们多样化的需求。风景胜地的美景为旅游者提供美的享受，异地风光使久居某地的人们感到新奇，温暖或凉爽的气候条件促使人们前往避寒或避暑，高山、激流、极地等严酷的自然环境可满足人们探险的需求。在工业化、城市化不断发展的今天，人们对自然旅游资源的需求愈发强烈，回归自然、生态旅游正成为越来越多旅游者的愿望。

二、自然旅游资源的基本特征

（一）天然性

自然旅游资源是自然界天然赋存的产物，其最突出的特点就是天然性。它们是天然生成的，完全是大自然的杰作，它们所拥有的优美风光和独特气质，都是大自然的原创，不以人的意志为转移。

（二）地域性

不同地区受纬度、地貌、海陆位置等的影响，有不同的气候条件和地质条件，造就的自然景观也各不相同。因此，自然旅游资源分布具有一定的地域范围，存在地域差异，带有明显的地域性。如赤道雨林景观、温带大陆内部的荒漠景观、南极的冰原景观等分别出现于不同的地表区域。

（三）丰富性

自然旅游资源涵盖范围广，种类多，内容十分丰富。地球上的岩石、水、大气和生物都可以构成自然旅游资源。在众多的自然旅游资源中，以山地幽谷、奇石异洞、流泉飞瀑、阳光海滩、珍禽异兽、琼花瑶草、天象奇观为特色的景象组合，往往形成不同风格的著名风景区。随着科技的发展，人类以前难以到达的地方蕴含的自然资源也被逐步开发成新型旅游产品，如深海中的珊瑚礁、各类深海鱼类和深海中的各种动植物等，使自然旅游资源更加丰富。

（四）季节性

自然旅游资源具有季节性特征，随着自然环境的季节性变化，自然旅游资源亦会发生相应变化。春回大地，草长莺飞、百花绽放；夏季到来，草木繁茂、水域壮阔；秋日继至，层林尽染、瓜果飘香；隆冬时节，寒梅傲立、冰天雪地。大多数自然旅游资源皆随着季节的变换而呈现出不同的季节景观，一些景观只有在特定的季节才能出现，比如雾凇、冰雪、彩林、红叶等景物都有明显的季节性，只有在适当的季节才能够欣赏到。诸如云海、日出、佛光、彩虹、海市蜃楼等气象景观，仅仅在一天中的特定时间内或特定气候环境下出现，转瞬即逝。

三、中国自然旅游资源的特点

中国地域辽阔，各种自然要素的分布与组合千差万别，造就了我国复杂多样、丰富多彩的自然景观，许多自然旅游资源奇特独有。此外，五千年华夏文明源远流长、光辉灿烂，使中华大地的各类自然景观往往被中国传统文化所浸染，呈现出特有的文化性。

（一）多样性

中国是世界上旅游资源最丰富的国家，自然旅游资源种类繁多、复杂多样，具备多种功能。以地貌景观为例，我国地势西高东低，呈三级阶梯状下降，地形地貌类型多样。从海平面以下 161 米的吐鲁番盆地的艾丁湖底，到海拔 8848.86 米的世界第一高峰——珠穆朗玛峰，绝对高差达 9010 米，其间遍布一系列高大山脉和众多湖泊，且有丘陵、平原、盆地交错分布，海洋线蜿蜒曲折，有着独一无二的地貌优势。同时，我国南北跨越多个气候带，不仅有纬向性的多样气候带变化，还有鲜明的垂直气候效应，高山地区往往会出现"一山有四季，十里不同天"的现象。多样的风景地貌和多功能的气候资源，为动植物提供了优越的生存栖息环境，从而使我国成为世界上生物多样性最为丰富的国家之一。

（二）丰厚性

中国自然旅游资源不仅种类多样，而且每种资源的积淀丰厚，拥有各种规模、形态、品类的资源特征。以花岗岩山景为例，既有节理发育又经风雨剥蚀塑造以奇峰怪石、劈天摩地而著称的黄山；也有因断层发育使巨大花岗岩体突兀凌空以险称绝的华山；还有因花岗岩组分特性而导致的球状风化，由其形成的造型奇异的各种小尺度的风景地貌散见各地。生物景观类的奇花异草中仅观赏性菊花就有 3000 多种、兰花 2000 多种、梅花 200 多种，充分显示出中国自然旅游资源的丰富性。

（三）奇绝性

中国的自然旅游资源不仅丰富多样，而且奇特独有，奇特的旅游资源数不胜数。如以独特的峰林峰墙、流泉飞瀑特色景观而著称的张家界，置身其间，犹如到了一个神奇的世界和浑然天成的山水画廊，其风光之美，不仅在中国独树一帜，就是在世界范围内，也是绝版的风景资源。云南石林地貌风光不仅在中国的山川名胜中堪称一绝，在世界岩溶地貌风光中，它也以其面积广、岩柱高、造型丰富而独占鳌头。这些珍贵罕世自然旅游资源的奇绝性，正是吸引游客的魅力所在。

（四）文化性

丰富多样、神奇瑰丽的自然景观，总是以其生机勃勃、无羁无绊的自然生命，吸引人们与其共融共鸣，带给人们生命真谛的领悟，情感的升华和灵魂的震撼。因此，中国人总是把自然景观审美视为情感的寄托，以景激情，以情悟物，并将观赏自然景观的感受和体悟，物化为诗文、绘画、音乐、雕刻等多种多样的艺术形态，为自然景观增添了无限的文化意趣。中国拥有悠久的历史和灿烂的文化，中华大地上屹立着的山峰、流淌着的河流见证了五千年的历史变迁，因此许多自然旅游资源都和历史人物及事件有着密切的联系，于是原生自在的自然旅游资源中印上了历史的踪影，渗入了历史文化的血脉，赋予了中国自然旅游资源独特的文化意蕴。

第二节　中国自然旅游资源分类

中国自然旅游资源丰富多样、景观特色鲜明，参照《中国旅游资源普查规范》提出的分类方法，可将其分为四大类，即地貌景观类、水域风光类、气候气象类和生物景观类，每类又细分为若干项。

一、地貌景观类旅游资源

（一）概念

地貌景观旅游资源是因内外地质作用形成的具有美学观赏价值和旅游价值的地表形态景观。不同的地质内营力作用可形成不同类型的地质地貌旅游资源，如火山作用形成火山地貌、地热景观；地质构造运动形成断层、峡谷、陷落湖；地质内营力作用及其产生的高温高压形成各种岩石、宝石、化石等旅游资源。而地球外部的外营力如风力、水力、冰川则不断改变地表形态，从而形成雅丹地貌、喀斯特地貌、冰蚀地貌等景观。

（二）旅游价值

1. 地貌是自然旅游景观形成的基础　地貌是自然旅游资源的重要组成部分和形成的基础，它决定了自然风景的骨架、气势和纹理的主要特征，也影响着动植物的栖息与生长。流动的水体，富有生机的生物及变幻无穷的气象景观或以地貌为存在的基础，或以地貌部位为其观赏的最佳位置。地貌是构成区域性景观整体的支撑骨架，对旅游风景而言，在诸多自然要素的组合中，地貌旅游资源处于主体地位。

2. 地貌影响旅游项目的选择　地貌在很大程度上决定着旅游项目的兴建与选择。地貌不同，适于开展的旅游项目也不同。低山、丘陵、平原等地貌适宜观光游览；海岸地貌适宜度假疗养；高山地貌则适宜进行攀登探险、科学考察等。

3. 地貌影响人文旅游景观的形成　地貌景观决定了人文景观的基调，人文景观要植根于一定的地貌基础上，并与之协调。如我国北方地势平坦开阔，在此兴建的皇家园林大多富丽繁华、恢宏粗犷；南方地势起伏不平，建于江南的私家园林往往小巧精致、秀雅玲珑。

此外，人文旅游胜地的建筑中，建筑选址、建筑规模及建筑物的艺术风格等的确定首先必须考虑的因素就是建造区的地貌特征，甚至有一些人文旅游胜地的形成必须拥有特殊的地貌资源条件。例如，我国的四大石窟，敦煌莫高窟建于鸣沙山的断层崖上，云冈石窟建于武周山麓，龙门石窟建于伊河两岸断层崖上，麦积山石窟建于麦积山的断层崖上。

（三）分类及代表性景观

我国地域辽阔，地貌类型丰富多样。不仅有五种常态地貌类型即山地、高原、平原、盆地和丘陵，还发育着许多典型的花岗岩地貌、流纹岩地貌、岩溶地貌、冰川地貌、丹霞地貌、熔岩地貌、风沙地貌、海岸地貌等特殊地貌。在地质历史长河中，这些特殊地貌由于成因不同，其外显景观也各不相同，一些观赏价值较高的就成为重要的旅游资源。

1. 花岗岩地貌　花岗岩是地表最常见的一种岩浆岩，属于酸性侵入岩。在地壳上升运动中，深藏于地壳中的花岗岩被抬升，可形成高大挺拔的山体，使主峰显得十分雄伟。花岗岩岩体造型丰富，岩性较为均一，质地坚硬，不易风化。但因其垂直节理发育，经流水切割侵蚀或重力崩塌作用，易形成挺拔险峻、峭壁耸立的山势，多奇峰、深壑。表层岩石球状风化显著，可形成各种造型逼真的石蛋，最典型的为风动石，或其他各种惟妙惟肖的象形石峰。如黄山的怪石就是黄山"四绝"之一，极具观赏价值。

我国花岗岩山地分布广泛，泰山、黄山、衡山、华山、九华山、千山、崂山、天台山等风景名山皆由花岗岩山体组成，尤其华山，本身就是一株巨大的花岗岩岩株，登山道路步步奇险，皆因为花岗岩岩性坚硬，不易风化，因此不易形成自然的登山道路。所以我国自古就有"泰山天下雄""华山天下险"之说。

2. 流纹岩地貌　流纹岩是酸性喷出岩。在其喷出地表后的流动冷凝过程中，具有不同颜色流纹状构造，故称流纹岩。流纹岩岩体多节理和裂隙，经过构造上升，河流下切，重力崩塌，常常形成造型奇特的微地貌，如奇峰、异洞、幽谷、峭壁、石柱和石磴等。这些造型不仅丰富逼真，而且同一景物从不同时间、不同角度观看，常常会呈现出不同形象，具有变幻之妙，是非常典型的变换造型地貌。

我国流纹岩山地以浙江省为最多，著名的有雁荡山、天台山、天目山、会稽山以及西湖附近的宝石山等。其中雁荡山是流纹岩山地风景的典型代表，被称为"造型地貌博物馆"。雁荡山著名造型峰岩灵峰，在不同时间不同角度，可变幻成双手相合、雄鹰展翅、夫妻幽会等形象，故又有合掌峰、雄鹰峰、夫妻峰等名称。

3. 丹霞地貌　丹霞地貌是红色沙砾岩（因为岩石经过强烈氧化，富集红色的氧化铁，使岩体呈现红色，又由于富集程度的差别，而产生色彩的变化，有紫色、绛红、朱红、浅红等）经长期风化剥离和流水侵蚀，形成孤立的山峰和陡峭的奇岩怪石。丹霞地貌的景观特点是山色丹红如霞，山体形状如柱，拔地而起，给人以俊秀挺拔，奇特优美之感。此种地貌最早发现于广东仁化丹霞山，故称丹霞地貌。

丹霞地貌广泛分布在我国长江以南各省区，北方间或有所分布。代表性的名山有广东丹霞山、福建武夷山、张掖祁连山丹霞地貌群、江西的龙虎山等。广东仁化丹霞山是典型的丹霞风景区，20多座岗丘，临江拔起，色渥如丹，灿若云锦。张掖祁连山丹霞地貌群坐落于祁连山北麓，数以千计的悬崖山峦全部呈现出鲜艳的丹红色和红褐色，相互映衬各显其神，把祁连山雕琢得奇峰突起，峻岭横生，五彩斑斓，彩色丘陵色彩之缤纷、面积之大冠绝全国，是丹霞地貌中的精品。

4. 岩溶地貌 岩溶地貌是指碳酸盐类岩石（主要是石灰岩）为主的可溶性岩石，在以水的溶蚀为主的内外力作用下形成的地貌，各种造型奇特的峰、柱、石、洞，其形态的多样性和奇异性为其他地貌类型所难以比拟，因此，世界上许多岩溶地区都是旅游胜地。我国的岩溶地貌分布很广，是世界上岩溶地貌分布最广、最典型的国家，面积为100多万平方千米。号称"甲天下"的桂林山水即是典型代表之一。

5. 熔岩地貌 熔岩地貌是指岩浆经火山喷出或地表裂隙溢出，随地形流动，逐渐冷却、凝固，并散失大量气体，最后形成的各种地形。主要有火山锥堆、熔岩台地、熔岩堰塞湖、温泉等景观。此外，火山喷发后，火山口有的积水成湖，有的因年久出现"地下森林"。我国熔岩地貌主要分布在三个地带，环蒙古高原带，如山西大同、黑龙江五大连池；青藏高原带，如云南腾冲火山群；太平洋带，如吉林长白山、台湾大屯火山群。

6. 风沙地貌 风沙地貌指在风力对地表物质的侵蚀、搬运和堆积过程中所形成的地貌。亦称风成地貌，可分为风积地貌和风蚀地貌两大类。

风积地貌是以风为主要外营力，风化、堆积地面各种物质，形成沙丘。我国西北内陆的地区，干旱少雨，风大频繁，风沙作用就成为干旱区塑造地貌的主要营力，形成了一系列沙丘沙漠。如新疆的塔克拉玛干大沙漠，是世界上第二大沙漠，是我国最大的荒漠景观。在这类地貌中，以会唱歌的鸣沙沙丘最具吸引力。

【知识拓展】

宁夏中卫沙坡头治沙站是在创造治沙、绿化、旅游三结合中的典范

为了保障西北交通大动脉包兰铁路的畅通运行，治沙专家和智慧的宁夏人民通过60多年的实践和创新，逐渐形成了独特的"五带一体"防风固沙体系，即围绕着治沙核心区通过五个治沙带，形成一个立体的防护体系。其中最精髓的当数治沙魔方——麦草方格，它是防风固沙体系的重要核心，解决了世界流沙固定的难题，把茫茫沙山变成了金山银山和绿水青山，创造了人类治沙史上的奇迹，为世界荒漠化治理贡献出"中国智慧"，已成为世界防风治沙的典范。沙坡头特殊的自然景观以及著名的治沙成果是中卫沙坡头的标志形象，也使其成为了一个闻名遐迩、拥有世界垄断性旅游资源的5A级旅游胜地。

风蚀地貌是经由风和风沙流对土壤表面物质及基岩进行的吹蚀作用和磨蚀作用所形成的地表形态，主要表现为风蚀垄槽、风蚀蘑菇、风蚀柱、风蚀壁龛、风蚀洼地等景观。其中最引人入胜的是"雅丹地貌"，即风蚀垄槽。雅丹源于维吾尔语，意思是"有陡壁的小丘"。这种地貌出现于大风干旱的古湖盆或湖积平原，由于强大的风力侵蚀和搬运作用，常呈现出风蚀岭脊、风蚀沟槽、土墩和洼地等形态。新疆乌尔禾的戈壁上的巨型石柱群千奇百怪，即典型的"雅丹地貌"，又被称为"世界魔鬼城"。

7. 冰川地貌 由冰川的侵蚀和堆积作用形成的地貌叫冰川地貌。巨厚的冰川在缓慢运动过程中产生很强的刨蚀作用，在山体雪线以上形成险峻的角峰、刃脊和冰斗。冰川的前缘部分在逐渐消融的过程中，形成冰洞、冰瀑布、冰桌、冰蘑菇等，构成了不同寻

常的观光、探险、科考旅游资源。我国的现代冰川主要集中在西藏、青海、甘肃、新疆等地的极高山区，是世界上山岳冰川面积最大的国家。目前已有一些开发为旅游项目，如四川贡嘎山海螺沟冰川，云南玉龙雪山的冰川等。

8. 海岸地貌 海岸在地质构造运动、海浪与潮汐的冲刷和堆积作用，沿岸海流和生物作用以及气候等因素的共同作用下而形成的地貌，称为海岸地貌。我国海岸线漫长，有长达 1.8 万多千米的大陆海岸线。从礁岩峻峭的基岩海岸到柔软舒缓的砂质海岸，从吸引了无数海鸟栖息的淤泥质海岸到生机盎然、缤纷多彩的红树林、珊瑚礁海岸，每一种海岸类型都大有可观。

根据海岸地貌的基本特征，可分为海蚀地貌和海积地貌两大类。海蚀地貌是岩石海岸在波浪、潮流等不断侵蚀下所形成的各种地貌，主要有海蚀洞、海蚀拱、海蚀柱、海蚀崖、海蚀平台等。海蚀地貌壮丽多姿，不仅有嵯峨巨石，还有曲径幽洞、嶙峋怪石，常被辟为旅游胜地。著名的台北野柳地质公园是海蚀地貌的代表，经千百万年的侵蚀、风化的交互作用，逐渐形成蕈状石、烛台石、姜石、壶穴、棋盘石、海蚀洞等地质奇观，让全长 1700 米的海岬，成为台湾最负盛名的地质公园。此外，山东烟台庙岛群岛的海蚀崖、浙江普陀山的潮音洞、海南三亚海滨的南天一柱（海蚀柱）等，也都是较典型的海蚀地貌。

二、水域风光类旅游资源

（一）概念

水是生命形成和发展的最基本条件之一，也是自然界最活跃的物质之一，同时也是构成旅游资源重要的物质基础。水域风光，是指以水体为中心，在地质地貌、气候、生物、人类活动等因素的配合下，构成不同类型水体景观的统称。水域风光旅游资源包括河流、湖泊、瀑布、泉水、海洋等。

（二）旅游价值

1. 水体是各类景区的重要构景要素 作为流动的形体，水能够增加景区其他构景要素的活力与美感，特别是自然风景区，常常以水作为其吸引因素。作为依托水体而建成的人文景观也正是因为水随景转，景因水活，才有了万千变化的景观。水与山、水与生物、水与季节气候、水与建筑物、水与人类活动等有机结合，相映成趣，构成景区优美的风景组合。

2. 水体自身可形成多种多样的美景 水域风光具有形状多样、声音美妙、颜色多变、味道不一、水影变幻、动静相宜等特点，具有动态变化的独特美感，成为旅游中重要的审美对象。如被人们称为"童话世界"的九寨沟以及"人间天堂"的苏杭一带，都是以水体资源形成了富有魅力的奇丽景观。

3. 水体是最能满足游客参与要求的旅游资源 随着人们旅游需求个性化和多样化的不断发展，旅游活动不仅仅局限于看、游、赏，旅游者越来越注重体验与参与。水体资源既可以观赏又可体验、参与，适宜开展多种娱乐运动，如游泳、垂钓、漂流、划船、帆板、冲浪、潜水等。因此对于水体类旅游产品的开发颇具优势。

（三）分类及代表性景观

1. 海洋景观 我国东临世界第一大洋太平洋。大陆海岸线总长达 1.84 万千米，蕴藏着极其丰富多彩的海洋旅游资源。蓝天白云、碧海细浪、滩长沙软、浩瀚无边，构成了迷人的海滨风光，蓝天、阳光、沙滩、海水，被称为最具吸引力的旅游资源。海水中还蕴藏了极为丰富的海洋生物，这些资源对于人类具有很强的观赏价值和科考价值。

海洋不仅以其优美的风光吸引游客，还可以开展多种参与活动，如海钓、游泳、驾驶帆船、骑摩托艇、冲浪、开水上飞机等。随着现代科学技术的发展，海底观光探秘和建造人工海底乐园已经成为海洋旅游活动的一个重要组成部分。游客可以在潜水员的指引下，潜到水下去观赏鱼类，珊瑚等海洋生物，游览和考察海底地貌。

我国各地的海洋景观充满了特有的风韵。著名的大连金石滩滨海国家地质公园位于大连市金州区东南部沿海地区，金石滩凝聚了 3 亿～9 亿年地质奇观，凭借着海岸边独特的山形地貌、海滩上奇绝的礁石形态、岩层中丰富的古生物化石、流传于民间瑰美的神话传说，被赋予"天工奇迹""凝固的动物世界""神力雕塑公园""天然的地质博物馆"等众多美誉。三亚海滨位于海南岛最南端，由海棠湾、亚龙湾、大东海、天涯海角、落笔洞、大小洞天等景区组成。椰林、波涛、渔帆、鸥燕辉映点衬，形成南国特有的"椰风海韵"热带海滨风光。此外，大连——旅顺口海滨、北戴河海滨、青岛海滨、厦门海滨等也都是海滨旅游胜地。

2. 江河景观 江河溪涧是一种重要的水体形式，同时也是一类重要的水体旅游资源。河流及其沿岸不仅有立体画廊似的自然风景，而且由于河谷地带，尤其中下游地区，往往是古人类的起源地或古文明的发祥地，所以河流两岸多有古人类遗迹或文物古迹分布，人文景观荟萃。此外，河流还可以供人们开展漂流、游泳、划船、垂钓等多种活动，给旅游增加无限情趣。我国是一个河流众多的国家，流域面积超过 1000 平方千米的河流有 2221 条。大小河流总长度在 42 万千米以上，其中最具代表性的河流资源有长江、黄河、珠江等。

3. 湖泊景观 湖泊是水文旅游资源中一个重要的组成部分。它们有的是平原大湖，壮阔浩渺；有的是山地秀湖，秀美多姿；有的雄踞于高原之上，银峰环抱；有的掩映在内陆深处，蕴含资源。湖泊像一颗颗光彩夺目的蓝色宝石，镶嵌在广袤大地，给秀丽的大自然增添了无限的风采。按成因划分，湖泊主要有潟湖、构造湖、火口湖、堰塞湖、风蚀湖、冰川湖、河迹湖、人工湖等。

我国湖泊众多，天然湖泊面积达到 8 万平方千米，还有众多的人工湖泊即水库，可作为旅游资源开发的湖泊数量可观，类型丰富，各具特色。其中著名的湖泊旅游景观有浙江杭州的西湖、青海的青海湖、吉林的长白山天池等。此外，湖南的洞庭湖、江苏的太湖、黑龙江的镜泊湖、云南大理的洱海、新疆的喀纳斯湖、广东肇庆的星湖、西藏的纳木错、台湾的日月潭等，也都是以水饰景的湖泊风景名胜。

【知识拓展】

我国五大淡水湖

鄱阳湖、洞庭湖、太湖、洪泽湖和巢湖是我国五大淡水湖。其中鄱阳湖位于江西省北部，湖水面积受季节、降雨量和长江水位等多种因素影响而有所变化，是我国第一大淡水湖。湖的西北即为我国著名避暑胜地庐山。匡庐奇秀与鄱阳湖水，构成一幅天下最美的山水图画。鄱阳湖还是我国最大的鸟类自然保护区，湖边沼泽地生活着很多种水禽，是观鸟的好去处。

4. 瀑布景观　瀑布是指从河谷纵剖面岩坎上倾泻下来的水流。它是兼有形、声、动三态之美的别具风格的旅游资源。其形千变万化，一挂瀑布或笔直而下，或遇石后呈伞状、片状而落，或受阻后分流呈人字瀑、多节瀑；其声轰鸣作响，像雷鸣声又似万马奔腾；其动气势磅礴，如条条白练随风舞动，似颗颗银珠漫天飞泻。瀑布之美，还源于与蓝天、白云、青山、深潭等其他自然要素相结合，组成一幅动态的美丽图画。许多瀑布还成为历代文人歌咏的对象，自古就为无数人所折服。

我国幅员辽阔，地质构造复杂，南北各地分布有众多的、举世闻名的、不同类型的瀑布。瀑布旅游资源一般可分为：名山瀑布，如江西庐山壮观美丽的三叠泉、安徽黄山"晴雨悦目"的著名三瀑，"人字瀑""百丈瀑""九龙瀑"及著名的雁荡山十八瀑等。岩溶瀑布，如浙江金华洞的岩洞瀑布、云南九乡的雌雄瀑布、湖北神农架的"百丈挂彩"等；火山瀑布，如长白山瀑布、广东从化温泉三源等。在我国以瀑布为主体景观的旅游区有：贵州的黄果树瀑布、黄河中游的壶口瀑布、黑龙江镜泊湖的吊水楼瀑布等。

5. 泉水景观　泉是地下水的天然露头，具有观赏、饮用、浴疗价值，能被旅游业应用者称为泉水景观旅游资源。泉水清澈纯净，看清泉涌出、听泉水叮咚就是一种很大的享受；泉水在中国人的饮食文化中也占有重要的地位，茶与酒中的佳品大多要借助自然界中的甘甜泉水。"地有名泉，必有佳酿"，驰名中外的贵州茅台、四川五粮液、青岛啤酒等，都是用名泉酿酒，大大提高了酒的质量；西湖龙井驰名中外，色绿、香郁、味醇；虎跑泉水甘洌醇厚、水质纯净，龙井茶只有用虎跑泉水才能泡出它独特的茶香，故二者被世人合称为"西湖双绝"。因此，泉不仅可以造景，给人带来优雅秀丽的景色，还为人们提供了理想的水源。

【知识拓展】

康体性温泉、矿泉的疗养作用

温泉、矿泉含有多种微量元素及其他化学成分，对于人体的保健和医疗有着重要价值。"深知海内长生药，不及崂山一清泉"，是人们对温泉理疗价值的评价。我国开发温泉、矿泉进行治病疗养的历史已经有几千年了。明代医药学家李时珍在其医药名著《本草纲目》一书中，对温泉的性质和疗效记载甚详，"温泉主治诸风湿、筋骨挛缩及肌皮顽痹、手足不遂、无眉发、疥、癣诸疾"，并对我国当时的六百多个矿泉作了详细记载和分类。我国大多数温泉所在地山川秀丽，是人们疗养和旅游的好去处，比较有代表性的有鞍山汤岗子温泉、西安华清池温泉、黑龙江五大连池，广东从化温泉等。

我国泉水资源非常丰富，分布极为广泛，是世界上泉水最多的国家之一。据初步统计，全国自然出露的温泉加矿泉有2600多处。因此我国以泉为主体资源、以泉闻名的旅游地众多，最具代表性的为"泉城"——山东济南，泉水众多，有名泉72眼，其中最著名的是趵突泉，它与珍珠泉、黑虎泉、五龙潭并称为济南"四大泉群"。趵突泉之声——"跳跃唐突，如有激之者"；趵突泉之形——泉自地下溶洞的裂缝中涌出，三股并发，浪花飞溅，状似堆雪；趵突泉之势——势若鼎沸，声若隐雷，蔚为大观，无与伦比。

我国还有很多景观奇特、具有特殊吸引力的奇泉。由于地下水的水压、水质等经常变化，形成了定期喷发的间歇泉、喊泉、含羞泉等。云南安宁市曹溪镇的间歇泉，每逢子、卯、午、酉时都会准时喷水一次，这是由于水在石灰岩洞中所受的虹吸作用，在太阳吸引力和地球自转离心力组成的合力随时段变化影响下，使泉水定时涌出所致。安徽寿县的喊泉，人对泉喊叫，就有泉水涌出，大喊泉水大涌，小喊小涌，不喊不涌。四川广元的含羞泉，把一块小石头往泉里扔，泉水受到回声与波震的影响会倒流，过一会儿又重新冒出。除此之外，还有可观赏到蝴蝶盛会奇异景象的云南大理蝴蝶泉，流出如鲜乳一样莹白夺目泉水的广西桂平喷乳泉，火柴置于泉水上会烟火腾空的台湾省台南水火泉等。

三、气候气象类旅游资源

（一）概念

气候气象旅游资源，是指那些可以造景、育景，并有观赏功能和科学考察功能的大气物理现象和过程。包括可用来避暑或避寒，并能满足身心需要，使游客心情愉悦、身体健康的宜人气候资源；日月景、雨景、雾景、冰雪景等常见自然景观和具有偶然性、神秘性、独特性等特征的极光、佛光、海市蜃楼等罕见自然奇观。

（二）旅游价值

1. 康乐型气候本身就是一项旅游资源 康乐型气候指能使人感到舒适、有利于开展旅游活动的气候条件。一般指气温在10～22℃；相对湿度在60%～70%；风速为2米/秒时对人体最为适宜。康乐型气候是形成人类旅游动机的重要因素。我国云南昆明有"四季如春"的美称，海南无寒冬，青藏高原无酷暑都具备康乐型气候特征。

2. 丰富变幻的气候气象景观适合开展多种旅游 气候气象景观不仅美丽神奇，还蕴含着丰富的自然科学知识，并与人类生产生活密切相关，具有科普和科研功能，因此除休闲观光游览外，还适宜开展科学考察游览。此外，一些气象奇观如峨眉佛光、沙漠海市蜃楼、极地极光变幻无穷、世所罕见，对旅游者具有独特的吸引力，能够激发他们探险游的热情和乐趣。

3. 气候气象景观具有配景与育景功能　气候气象景观不仅有直接造景构景的旅游功能，还能作为其他旅游资源的背景和借景因素，以旅游资源综合体的形式出现供人观赏，如林海雪原、平湖秋月、渭城朝雨等不胜枚举。此外，各地气候气象条件的差异，形成了不同的动植物景观，并影响了各地特色建筑、民族服饰等人文景观和地域文化。

（三）分类及代表性景观

1. 气候旅游资源　我国幅员辽阔、地形复杂、高差悬殊，因此气候类型复杂多样。按纬度位置从南到北可分为赤道带、热带、亚热带、暖温带、中温带和寒温带六个热量带。按降水量差异，全国自东南向西北可分为湿润、半湿润、半干旱和干旱四个干湿区。此外我国山地众多，随着高度的升高气温降低（一般每上升 1000 米降低 5～6℃），且在一定的高度内，随海拔升高降水增多。因此山地气候的立体性和层次性非常明显，高山地区会出现"一山共四季，十里不同天"的现象。

气候是自然界中最活跃的因素，我国复杂多样的气候造就了丰富多姿的旅游景观。华北平原四季分明；云贵高原四季如春；南岭以南终年少见落雪、长夏无冬；东北北部冰封雪盖、长冬无夏，各地气候的差异，便于组织与气候条件相适应的多种旅游活动。即使在同一季节，也可以在全国开展多种气候旅游：隆冬季节在海南岛可以避寒，还可以进行游泳潜水、冲浪竞舟等水上娱乐活动；而在哈尔滨可以观赏"千里冰封，万里雪飘"的北国风光，也可以组织滑雪、冬猎、观赏冰雕等旅游活动。

2. 气象旅游资源　气象因素是构景因素中最活跃、最富于变化的因素，常常与其他自然或人文景观相融合，形成奇妙的气象景观，如沧海日、峨眉雪、巫峡云、洞庭月、潇湘雨等。常见的气象旅游资源类型很多，主要有云雾景，雨景，冰雪景，雾凇、雨凇景，霞景，日月景，佛光景，蜃景，极光景等。

（1）云雾景　云雾是大气中一种水汽凝结景象。宋代画家郭熙在《林泉高致》中说"山无云则不秀"，云雾在名山胜景中极为奇妙，云蒸雾聚、飞舞飘动、时浓时淡、变幻无穷，它与山景相映成趣，使群山富有生命，使游人心潮起伏，历来就是极具吸引力的胜景。

黄山云海为黄山四绝之一。当人们在山顶俯瞰漫无边际的云，如临大海之滨，波起峰涌，给人一种身处仙境、飘飘欲仙的美妙感受。庐山瀑布云"或听之有声，或嗅之欲醉，团团然若絮，蓬蓬然如海"，奇妙万状。泰山的云海玉盘、杜甫草堂的烟雾、苍山的玉带云、三清山的响云等都是奇景。

（2）雨景　雨景是旅游中经常遇到的一种自然景观，在特定的环境条件下，往往给周围旅游资源增添无穷的韵味。广袤平原在蒙蒙烟雨的笼罩下显得悠远缥缈，诗意盎然；巍巍山石在细雨霏霏的映衬中若隐若现，朦胧如梦。"破雨游山也莫嫌，却缘山色雨中添"，"雨丝风片，烟波画船"，烟雨迷离之中，景致若有若无、时隐时现，是诗意，是画境，令人神往。我国著名雨景有江南烟雨、巴山夜雨、潇湘烟雨、峨眉山的洪椿晓雨等。

（3）冰雪景　冰雪是纬度较高地区的寒冷季节或海拔较高的高山地区才能见到的气象景观。"北国风光，千里冰封，万里雪飘"。冰雪在我国北方，尤其东北地区，冬季极为常见。冰雪以它的洁白给人纯洁无瑕、冰清玉洁的美感，如果配以高山、森林等自然景观，可构成奇异的冰雪风光。除了欣赏银装素裹的冰雪世界外，冰雪还能给人们提供滑雪、雪橇、雪雕、打雪仗等多种娱乐运动项目。冰雪旅游被称为"白色旅游"，越来越受人们的欢迎。素有"冰城"之称的哈尔滨，每年冰雪节都举办大型冰雕、冰灯、雪雕的展出活动，成为当地最有号召力的旅游节目。我国著名的冰雪景有燕京八景之一的"西山晴雪"、西湖十景之一的"断桥残雪"，还有"太白积雪""玉山积雪"等。

（4）雾凇、雨凇景　雾凇又名树挂，是雾气在低于0℃时附着在物体上面直接凝华生成的白色絮状凝结物。它集聚包裹在附着物外围，漫挂于树枝、树丛等景物上。中国是世界上有雾凇记载最早的国家。早在公元前，《春秋》一书中就有雾凇记载，称为"树稼"；以后又有"树介"之称；在南北朝时《字林》解释为，"寒气结冰如珠，见晛（音：念，指日光）乃消，齐鲁谓之雾凇"，这是早在1500多年前出现的"雾凇"一词。"忽如一夜春风来，千树万树梨花开"，洁白冰莹的雾凇不仅给人们以美的享受，它还有许多独特的功能。气象学家认为，雾凇是天然的"清洁器"和城市的"消音器"。它可以吸附空气中的悬浮微粒，起到净化空气的作用。所以，人们在观赏雾凇时，会感到空气格外清新舒爽、滋润心肺。同时，它还能吸收大量的音波，为喧嚣的城市增添一分幽静。

【知识拓展】

吉林雾凇冰雪节

我国出现雾凇最多的是吉林省吉林市。"一江寒水清，两岸琼花凝"，沿松花江十里长堤，苍松林立，杨柳低垂，在一定的气压、风向、温度等条件作用下，大量的雾气遇冷凝结在树枝上，形成了雾凇，在松针上像朵朵白菊，在柳条上似条条银链，姿态各异，和一江碧水相伴，与湛蓝天空相映，绵延百里，纵横阡陌，蔚为壮观。借大自然赐予的神奇雾凇资源，吉林全力打造特色旅游品牌，从1991年开始举办中国·吉林雾凇冰雪节，被广大中外游客誉为冬季北国风光之最。

雨凇俗称"树挂"，也叫冰凌、树凝，是超冷却的降水碰到温度等于或低于0℃的物体表面时立刻冻结，所形成玻璃状的透明或无光泽的表面粗糙的冰层。雨凇点点滴滴裹嵌在草木之上，或结成各式各样美丽的冰凌花，或结成钟乳石般的冰挂，分外诱人。那造型奇特的松树，遍地的灌木，此时也成为银花盛开的玉树，仿佛银枝玉叶，漫山遍野一片银装素裹的世界，晶莹剔透、闪烁生辉，蔚为奇观。

（5）霞景　霞是日月斜射光，经空气色散使云层呈现红橙黄等彩色，多出现在日出或日落时，这是因为早、晚太阳高度角低，阳光通过的大气层距离最长，光波较短的紫蓝、绿等各色光几乎全被水汽、尘埃等大气微粒散射掉，剩下光波较长的红、橙、黄等色光映照在天空或云层上，所以朝霞、晚霞多呈红、橙、黄等颜色，而且云量越大，红色越浓。霞常与山地及云雾相伴随，主要形式有朝霞、晚霞、彩云、雾霞等，霞景瞬息万变，五彩缤纷，对游人很有吸引力。我国著名霞景有泰山岱顶四大奇观之一的"晚霞夕照"、贵州毕节八景之一的"东壁朝霞"、天子山四奇中的"霞日"、江西彭泽的"观客流霞"等。

（6）日月景　日月景包括旭日、夕阳、满月和残月。旭日初升，气势磅礴，蒸蒸日上，有朝气蓬勃之内涵，也寓意新的美好一天即将来临。由于旭日东升有壮丽的景观和美好的寓意，所以自古以来就备受人们喜爱，乐于谈论和赋予诗文，观日出亦成为我国一项传统的旅游活动。最美丽的日出景观，一是海上日出，一是山地日出。

日落景象虽不如日出令人心情振奋，但也有难以道尽的妙处，如陕西的"骊山晚照"、西湖的"雷峰夕照"、济南的"江油晚照"、台湾的"平安夕照"等。

月相变化，使人产生丰富联想。满月象征着圆满美好，自古以来人们就对其情有独钟。月到中秋分外明，中秋月满之夜，祭月赏月已成我国传统习俗。在我国各地景观中，明月胜景不胜枚举。如峨眉山的"象池夜月"、桂林的"象山夜月"、西湖的"平湖秋月"、北京的"卢沟晓月"等。

（7）宝光景　宝光又称佛光，是云雾中小水滴对光线的折射和衍射作用造成的一种光学现象。佛光的出现要阳光、地形和云海等众多自然因素的结合，只有在极少数具备了以上条件的地方才可欣赏到。我国庐山、泰山、黄山、峨眉山都有佛光出现，以峨眉山的"金顶佛光"最为著名。

（8）蜃景　蜃景是由于气温在垂直方向上的剧烈变化，使空气密度的垂直分布产生显著变化，从而引起光线的折射和全反射现象，导致远处的地面景物出现在人们眼前的一种奇异景观。蜃景常见于海湾、沙漠、山顶。山东蓬莱（古称登州）蜃景出现次数最多，古人观此奇景，无法解释，便附会出龙所生九子之一的"蜃"（蛟龙一类），能吐气为楼，构成海上神仙住所的传说，因此，这种奇观就得名为"海市蜃楼"。

《梦溪笔谈》云："登州海中，时有云气，如宫室、台观、城媒、人物、车马、冠盖，历历可见，谓之海市"，"东方云海空复空，群仙出没空明中"。苏轼的《登州海市》一诗也道出了"海市"之奇。蓬莱"海市"成为蓬莱风景中最令人心驰神往的一大奇观。

（9）极光景　极光指高纬度地区高空出现的一种辉煌瑰丽的彩色光像，一般呈带状、弧状、幕状或放射状等，明亮时多为黄绿色，微弱时一般为白色，有时带红、蓝、灰、紫色，或兼而有之。它是由太阳发出的高速带电粒子使高层空气分子或原子激发而致的发光现象。这些带电微粒因受地球磁场作用折向南北两极附近，分别形成"北极光"和"南极光"。我国黑龙江的漠河地区、新疆阿尔泰地区都能看到极光。在寒冷的极区，人们举目瞭望夜空，常常见到五彩缤纷、千姿百态、变幻莫测的炫目之光。它们有时像一条彩带，有时像一团火焰，有时又像一张五光十色的巨大银幕，形状不一，绮丽无比。极光有时出现时间极短，犹如节日的焰火在空中闪现一下就消失得无影无踪；有时却可以在苍穹之中辉映几个小时，极光被视为自然界中最美丽的奇观之一。

四、生物景观类旅游资源

（一）概念

生物景观类旅游资源主要是指由动、植物及其相关生存环境所构成的各种过程与现象，主要包括珍稀树种、奇花异草、古树名木、草原森林、珍禽异兽等。野生动植物自然保护区、森林公园、植物园、动物园、观光果园、花圃、狩猎场、水族馆等，都是生物旅游资源集中的旅游区。生物景观以其复杂的形态和由其自身生命节律所表现出的变化性构成了旅游景观的实体，是自然旅游资源中最具特色的类型。

（二）旅游价值

1. 生物景观本身极具旅游观赏价值　动植物的观赏价值源于其形态色彩具有的独特美感，以及珍奇稀有的生命特征。以观景植物而论，其外形千姿百态，有的似亭亭华盖，有的如婵娟挺秀，或古朴苍劲，或婆娑多姿；其颜色五彩缤纷，如黄色的迎春、红色的樱花、紫色的丁香、白色的海棠、粉色的杏花等，万紫千红、夺目绚丽。以观景动物而论，其在形态、行为、习性、繁殖和迁移等方面的奇异表现，都是吸引游客探索大自然奥秘的重要旅游景观。如我国的黑颈鹤是世界上唯一一种高原鹤类，是藏族人民心目中的神鸟，为了繁衍后代，它们每年都要飞过世界最高峰——珠穆朗玛峰，飞行高度可达 10000 米。"物以稀为贵"，稀有生物常常被视为无价之宝而备受人们喜爱，如我国的大熊猫、金丝猴、白唇鹿、褐马鸡等，它们兼具科学考察和观赏旅游价值，能激发旅游者浓厚的游览兴趣。

2. 生物景观是自然界中极为重要的构景因素　生物景观是所有构景材料中最丰富多彩、变化无穷、富有生气的组成内容。植物是山水的肌肤、风景区的容貌，有美化环境、装饰山水、分割空间、营造意境的功能。"山清水秀""鸟语花香"都是植物构景功能的体现。中国园林中，更是将植物作为主要组成要素之一，经常用高大植物来造夹景、隔景、障景的效果，利用植物的特殊形态达到框景、对景的效果。动物具有勃勃生机，在一些以沙漠、草原、山水等景观为主的风景区，动物景观的存在使原本单调的景区充满活力，如青海湖鸟岛上的成千上万只鸟使原本孤寂的高原景观变得热闹非凡、生机盎然。因此，一切有观赏意义的生物都是装点河山、最富灵动美的构景要素。

3. 生物景观的旅游功能最为丰富多样　动植物数量多、分布广、千姿百态、美不胜收、奇特珍稀、灵活生动，不仅可以供人们观赏，还能满足人们娱乐、医疗健身、科学考察、陶冶情操等功能需求。如利用动物开展垂钓、狩猎、围捕、采集等娱乐活动；利用中草药植物，如人参、鹿茸、天麻等，起到医疗健身作用；对不同地域特色动植物的分类、形态特征、生存环境、生活习性等开展科学考察及科普教育，使旅游者增长知识、扩大视野。根据生物的某些习性、品格或某种特定的生活环境赋予其精神审美价值，如"岁寒三友"象征不畏逆境、"花中四雅"象征圣洁高雅、"南国红豆"象征思慕爱恋、荷花象征出淤泥而不染，使人们对这些风景植物的旅游活动和欣赏行为更具文化色彩和精神意义，能够陶冶情操、提升思想境界。

（三）分类及代表性景观

1. 植物景观

（1）**森林景观**   森林是以乔木为主体的生物群落，森林的分布范围相对广阔，约占陆地面积的30%，它具有丰富的物种、复杂的结构、多样的功能，被誉为"地球之肺"。森林的作用主要有调节气候、净化空气、保持水土、维护生态平衡。森林景观可以分为热带雨林景观、亚热带雨林景观、温带落叶阔叶林、红树林、珊瑚岛常绿林等不同类型。我国的天然森林主要分布在东北的大、小兴安岭和长白山地、西南横断山区和藏东南，以及长江中下游的丘陵地区。

（2）**古树名木**   有些树木以树龄长、规模大、形姿美、珍稀少，或具有历史价值、纪念意义而称为古树名木。它们具有较高的科学研究和旅游欣赏价值，常常标志着一个民族、一个地区的文明历史，如被誉为三大活化石珍贵树种的银杏、珙桐和水杉，具有悠久历史的黄山迎客松、黄帝陵古柏等。

（3）**草原**   "天苍苍，野茫茫，风吹草低见牛羊"，辽阔的草原水草丰茂，牛羊成群，既是优良的牧场，也是理想的旅游场地。人们在草原上可以骑马、骑骆驼、乘勒勒车，在观赏草原风光的同时，还可在牧民家中做客。体验少数民族的生活，享受独特的草原风情。

我国是世界上草原资源最丰富的国家之一，草原总面积将近4亿公顷，占全国土地总面积的40%，为现有耕地面积的3倍。我国草原具有丰富的植被生态类型和草原景观类型，拥有大量世界著名优质牧草的野生种和伴生种。我国草原资源分布具有明显的区域空间格局和特征，基本上分为三大区域：北方温带草原、青藏高寒草原、南方草山草坡。我国最著名的四大草原分别是：内蒙古呼伦贝尔大草原、内蒙古锡林郭勒大草原、新疆伊犁草原、西藏那曲高寒草原。四大草原水草丰茂，牛羊成群，畜牧业发达，乳畜产品物美价廉，质地优良，大量出口海外。

（4）**特色花卉**   花卉以其绝佳的"色、香、姿、韵"独具美感。花朵的色彩是极其丰富而又富于变化的。不仅不同的花卉种类具有不同的色彩，就是同一花种内不同品种的花色也足以构成一个"万紫千红"的世界。花香有不同类型，如梅花的清香、含笑的浓香、桂花的甜香、兰花的幽香等，而且不同的香型所带来的美感也有所不同，清香可怡情，浓香则醉人，甜香牵动回忆，幽香引人遐思……花卉千姿百态，不论花枝、花叶、花形、花果，都是千变万化、妙不可言。以花比德、以美储善，丰富多彩的花卉还被人们赋予了各种各样的精神意义，如梅标清骨，兰挺幽芳，红豆相思，菊傲严霜等，使花卉的风韵美具有许多丰富而深邃的内涵。

【知识拓展】

中国十大名花

中国十大名花分别是：花中之魁——梅花、花中之王——牡丹花、凌霜绽妍——菊花、君子之花——兰花、花中皇后——月季花、花中西施——杜鹃花、花中娇客——茶花、水中芙蓉——荷花、十里飘香——桂花、凌波仙子——水仙花。这十种名贵又美丽的花卉，包含着中国不同层面的精神文化底蕴，有着深厚而浓重的历史内涵，各自在花卉界独树一帜，标志着中国传统文化的非凡意义，千百年来一直为世人所钟爱，不仅令众多文人墨客为之挥毫、吟诵，更成为一种人格品性的文化象征。

2. 动物景观

（1）观赏动物　动物的体态、色彩、运动和发声等方面的特征具有很高的观赏价值。动物的体形千奇百怪、各具特色，蕴藏着一种气质美。如东北虎体形雄伟，颇有山中之王的气度；大象体形高大，给人沉稳之感；麋鹿角似鹿、颈似驼、尾似驴、蹄似牛的"四不像"体形更是耐人寻味。还有许多动物以其斑斓的色彩吸引旅游者。如孔雀羽色极为华丽，有翠绿、亮绿、青蓝、紫褐色，多带有金属光泽，是最美丽的观赏鸟之一，被称为"百鸟之王"，此外五颜六色的蝴蝶、五光十色的热带鱼，以其极富韵律协调的缤纷色彩更让人陶醉。有些动物的运动特征也能引起人的美感。如企鹅一摇一摆的行走姿势让人觉得憨态可掬；猴子在树林间攀缘穿行给人一种灵动之美。相当多的动物能够发出清丽婉转的动听之音，黄山"八音鸟"可以发出八个不同的音节，以善模仿其他鸟的声音见长，被称为"林间音乐师"，还有被誉为动物界"歌唱家"的夜莺，以及鹦鹉、八哥、白玉鸟、琴蛙等。

（2）珍稀动物　珍稀动物指野生动物中具有较高社会价值、现存数量又非常稀少的珍贵稀有动物。它们是一项珍贵的、不可替代的、不可再生的自然资源。我国一类保护动物有大熊猫、东北虎、金丝猴、白鳍豚、白唇鹿、藏羚羊、野骆驼，长臂猿、丹顶鹤、褐马鸡、亚洲象、扬子鳄、华南虎等。其中大熊猫、金丝猴、白鳍豚、白唇鹿被称为四大国宝。

【知识拓展】

自然保护区

自然保护区是指对有代表性的自然生态系统、珍稀濒危野生动植物物种的天然集中分布、有特殊意义的自然遗迹等保护对象所在的陆地、水域或海域，依法划出一定面积予以特殊保护和管理的区域。建立自然保护区的目的是保护珍贵的、稀有的动植物资源，以及保护代表不同地带自然环境的生态系统。按照保护的主要对象来划分，自然保护区可以分为生态系统类型保护区、生物物种保护区和自然遗迹保护区3类。

"我们要深怀对自然的敬畏之心，尊重自然、顺应自然、保护自然，构建人与自然和谐共生的地球家园。"党的十八大以来，以习近平同志为核心的党中央以前所未有的力度抓生态文明建设，国家级自然保护区作为推进生态文明、构建国家生态安全屏障、建设美丽中国的重要载体，其数量和面积不断增加，至 2021 年末，我国国家级自然保护区已有 474 个。其中，吉林长白山国家级自然保护区、鼎湖山国家级自然保护区、卧龙自然保护区、梵净山国家级自然保护区，被称为中国四大自然保护区。

【本章小结】

我国幅员辽阔，地大物博，自然地理环境复杂多样，壮丽的山川河流，奇特的气候气象，丰富的动植物景观，构成了我国类型丰富且特色鲜明的自然旅游资源。中国自然旅游资源不仅以景色瑰丽、风光奇绝著称于世，亦受五千年华夏文明深刻浸染，拥有丰厚深邃的文化内涵，因而具有极高的旅游价值和广阔的发展前景。步入新时代，通过保护自然旅游资源，大力建设生态文明，荟萃众多自然美景的中华大地，已成为吸引众多海内外旅游者的游览胜地。

课堂互动

1.请大家分析讨论一下，天然生成的自然旅游资源是否具有文化内涵？

2.你知道中国的五岳名山吗？请选其中一座谈谈其为何能成为五岳名山？

3.请根据中国南北方自然景观的差别，谈谈你对中国自然风景总体概括为"北雄南秀"的理解。

4.我国有丰富多样的生物旅游资源，请谈谈其中你所了解的名贵中草药植物和动物药材。

探研思辨

1.党的二十大报告阐明了中国式现代化的丰富内涵和本质要求，其中人与自然和谐共生是中国式现代化的重要特征之一，其核心是通过生态文明建设、可持续发展来实现"绿色现代化"。追求人与自然的和谐，是人们实践活动应该遵循的基本原则，也是维持社会可持续健康发展所必需。实际上，在中国古代人们就认识到了人与自然应该和谐共处的道理，并形成了"天人合一"的思想观念，明确人与自然本是同源，人们在实践活动中应该充分尊重大自然万事万物的生存权利，力求达到人与天地万物互相尊重、和谐相处、共同发展。

（1）请结合中国传统哲学"天人合一"的理念，分析阐述为了实现人与自然和谐共生的中国式现代化，应该采取哪些措施保护我国各类自然旅游资源。

（2）结合自身旅游经历，谈谈如何做一个爱护生态环境的文明旅游者。

2.祖国的万水千山如此多娇，历来是文人雅士竞相咏叹的话题，留下了数不胜数的名诗佳句，如"天门中断楚江开，碧水东流至此回"（《望天门山》唐·李白）；"天柱一峰擎日月，洞门千仞锁云雷"（《题天柱峰》唐·白居易）；"欲把西湖比西子，淡妆浓抹总相宜"（《饮湖上初晴后雨二首·其二》宋·苏轼）；"胜日寻芳泗水滨，无边光景一时新"（《春日》宋·朱熹）等。山水的绮丽风光，本身就构成了优美的意境，文人墨客在创作山水诗篇时又融入了自己独特的艺术感受、丰富的情感及深刻的人生体验，体现了人与自然进一步的沟通与和谐，标志着一种新的自然审美观念和审美趣味的产生。

（1）请分析中国古代文人墨客的漫游活动和今天的风景名胜有着怎样的联系。

（2）中国是一个诗词的国度，诗词的历史源远流长，名篇佳作浩如烟海。请广泛搜集并品读描写我国山川自然风光意蕴的诗文、游记等，从这些脍炙人口的山水佳作中，进一步了解我国丰富的自然资源，体会风景名胜的特点和内涵，并提升自身旅游文学修养。

第三章　中国人文旅游资源

【思维导图】

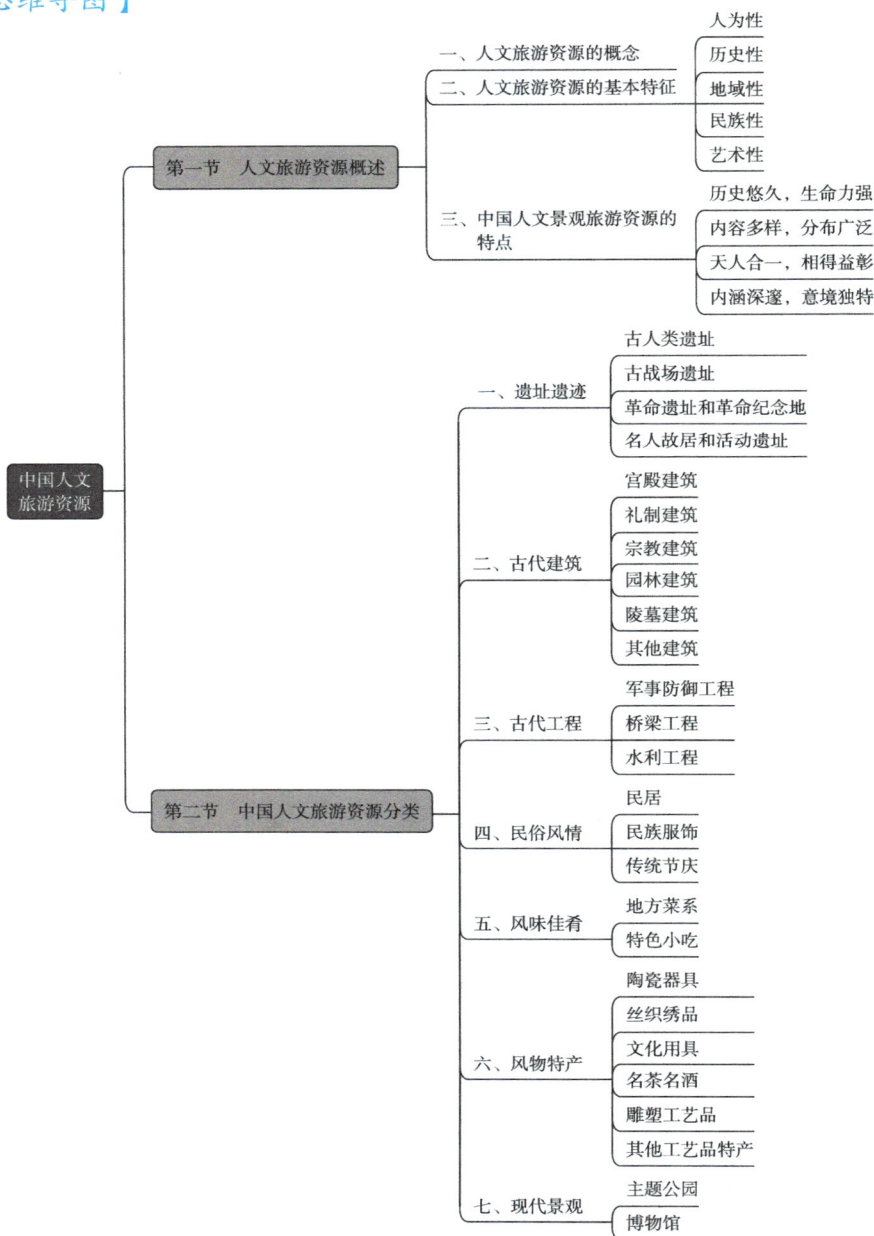

【知识目标】

1. 掌握：中国人文旅游资源的特点和分类。
2. 熟悉：人文旅游资源的概念和基本特征。
3. 理解：中国各类人文旅游资源的代表性景观。

【能力目标】

1. 提高学生对人文旅游资源的审美能力和艺术鉴赏力。
2. 培养学生对人文旅游资源蕴含的文化内涵进行分析解读的能力。

【思政目标】

1. 通过学习各类中国人文旅游资源，领悟其中蕴含的历史价值和文化内涵，传承、发扬中国传统文化中的优秀基因。
2. 领会中国人文旅游资源代表的中国人民智慧和民族精神，通过了解世情民情，提高学生的道路自信、文化自信。

【情境导入】

中国令人震撼的十大"世界之最"

中华民族自古以来便是勤劳智慧的民族，古往今来，华夏子孙凭借惊人的毅力与智慧，在中国版图上创造了许多登峰造极的存在，被誉为"世界之最"，令世人为之震撼和赞叹，其中包括：世界最长的城墙——万里长城、世界最大的宫殿——北京故宫、世界上最大的石刻佛像——乐山大佛、世界规模最大的佛教石窟寺——敦煌莫高窟、世界最长的人工运河——京杭大运河、世界最大的城市广场——北京天安门广场、世界海拔最高的宫殿——布达拉宫、世界最古老的贸易通道——丝绸之路、世界最长的跨海大桥——港珠澳大桥、世界最大水电工程——三峡大坝。

这十大"世界之最"景观，皆属人文景观旅游资源，都是由我国人民的意志、智慧和力量共同形成，它们带着华夏文明的基因，体现了中华民族非凡的创造力，是令人神往的旅游胜地。我国是历史悠久、文化灿烂的文明古国，人文旅游景观数不胜数，灿若星河，都在等着我们去欣赏、去体验、去探究。

第一节　人文旅游资源概述

一、人文旅游资源的概念

人文旅游资源是指由古今人类活动所创造，反映了不同时代、不同区域、不同民族政治、经济、文化和社会风俗民情状况，对旅游者产生吸引力的事物和因素。人文旅游资源既包括人类创造的物质文化旅游资源，如有形的古代工程建筑、现代主题公园，也包括人类创造的非物质文化旅游资源，如无形的宗教信仰、神话传说。它们是人类历史文化的结晶，是民族风貌和地区特色的集中反映，既含有人类历史长河中遗留的精神与物质财富，也包括当今人类社会的各个层面。

二、人文旅游资源的基本特征

人文旅游资源是古今中外人类生活、生产活动的艺术成就和文化结晶，具有人为性、历史性、地域性、民族性、艺术性的特点。

（一）人为性

人文旅游资源不是自然形成的，而是人类有意识活动的产物。它们是在人类发展过程中，为适应政治、经济、军事、文化等方面的需要人为建造的，是人类社会科技、生产方式、文学艺术等的结晶和体现，也是人类适应自然、改造自然、利用自然的成果，是人类发展史的载体，是研究人类发展活动的主要资料。

（二）历史性

人文旅游景观是历史的承载，在漫长的发展历程中，人类通过自身的努力，创造了丰富的人文旅游资源。无论是历史遗迹还是古代建筑，无论是民俗民风还是地方风物，都是在一定的历史条件下形成的。人文旅游景观从结构、形式到内容、格调都打着时代的烙印，体现了当时的科学水平、生产能力、审美标准和道德风范。

（三）地域性

是指旅游资源分布具有一定的地域范围，存在地域差异，带有地方色彩。人类活动是以自然环境为基础的，而不同的历史阶段、不同制度的国家和地区以及不同的种族和民族，所处的自然环境存在地域差异，而且经济状况、文化传统和社会习俗各方面也存在地域差异，因此由古今社会人类活动所创造的人文旅游景观资源必然带有鲜明的地域性。

（四）民族性

不同的民族有着不同的生活环境、生活方式、文化气质及审美标准，会产生不同的文明成果，当这些带有民族风格的文明成果成为旅游资源时，势必带有民族性。不论绘画雕塑、建筑形式、民族工艺、服饰饮食等物质文明成果，还是神话传说、音乐舞蹈、宗教信仰、礼仪庆典等精神文明成果，都反映出了特定的民族生活和民族文化，具有浓郁的民族风格。不同民族的文明成果，从形态特征到精神内核都带有浓厚的民族文化的色彩，表现了一个民族的特色和意志，形成了人文旅游资源的民族性特征。

（五）艺术性

人文旅游资源具有鲜明的艺术性特征，很多人文旅游资源本身就是精美的艺术品，比如摩崖石刻、书法绘画、雕塑、石窟造像、民间工艺品等。还有一部分人文旅游资源在实用性的基础上带有很强的艺术性，比如建筑物，无论是古代建筑还是现代建筑，都是实用性和艺术性的结合。

三、中国人文景观旅游资源的特点

在 5000 多年的历史长河中，勤劳智慧的中华民族开创了光辉灿烂的民族文化和独具特色的东方文明，创造了举世瞩目的艺术结晶和文化成就，形成了丰富多彩且内涵深厚的人文景观旅游资源，其特点主要有以下四个方面。

（一）历史悠久，生命力强

中国是人类最早和最主要的发源地之一，曾经创造出辉煌灿烂的华夏文明，与古埃及、古巴比伦、古印度并称"四大文明古国"，富有驰名中外的文物古迹、艺术宝库、宗教圣地和风物特产等诸多人文旅游景观。这些景观具有悠久的历史，蕴含灿烂的文化，在世界文明史中占有特殊而崇高的地位。如万里长城和大运河是世界上举世无双的伟大工程，也是中华历史文化源远流长的象征。其他如古文化遗址、古都城、古建筑、古陵墓、古园林、古寺庙、古壁画以及灿若星辰的古文物等无不向世人诉说着岁月的沧桑和历史的久远。虽历经几千年风雨沧桑，但众多的文化景观能够长久保留下来，经受时间的考验，说明它们具有极高价值，拥有旺盛的生命力，延续至今，耐人寻味，意义非凡。

（二）内容多样，分布广泛

我国具有漫长的人类历史和众多民族，由此产生的包括各种历史文物、艺术成果、民族风情、社会环境和生产活动等的人文景观数量众多、内容多样、千姿百态、丰富多彩。人文旅游景观遍布全国，各展奇姿。无论是古人类遗址、古代建筑，还是宗教文化、民俗风情、文学艺术等，都表现出强烈的广泛性。仅以帝王陵墓为例，地面有迹可循、时代明确的帝王陵寝共有一百多座，分布在全国半数以上的省区。其中著名的有黄帝陵、秦始皇陵、汉代长陵和茂陵、唐代昭陵和乾陵、西夏王陵、成吉思汗陵、明代孝陵和十三陵、清代东陵和西陵等。

（三）天人合一，相得益彰

在中国传统哲学中，历来讲究"天人合一""知行合一""情景合一"的思维模式。中国人自古以来所渴望的、信奉的就是人与自然的和谐、亲近与融合。因此，古今劳动人民创造的人文景观不仅展示了人类驾驭和改造自然的能力，更体现出人与自然和谐相处的能力。如古代建筑布局非常讲究与自然环境审美风格上的和谐统一，在以"雄"为美的景区，建筑物大多居于山脊、绝顶或明坡之上，以协调和强化雄伟崇高的气势。如临东岳泰山，每到雄奇高旷之处必有建筑点缀其间。而在以"险"为美的景区，建筑物一般临崖依壁，凭险而设，突出"无限风光在险峰"的意境。如北岳恒山的悬空寺，殿宇在陡崖上凿洞穴插悬梁为基，楼阁间有栈道相通，极具巧夺天工之妙、奇险惊魂之象。

（四）内涵深邃，意境独特

我国人文旅游景观不仅令人赏心悦目，还具有深刻的历史背景和深邃的文化内涵，使游览者从中思旧怀古、品味文化。如参观北京故宫，会让人遥想当年皇帝临朝的赫赫威严与王朝兴衰交替的沧桑巨变，感悟传统礼乐伦理思想和浓厚的儒学文化氛围。而且，古往今来，无数的迁客骚人、士子宦吏，饱览祖国人文名胜，游目悦心，畅神骋怀，留下了大量的诗词歌赋、散文游记，赋予了人文旅游景观更加丰厚的文化意蕴。中国古典美学中的意境是通过艺术的表现力，引导人们领略无限自然，感受社会场景和生活，认知美感、抒发情怀。我国人文景观所表现出的意境，是建立在中国古典美学基础上的，具有"以景激情""借景抒情""情景交融"的独特魅力，使人的心灵与宇宙相通，实现了真、善、美的统一。如人们在登岳阳楼时遥望思古，就能够体会到深刻的历史观点，忧患意识和爱国之情油然而生。

第二节　中国人文旅游资源分类

人文旅游资源包括的范围很广，涉及面很宽，类型多样。由于目的和分类依据不同，所划分的类型也就不同。本书主要根据人文旅游资源的属性、成因和特点，将其划分为遗址遗迹、古典建筑、古代工程、民俗风情、风物特产、美食佳肴与现代景观等类型。各类之间并不是完全独立，而是相辅相成、相互融合的关系。

一、遗址遗迹

遗址遗迹类旅游资源是指人类在发展过程中所留下的历史遗迹、遗物和遗址，是古代人类适应自然、利用自然和改造自然的结果，是人类历史的载体和见证。它凝结着人类的智慧，展现了当时的历史。物质遗存丰富、文化内涵浓厚的历史遗址能让游览者看有所知，知有所思，感触深刻，难以忘怀，给人以启发，满足游人求知的需求。

（一）古人类遗址

古人类遗址是指从人类产生到有文字记载以前的人类历史遗址，包括古人类化石遗址，原始聚落遗址，原始人生活用具与生产用具遗址，原始艺术及劳动产品遗址等。通过古人类遗址旅行，可以了解历史自然环境的演变，探索人类进化的脚步，考察当时的社会状况。我国是世界上保存完整的古人类遗址最多的国家，可将其分为旧石器时代遗址和新石器时代遗址两类。

1. 旧石器时代遗址

（1）年代　距今 250 万—1 万年。

（2）特点　以打制石器为主要生产工具，过着原始的采集与狩猎的生活，生产技术条件极端落后，缺乏修建居住场所的能力，主要是洞穴群居，能用火。

（3）著名的遗址　距今 180 万—170 万年前的云南"元谋人"遗址、115 万—80 万年前的陕西"蓝田人"遗址、60万—50万年前的北京周口店"北京人"遗址、20万年前的陕西大荔县"大荔人"遗址等。

【知识拓展】

周口店"北京人"遗址

周口店"北京人"遗址位于北京市房山区周口店龙骨山。因20世纪20年代出土了较为完整的北京猿人化石而闻名于世，尤其1929年发现了第一具"北京人"头盖骨，为"北京人"的存在提供了坚实的基础，成为古人类研究史上的里程碑，奠定了这一遗址在全世界古人类学研究中特殊的不可替代的地位。周口店"北京人"遗址自1927年进行大规模系统发掘以来，共发现不同时期的各类化石和文化遗物地点27处，发掘出土代表40多个"北京人"的化石遗骸，10多万件石器，近200种动物化石及大量的用火遗迹等，是世界上迄今为止人类化石材料最丰富、最生动、植物化石门类最齐全、研究最深入的古人类遗址，是当之无愧的人类远古文化的宝库，它不仅是有关远古时期亚洲大陆人类社会的一个罕见的历史证据，而且也阐明了人类进化的进程。1987年12月，联合国教科文组织世界遗产委员会批准其为世界文化遗产。

2. 新石器时代遗址

（1）年代　距今1万—4000年。

（2）特点　广泛使用磨制石器，能制造陶器和纺织。从事畜牧业和农业，有一定的生产技术条件，能建造简单的房屋，人们开始定居生活。

（3）著名的遗址　距今6700—6000年的西安半坡村遗址、距今7000—5000年的河南仰韶文化遗址、距今7000年左右的浙江河姆渡遗址、距今5300—4300年的良渚古城遗址等。

（二）古战场遗址

古战场遗址指历史上发生过重要军事活动和战事的地方，往往地势险要，是历代兵家必争之地。我国著名的古战场遗址有：赤壁之战遗址、垓下之战遗址、长平古战场遗址、齐魏的马陵之战遗址、楚汉的成皋之战遗址、东晋的淝水之战遗址，以及西藏的江孜宗山炮台和重庆合川的钓鱼城古战场遗址等。

（三）革命遗址和革命纪念地

革命遗址是指中国共产党在领导全国各族人民进行新民主主义革命过程中留下的珍贵遗址。它们包括党的重要机构旧址，重要党史人物的故居、旧居、活动地、重要事件、重大战役战斗遗址，具有重要影响的革命烈士事迹发生地或墓地等，以及能够反映新民主主义革命时期党的重要历史活动、进程、思想、文化的各种遗迹等。这些革命遗址铭刻着中国共产党人和中国人民为民族独立和人民解放而英勇奋斗的光辉历程，蕴含着中国共产党人和中国人民艰苦奋斗、不屈不挠、一往无前、敢于胜利的革命精神，是宝贵的革命历史文化遗产，对缅怀先烈、教育后人起着重要作用，令游览者灵魂受到震撼，精神得到洗礼，已成为重要的爱国主义教育基地和红色旅游资源。

我国著名革命遗址有延安革命遗址、井冈山革命遗址、瑞金革命遗址、遵义会议会址、上海的中国共产党第一次全国代表大会会址、浙江嘉兴南湖革命纪念馆、广州公社旧址、沂蒙革命纪念馆、湖南秋收起义文家市会师旧址、重庆和南京八路军办事处旧址、广州农民运动讲习所旧址、重庆红岩革命历史博物馆等。

（四）名人故居和活动遗址

名人故居是名人旧时生活环境的真实保留和再现。许多历史名人以其辉煌成就、优秀品质载入史册，其故居是他们艺术和生命的根，已经成为独特的人文景观。游览名人故居是缅怀、追忆、学习名人的一种方式，游人从中能感受名人精神、传承名人思想，增强文化自信，有利于提升自身的内在品质和文化修养。我国的历史名人故居遍布全国各地，大多已成为重要的旅游资源。如孔子故居、毛泽东故居、周恩来故居、孙中山行馆、宋庆龄故居、徐悲鸿故居、鲁迅故居、郭沫若故居等。

二、古代建筑

建筑是时代的符号，也是一种文化的积淀，中国古代建筑是中国悠久的传统文化和民族特色的最精彩、最直观的传承载体和表现形式。它们以悠久的历史传承、高超的营建技术和独特的艺术魅力，构成了我国最为丰富多样的一类人文旅游资源，是中国文化遗产的重要组成部分。中国建筑、欧洲建筑和伊斯兰建筑是世界三大主要建筑体系，其中中国古建筑历史最悠久、体系最完整、文化最丰厚，是建筑艺术的瑰宝，在古代建筑文明中处于领先地位。

（一）宫殿建筑

宫殿是古代帝王处理朝政和居住的地方，是皇权的象征。历代帝王得天下后总是要大兴土木，营造宫殿，使其成为每个朝代最为重要的核心建筑，集中反映了当时的最高建筑水平，是中国古建筑的精华。宫殿建筑不仅要满足帝王施政、生活起居的物质需要，还要具有表现帝王统一天下、威震四海的象征意义。因此这些建筑大都规模宏大、格局严谨、金玉交辉、巍峨壮观，给人强烈的精神感染，凸显王权的尊严。此外，宫殿也是稀世珍宝的收藏地，拥有极其丰富、珍贵的收藏品；还是重大历史事件的发生地，是了解历史、研究历史的最佳载体之一。因此，宫殿建筑成为备受中外游客青睐的旅游资源。

秦朝咸阳宫、阿房宫，汉朝未央宫、长乐宫，唐朝太极宫、大明宫，还有最为人熟知的故宫等，都是中国建筑史上的瑰宝。但是由于我国古代宫殿多为木构建筑，大多毁于战火，至今保存完好的帝王宫殿只有北京故宫与沈阳故宫，它们先后于 1987 年和 2004 年被列入《世界遗产名录》。

（二）礼制建筑

"礼"为中国的"六艺"之一，中国传统社会是一个礼俗的社会，礼俗规约贯穿于社会的各个层面，既是规定天人关系、人伦关系、统治秩序的法规，也是制约生活方式、伦理道德、生活行为、思想情操的规范，是上层建筑的重要内容之一，在维系封建统治中起着很大的作用。为体现礼仪所用的建筑物和建筑设施，即礼制建筑，主要为各种坛庙。

祭祀分为两类，一类是祭祀天、地、日、月、社稷以及风云雷电和山川河流，对于这些自然神灵的祭祀表达了古人对于自然的敬畏，是人与自然关系的体现。另一类是祭祀人物，对于祖先、著名人物、历史功臣的祭奠，体现了人与人的社会关系。祭祀自然神灵的建筑叫坛，坛最初为土丘后逐渐发展为土石砌叠的坛，并逐渐发展为豪华的建筑群。例如"天坛""地坛"等；祭祀人物的叫庙或者祠堂，例如"太庙""孔庙""关帝庙"等。

我国祭祀祖先圣贤的庙很多，规模大小不等，形制高低有别，遍布全国各地。其中祭祀孔子的文庙以山东曲阜的孔庙最典型，其建筑之精美可与帝王的宫殿媲美。曲阜孔庙是我国最大的祭孔要地，为仿皇宫建制的九进庭院，以南北为中轴，布局严谨，气势恢宏，突出了孔子在中国历史上的至圣地位和形象。

【知识拓展】

郊祭

祭祀天、地、日、月等活动，是历代帝王登基后的重要活动。君权"受命于天"，且要秉承天意治理国家，因此皇帝须亲自去天坛祭天，祭天在南郊的天坛，时间在冬至日。土地是国家的根本，所以皇帝必须亲自或派人去地坛祭地，祭地在北郊的地坛，时间在夏至日。万物生长靠太阳，故而必须去日坛祭日，祭日在东郊的日坛，时间在春分日。月亮是夜明之神，故此又必须去月坛祭月，祭月在西郊的月坛，时间在秋分日。因为祭天、地、日、月等活动都在郊外进行，所以统称为郊祭。

（三）宗教建筑

宗教是人类思维活动的产物，也是人类文化的最初源泉。我国是个多宗教的国家，中国宗教徒信奉的主要有佛教、道教、伊斯兰教和基督教。宗教建筑是人们从事宗教活动的主要场所，由于不同的教义和使用要求，而表现为不同的总体布局和建筑式样。包括佛教的寺庙、佛塔、石窟寺，道教的宫观，伊斯兰教的清真寺，基督教教堂等，其装饰、纹饰、图案等都含有各自的宗教元素。

宗教景观能够激发人们求奇、求知、求美的旅游动机，满足人们精神上的需要。许多宗教建筑都是宝贵的历史文化遗产，散发着强烈的艺术感染力，成为重要的人文旅游资源。在中国的各类宗教中，最具影响力的是佛教和道教，其中又以佛教建筑成就最高。

1. 佛教建筑 佛教有三大建筑即寺庙、石窟、佛塔。

（1）寺庙 佛教寺庙是供奉佛像、存入佛经、举行佛事活动和供僧众生活、居住的场所。寺庙多修建于水源充足、风景优美而又远离闹市的风水宝地，体现出了一定历史时期的建筑风格和水平。不同地区的各类佛教寺庙，其建筑和布局，受到当地传统建筑风格的影响，从而形成自己的特色。"南朝四百八十寺，多少楼台烟雨中"，我国寺庙数量众多，历史悠久，形制巨大，文艺荟萃，风格独特。中国的佛寺建筑大体与佛教派别相适应，寺庙类型可分为汉地佛教寺院、藏传佛教寺庙和南传佛教寺庙三种。其中，汉地佛教寺院是最常见的寺院，遍布全国，其基本布局是院落式组群，强调对称规则。主体建筑在中轴线上一字排列，其他配殿在中轴线两边遥相呼应。佛寺中广植花木，有的庭院内还掘池叠山，并同建筑有机结合，既是理想宗教场所，又是安全舒适的生活区。

【知识拓展】

四大佛教名山

"天下名山僧占多"，宗教建筑特别是寺庙与山势环境浑然一体，二者相得益彰，形成众多的佛教名山。我国四大佛教名山：山西五台山，有"清凉佛国"之称，相传是文殊菩萨的道场；四川峨眉山，有"峨眉天下秀"之誉，相传为普贤菩萨的道场；浙江普陀山，有"海天佛国"之誉，相传是观音菩萨的道场；安徽九华山，有"仙城佛国"之称，相传为地藏菩萨的道场。

（2）石窟 石窟是佛教徒为了寻觅幽静和传教及集会、诵经的地方，依山凿窟而建造的修行"精舍"。在窟内通过石刻、塑像、壁画等手法讲述佛传故事，具有重要的历史价值和艺术价值。中国佛教石窟是从印度传入的，实际上是一种依山开凿的特殊佛寺，因此也称石窟寺。我国保存完好的石窟数量之多，内容之丰富，时间连续性之强，分布地域之广，均为世界之最。窟内保存的雕刻、泥塑、壁画、绘画代表着当时艺术的最高成就，是我国传统艺术极其宝贵的遗产。我国最著名的佛教四大石窟分布是：甘肃敦煌莫高窟、山西大同云冈石窟、河南洛阳龙门石窟、甘肃天水麦积山石窟。

（3）佛塔 佛塔是佛教典型的建筑景观之一。佛塔起源于印度，又称为"浮屠""浮图""佛图"等，最初是为保存和埋葬释迦牟尼的"舍利"而建的高层建筑，所以成为佛教徒主要的膜拜对象。佛教传入中国以后，由于中国文化自身的强大主体地位，印度式佛塔与我国的高台建筑楼阁建筑相结合，塔的内涵和建筑形式都发生了较大的变化，融合了民族的建筑艺术特点，形成了极具中国特色的塔式建筑。中国的佛塔一般由地宫、塔基、塔身和塔刹四部分组成。地宫是安放舍利的地方；塔基覆盖于地宫之上；塔身是佛塔的主体，塔的级数一般为单数，且多为7级，固有"救人一命，胜造七级浮屠"之说；塔顶上为塔刹。

根据塔的结构和建筑风格，我国佛塔大体分两类，早期多为实心塔，不能登临远眺，仅是象征性纪念物，如嵩山的少林寺塔林。后来以楼阁式塔居多，塔身高大、楼阁重叠、体态匀称、形式整齐。它们或居于江河之滨，或矗立崇山之巅，或掩映古刹之中，不仅能登临欣赏景色，而且增添城镇外貌特色，成为著名的游览胜地甚至是一个城镇的标记，如杭州六和塔。其他著名的佛塔有山西应县木塔、陕西西安大雁塔和小雁塔、南京琉璃塔、河南登封嵩岳寺塔、北京妙应寺白塔等。

2. 道教建筑　道教建筑为宫观，是道教的活动场所。宫观在布局上采用院落式组群，一般由神殿、膳堂、宿舍、园林等部分组成，主体建筑分布在中轴线上。同佛寺建筑相比，道教单体建筑不那么宏伟、豪华，色调也淡雅。但道教建筑多以壁画、雕塑、书画、联额、题词、诗文、碑刻、园林等多种艺术形式与建筑物综合统一，因地制宜，巧作安排，具有较高的文化水平和多彩的艺术形象，很有艺术感染力。

道教是中国本土的宗教，因此中国道教宫观很多，著名的宫观有北京的白云观、四川成都的青羊宫、山西芮城的永乐宫、江西龙虎山的上清宫等。其中，武当山上的道教建筑规模宏大、气势雄伟，形成"五里一庵十里宫，丹墙翠瓦望玲珑"的建筑盛况。武当山道教建筑可以追溯到公元 7 世纪，代表近千年中国艺术和建筑的最高水平，已被列入《世界遗产名录》。

3. 伊斯兰教建筑　伊斯兰教的代表建筑清真寺，是伊斯兰教徒做礼拜的场所。伊斯兰教是从唐代开始传入中国的。最初建造的伊斯兰教清真寺完全是阿拉伯式的建筑，以后逐渐采用了中国传统木建筑形式，但在建筑制度、总体布局和内部装饰上仍然保持了伊斯兰教的特点。清真寺建筑结构严谨、质朴，礼拜大殿是其主要建筑，为圆形穹窿顶，有的单独建有尖塔。殿内不设任何神像，仅以殿后的圣龛为礼拜的对象，圣龛必须背向"麦加"，使朝拜者可以朝向圣地"麦加"的方向做礼拜。大殿内悬灯较多，以利早晚做礼拜用，圣龛左侧有宣教台。清真寺以礼拜大殿为主体，望月楼、梆歌楼、浴室等是其特有建筑。清真寺内的装饰忌用动物图案，而常用植物纹样、几何纹样以及美化的文字法来做装饰；清真寺的空间布局、建筑体颜色等除了满足实用功能外，都传达着一定的文化含义，都是为了体现伊斯兰教的文化及精神。

我国的回族、维吾尔族等兄弟民族信奉伊斯兰教，因而我国分布的清真寺很多，著名的有北京牛街清真寺、新疆喀什艾提尕尔清真寺、宁夏银川南关清真寺、陕西西安化觉巷清真大寺、青海西宁东关清真大寺、杭州凤凰寺、扬州仙鹤寺、南京净觉寺等，此外，广州怀圣寺、泉州清净寺、杭州真教寺、扬州礼拜寺，是始建于唐宋时期的清真寺，称为中国四大古寺。其中泉州清净寺是我国现存最古老的伊斯兰教寺庙。

4. 基督教建筑　教堂是基督教建筑的主体，又叫"礼拜堂"，原意为"上帝的居所"，现在是基督教徒举行宗教活动的场所。在漫长的历史发展过程中，教堂的建筑风格由最初的宫殿式发展到罗马式、哥特式、文艺复兴巴洛克式等不同的建筑风格。教堂建筑往往可视为西方建筑的典型。尖尖的塔顶直刺云天，内部多成排的高大立柱，将教堂分割为狭长的空间，用五色玻璃装饰天窗，阳光照射下来流光溢彩，更突出了神秘的氛围。我国现在比较有名的基督教堂有哈尔滨圣索菲亚大教堂、北京宣武门天主教堂、西什库教堂、上海徐家汇天主教堂、广州石室教堂（耶稣圣心堂）、汉口上海路天主教堂、天津老西开教堂等。

（四）园林建筑

在中国传统建筑中，园林建筑独树一帜，以技术高超、艺术精美、风格独特，在世界建筑史上享有盛誉。中国古典园林是中国古建筑与园艺工程高度结合的产物，通过筑山叠石、理水造池、配置花木、营造建筑等造园手法，构成一个供人们观赏、游憩、居住的环境。园林构景手法亦丰富多样，主要有借景、障景、掩景、抑景、对景、框景、点景、引景、映景、夹景、漏景等。中国古典园林高超多变的造园和构景手法已被西方国家所推崇和摹仿。

古典园林凝聚了中国文人雅士和能工巧匠的勤劳和智慧，蕴涵了儒释道等哲学、宗教思想及山水诗画等传统艺术，是中国传统文化宝库的一颗熠熠生辉的明珠，带给人们极大的美的享受和精神的启迪。根据所有者的身份及所处的地理位置，一般将中国古典园林分为北方皇家园林和江南私家园林。

1. 北方皇家园林　皇家园林为古代皇家所有，其特点是气势恢宏，强调对称，真山真水较多，景色兼收并蓄，极尽富丽堂皇。园中建筑丰富多样，体型高大，金碧辉煌，绚丽多彩；建筑装饰金钩彩绘，雕镂细腻，精美富贵，奢侈豪华，显示了帝王的显赫和气势。园内风景优美壮观，融会了我国南北方园林的美景和造园艺术的特色。皇家园林亦是帝王的行宫，兼有皇帝处理朝政和消闲游玩两大主要功能，颐和园和承德避暑山庄是其典型代表。

2. 江南私家园林　私家园林为古代王公贵族、文人雅士建造供自己家居享用，多分布于长江下游的江南水乡，规模虽然不大，但能在有限的空间内采用灵活多变的造园手法创造出富于变化的风景，利用咫尺山林，再现大自然的美景，把山水、花木、建筑融为一体，把自然美、人工美有机地统一起来，以少胜多、小中见大、以精取胜。私家园林以苏州园林为代表，历史上苏州有名园200余处，其中沧浪亭、狮子林、拙政园、留园合称苏州四大名园。其他的江南园林如扬州的个园、何园，无锡的寄畅园，上海的豫园等，也有较高知名度。

（五）陵墓建筑

陵墓是中国古代建筑的一个重要类型。古代中国是一个礼制盛行的国家。儒家礼俗崇尚孝道，守孝、祭祖是中国儒家伦理中的头等大事，"生，事之以礼；死，葬之以礼，祭之以礼"，主张"事死如事生""厚葬以明孝"，修筑陵墓厚葬先人是表示生者对死者忠孝的一种重要方式。作为历史的产物，陵墓能够集中表现其修建时期的政治、经济、科技、建筑和民俗状况，是认识历史、了解历史的直接材料之一，具有很高的研究价值。陵区优美的环境、建筑及陪葬文物、墓主效应已成为主要的旅游吸引力，在旅游资源中占有重要位置。

由于年代久远或墓葬本身的高低贵贱，使得普通百姓的墓葬很难或无法保存下来，至今能够较好保存下来的主要是名人墓葬和帝王陵墓，特别是帝王陵墓的旅游价值更高。

1. 帝王陵墓　数千年来，我国共有一统王朝与割据政权的大小帝王 500 余人，至今有迹可循、已确认的帝王陵墓 100 多座。中国帝王陵墓形式多样，陵园建筑十分完整，珍藏着许多珍贵的历史文物，其历史之久、数量之多、规模之大、工艺之精，举世罕见，形成了我国独具特色的人文旅游资源。我国古代帝王从商代始兴厚葬之风。3000 年来，其陵墓构建形式经历了不断发展、演变和完善的过程，主要由封土、地宫和地面建筑三部分构成。帝王陵墓中著名的有黄帝陵、秦始皇陵、汉代长陵和茂陵、唐代昭陵和乾陵、明代孝陵和十三陵、清代东陵和西陵等，大部分都是长盛不衰的旅游胜地。

2. 名人墓园　伟人、名人是政治、军事、文化、科技、宗教等各个领域内的伟大人物或知名人士，具有较高的知名度与影响力，其墓园有的是真人真墓，有的是衣冠墓，有的是后人根据传说建造的纪念性陵墓。因为墓主人在历史上曾建立过丰功伟绩或做出突出贡献，受到人民的爱戴和怀念，所以名人墓园也是纪念名人、重温历史的场所。名人墓园从不同侧面反映了我国古代社会的灿烂文化，具有独特的纪念价值，对于考古发掘、研究古代的丧葬文化和爱国主义、革命主义教育都具有重要意义，因而也成为一种重要的人文旅游资源。

名人墓中规模最大、等级最高、空间形态最为丰富的一类是作为专门纪念场所的名人墓。包括两种形式：一是建筑形态的名人墓，专门用于国家领袖、民族英雄等伟人的纪念，空间表现为墓堂一体、墓祠一体，以墓作为空间的中心，集墓室与陈列功能于一处，如毛主席纪念堂、中山堂等；二是园林形态的名人墓，通常是众多名人墓聚集而成的墓群，其空间表现为墓园一体，如山东曲阜孔林、八宝山公墓名人墓群、各地的烈士陵园等。

（六）其他建筑

我国古代建筑种类繁多，除上述几种外，还有分布广泛、数量可观的亭、台、楼、阁、坊、表、阙、经幢等其他建筑。它们有的是园林建筑单体，有的是纪念、导向、标志性建筑物。这些各具特色的建筑物常常与其他建筑组合成景，使景区变得生动活泼又跌宕有序。其中佼佼者也可单独成景，如因中国古代文人雅士的诗歌文章而名扬四海的三大名楼和四大名亭，它们造型优美、结构精巧、工艺精湛，体现了我国古代人民高超的建筑技艺，既有观赏价值，也有使用价值，深受游人喜爱。

1. 楼阁　楼阁是两层或两层以上的房屋，古代大多为木质结构，用途很广，可远眺和游憩，还可藏书、供佛、悬挂钟鼓。我国古代楼阁极其丰富，众多楼阁中用于观景、赏景的很多，常临水而建，湖光山色、波光粼粼、景色秀美。楼阁常是文人雅士们汇聚之所，许多文学名篇也因这些楼阁而诞生，楼阁也因这些佳作的流传而声名远扬。其中最著名的当数被称为江南三大名楼的滕王阁、黄鹤楼、岳阳楼，此外，北京颐和园中的佛香阁、山东蓬莱的蓬莱阁、昆明大观楼、嘉兴烟雨楼等，都是典型代表。

2. 亭　是中国的一种传统建筑，"亭者，停也，人所停集也"，因此在古代亭多建于路边，以供行人休息、乘凉或观景用。亭一般为开敞性结构，大多是用木、竹、砖、石建造的，顶部可分为六角、八角、圆形、梅花形和扇形等多种形状。因为造型轻巧，选材不拘，布设灵活而被广泛应用，可建在山上、水旁、花间、城头、桥上等，将周围风景点缀得更加美丽。我国四大名亭分别是安徽滁州的醉翁亭、杭州的湖心亭、北京的陶然亭、长沙的爱晚亭。

三、古代工程

中华民族历来是充满智慧的民族，古人凭借着自己的智慧和勤奋，创造出了许多震古烁今的伟大工程。数千年来，这些伟大工程对国家或地方的社会、军事、政治和经济发展产生了重大影响，直至现在仍造福着人类，是我国一笔宝贵的历史财富，其中军事防御工程、水利工程旅游价值较高。这些浩大壮伟的建筑工程，足以显示出古人的智慧和气魄，更是我国的一笔宝贵财富。

（一）军事防御工程

军事防御工程是我国古代为巩固统治、抵御外敌侵犯而修建的起御敌自卫作用的工程。中国历代王朝修筑了数量众多、规模庞大的防御工程，其中长城和城防建筑是两类最重要的军事防御工程，它们不仅以其雄伟的建筑吸引游人，而且在建筑、历史、军事等领域的考察研究中具有重要作用。

1. 长城　长城是中国古代也是世界上修建时间最长、工程量最大的一项军事防御工程。它被誉为世界七大建筑奇迹之一，是世界级旅游资源。不论巨龙似的城垣，还是扼居咽喉的关隘，都体现了设防的战略思想，也标志着我国古代建筑技术的高超成就。

长城修筑历史早在春秋时期便已开始，各国为了互相防御，均选形势险要的地方修筑长城。战国时齐、魏、燕、赵、秦等国相继兴筑，此阶段的长城各国自成体系，互不连贯。秦始皇灭六国完成统一后，为了防御北方匈奴的南侵，于公元前214年将秦、赵、燕长城连接起来，并增筑扩建部分新长城，形成了"西起临洮，北傍阴山，东至辽东，蜿蜒一万余里"的长城，俗称"万里长城"。此后直至明代，凡统治过中原地区的朝代，几乎都修筑过长城。其中汉代和明代所修长城的长度亦都超过了1万里，因此，将秦、汉、明三个朝代所筑长城称为长城修筑史上的三次高峰。

长城是由大量建筑组成的严密体系，包括城墙、城台、敌楼、关隘和烽火台五部分及其他附属设施。城墙是长城工程主体，多建在蜿蜒曲折的山脉的分水线上，以增加攻城的难度。按其构造不同可分为条石墙、夯土墙和砖墙等。墙高3～8米，顶宽4～6米。墙顶的外侧筑有堞墙与垛口。垛口下侧开一小洞，叫射洞，用于射箭。在城墙上每隔二三百米就构筑有一组高出墙顶的方形台子即城台。它突出于迎敌方向的墙身以外，外墙上砌有垛口，战时居高临下，从侧翼射杀架梯攻城的敌人。城墙上每隔一至两里处，还建有敌楼，又叫敌台。敌楼有实心、空心两种。实心敌楼只能在顶部瞭望射击，空心敌楼还可容纳三四十名守城军士居住，并可储存火炮、弓矢之类武器。此外，在出入长城的咽喉要道上通常都设有关隘，平时作为进出长城的通道，战时则是进攻防守的重点。关隘多位于长城沿线地势险要的两山之间、山河之间、山海之间或交通要冲之地，其防御设置极为严密。一般是在关口置营堡，加建墩台，并加建一道城墙以加强纵深防卫。重要关口则纵深配置营堡，多建城墙数重，形成"一夫当关，万夫莫开"之势。长城沿线的关隘数量很多，其中仅明长城的关隘就有近千处，著名的有山海关、黄崖关、居庸关、紫荆关、倒马关、平型关、雁门关和嘉峪关等。烽火台又叫烟墩、狼烟台，是用作报警的通信设施，一般用夯土筑成，重要的部分在外包砖，上建雉堞和瞭望室。雉堞是城上排列如齿状的矮墙，做掩护用。台上储薪，遇有敌情，则白天施烟，夜间点火，台台相连，传递讯息，依规定路线，很快传至营堡。综上，长城各组成部分相辅相成，有机结合，形成了一套严密完整、进可攻、退易守的庞大的军事防卫体系。

长城不仅是凝聚非凡物力的巨大工程，还是一项蕴含着无穷智慧的艺术杰作。它顺山而起，遇壑而伏，绵延千里，气势磅礴，本身就是件伟大的艺术作品，具有令人摄魂动魄的美学价值，而且许多关隘的券门都有精彩的古代雕饰。不论砖雕还是石刻，其工艺之精湛、装修之富丽，都可以反映出当时工艺美术的极高技艺。长城历代留下的匾额题签也堪称一绝，文辞雄浑，书法刚劲，是中国文化史上的豪放之笔。

长城是我国历史上最完整的军事防御工程，也成为中华民族的象征。它于1987年入选《世界遗产名录》，是我国首批进入名录的项目之一。我国现已开放的长城旅游景观主要是明代遗存，其中北京八达岭、慕田峪、司马台、古北口长城，天津黄崖关长城，河北山海关、金山岭和老龙头长城，山西雁门关长城，甘肃嘉峪关长城等，都是著名的长城游览胜地。

2. 城墙　城墙是城市防御不可缺少的工程设施，由墙体、垛口、城楼、角楼、城门等部分构成，其建筑十分完整，构成了一套坚固的城防体系。绝大多数城墙外围还有护城河，用吊桥控制其出入。根据建筑原料不同，城墙可分为版筑夯土墙、土坯垒砌墙、青砖砌墙、石砌墙和砖石混合砌筑多种类型。城墙的厚度，下部为4米，上部为3.5米，高度7～10米，不甚相同，显示出雄伟森严的气势，它在古代战争中起着不可替代的作用。现存较完整的有南京城墙、西安城墙、荆州城墙、襄阳城墙等。

（二）桥梁工程

桥梁是重要的交通工程。我国古桥历史悠久，种类繁多，主要有索桥、拱桥、梁桥、廊桥、亭桥、栈桥等类型。这些桥梁具有高超的建筑技艺、科学技术价值和艺术鉴赏价值，有不少是世界桥梁史上的创举，充分显示了中国古代劳动人民的非凡才智与精湛技能。除了桥梁本身的建筑技艺外，中国古桥所承载的美学价值、历史背景、神话传说，更是折射出中华五千年的深厚文化底蕴，是华夏文明不可或缺的一个组成部分，成为我国古代文明的代表之一。我国遗存的古桥很多，其中北京永定河上的卢沟桥、河北赵县的赵州桥、广东潮州的广济桥、福建泉州的洛阳桥为我国四大古桥，具有较高旅游价值。

（三）水利工程

我国古代是传统农业社会，水利是农业的命脉，因而历朝历代无不将"水利灌溉、河防疏泛"列为首要工作。中国一直受水困扰，北方少水，南方多水，水少成旱，水多成涝。因此，巧慧睿智、勤劳勇敢的中国人民同江河湖海进行了艰苦卓绝的斗争，修建了无数大大小小的水利工程，不仅有力地促进了农业生产，推动了水文知识发展，还起到了扩大运输，加快物资流转，发展商业，推动社会经济繁荣的作用。在我国广袤大地上至今仍保留着许多规模大小不一的古代水利工程，它们有的独立构景，有的与山水融为一体，其中都江堰、大运河、灵渠、坎儿井被誉为中国古代的四大水利工程。

【知识拓展】

都江堰

都江堰位于成都平原西部都江堰市西侧的岷江上，始建于秦昭王末年，是蜀郡太守李冰父子组织修建的大型水利工程。它是全世界迄今为止，年代最久远、保存最完好、至今仍在使用、采用无坝用水的唯一水利工程，建堰2200多年来经久不衰，仍发挥巨大效益，因此其既是历史的见证，也是泽被千秋的宏伟工程。这项工程包括渠首和渠道两大部分，其中渠首是都江堰灌溉系统中的关键设施。渠首主要由鱼嘴分水堤、宝瓶口引水工程和飞沙堰溢洪道三大工程组成。分水堤前端似鱼嘴，犹如利剑将岷江从中间截开，东边的内江供灌溉，西边的外江供排洪通航。宝瓶口具有引水和控制进水的作用。飞沙堰有排泄洪水和沙石的功能，都江堰水利工程科学地解决了江水的自动分流、自动排沙、自动排水和控制进水流量等难题，消除了水患，使成都平原成为水旱从人、沃野千里的"天府之国"。都江堰水利工程历史悠久、规模宏大、布局合理、运行科学，且与环境和谐结合，在历史和科学方面具有突出价值，于2000年入选《世界遗产名录》。

四、民俗风情

民俗风情是指一个地区的民族在特定的自然和社会环境条件下，在生产、生活与社会活动中所表现出来的各种风俗习惯，体现出各民族积久成习的文化传统。民俗风情是人文景观旅游资源的重要组成部分，既能满足旅游者求奇、求异、求知、求美、求乐的旅游需求，又是研究民族文化的一种渠道和中外文化交流的一项重要内容。我国是一个统一的多民族国家，各民族共同创造了光辉灿烂的中华民族历史文化，形成了异彩纷呈的民俗风情，主要包括我国各民族的饮食习俗和特色民居、传统服饰、民间工艺品、婚丧习俗、民族歌舞和节庆活动等。

（一）民居

民居建筑，是各地民众的居住形式和居室结构的总称。民居建筑，多因地制宜、就地取材、造型丰富、功能齐全，具有较高的美学价值和实用价值，而且能从一个侧面反映人们的生产方式、生活习俗、家庭关系以及审美情趣，因此是民俗风情旅游资源的重要内容。

我国民族众多，各民族的历史传统、生活习俗、人文条件、审美观念不同，且各地的气候条件和生态环境也不同，因此，各地人们居住的房屋样式和风格亦不相同，民居的内外空间、平面布局、建造结构和细部特征各有特色，呈现出丰富多彩、百花齐放的民族特征。在中国的民居中，最有特点的是北京四合院，西北黄土高原的窑洞，安徽的古民居，福建和广东等地的客家土楼，内蒙古、青海、西藏的蒙古包和湘西的吊脚楼，云南的竹楼等。

（二）民族服饰

民族服饰，是各族人民为塑造自己民族美好形象而创造出来的衣着服饰，是民族政治、经济、思想、文化的反映，体现着民族心理素质，符合民族的生活习惯和审美意识。民族服饰艳丽的配色、珍贵的材质以及华丽的配饰能体现各自的民族特色，是民族文化的外在表现、鲜活个性的形象展示，成为民族文化中最易被人察觉、最具有魅力的组成部分之一。

我国民族服饰千姿百态，各民族的传统服饰从制作原料、纺织工艺、服饰样式到装饰配饰都保持着鲜明的民族和地区特色，特别是我国的少数民族服饰，式样繁多、风格各异，具有很高的欣赏价值。我国汉族传统服饰和少数民族服饰中的藏族、苗族、维吾尔族、回族和蒙古族等传统服饰历史悠久、别具特色，成为我国民族服饰的代表。

中国传统民族服饰反映了不同民族发展的历史轨迹，体现出各民族的精神风貌和多民族的文化交融，是研究民族文化的宝贵资源，被誉为"穿在身上的历史"，具有不可替代的旅游价值。

（三）传统节庆

每个民族都有自己的传统节日和富有特色的庆典活动，它们是地方文化和民族特征的综合反映，集中体现了当地的社会交往、文化娱乐、情感表达的方式以及宗教信仰。

中国传统节庆"感自然节律而成，蕴人文精神而丰"，凝聚着历代劳动人民的智慧和情感，体现了中华民族对自然的认识和尊重，蕴含厚重的历史与人文情怀，拥有丰富的文化内涵和精神核心，对传承和宣扬民族文化、强化民族文化记忆、促进民族团结和交流、繁荣地区经济等有重要作用。这些节日庆典活动，大多欢快喜庆、形式多样、内容丰富、参与性强、传延不衰，是极具吸引力的旅游资源。

我国的传统节日主要有春节（农历正月初一）、元宵节（农历正月十五）、龙抬头（农历二月初二）、社日节（春社按立春后第五个戊日推算，一般在二月初二前后，秋社按立秋后第五个戊日，约新谷登场的农历八月）、上巳节（农历三月初三）、寒食节（清明节前1～2天）、清明节（公历4月5日前后）、端午节（农历五月初五）、七夕节（农历七月初七）、中元节（农历七月十五）、中秋节（农历八月十五）、重阳节（农历九月初九）、下元节（农历十月十五）、冬至节（公历12月21～23日）、除夕（农历十二月廿九或三十）等，其中春节是中国最大、最隆重、庆祝时间最长的节日。

五、风味佳肴

我国是一个特别注重美食的国家，中餐作为世界三大菜系之一，在世界饮食王国中占有十分重要的地位。我国幅员辽阔，各地气候、物产、风俗习惯均有不同，因而形成了各自的独特风味和不同的菜系，各大菜系交相辉映，各有千秋，具有独特的民族特色和浓郁的东方魅力。除菜系佳肴以外，我国各地还有著名的地方风味食品，美食荟萃，蔚为大观。中国美食烹饪中蕴含着丰富的哲理与精湛的科学，其核心是在食治养生的营养观念指导下，以养助益充的营卫论为基础，通过辨证施食、调和五味，达到以食养生、以食治疾的目的。

【知识拓展】

药食同源

从"神农尝百草"开始，就实践了"药食同源、药膳同功"的理念，利用食物原料的药用价值，烹成各种美味的佳肴，达到对某些疾病的防与治的目的。我国几千年生态农业的成功实践，为"寓医于食"——利用食物养生保健奠定了物质基础。在先秦时代，医生和厨师之间就配合默契，药品与食物常常一致；此后虽然食与医分了家，但膳食仍以医学作指导，历代医家也多用"食疗"治病。烹饪选料注重药食兼用的动植物，将根、茎、叶、花、果与皮、肉、骨、脂、脏巧妙搭配，达到既滋补强体，又疗疾祛病的目的。古代中医学有关饮食洁净，力戒偏嗜，季节进补与调味禁忌等学说，都被历代《菜谱》与《食经》收载。这是一种特殊意义的养、助、益、充，同样符合中医的养营摄生理论。中国烹饪以药入膳的菜品备受青睐，道理即在于此。

（一）地方菜系

中国是一个餐饮文化大国，长期以来在某一地区由于地理环境、气候物产、文化传统以及民族习俗等因素的影响，形成有一定亲缘承袭关系、菜点风味相近、知名度较高，并为部分群众喜爱的地方风味的著名流派，俗称菜系。

不同的地方菜系有其独特的烹饪方法，有特殊的调味品和调味手段，有众多的烹饪原料，有从简到繁、从低到高、从小吃到大菜、从大众菜肴到筵席菜肴等一系列风味菜式。早在商周时期中国的膳食文化已有雏形，到唐宋时，南食、北食各自形成体系。发展到清代初期时，鲁菜、川菜、粤菜、苏菜，成为当时最有影响的地方菜。到清末时，浙菜、闽菜、湘菜、徽菜四大新地方菜系分化形成，共同构成中国传统饮食的"八大菜系"。后来，又加上京菜和楚菜，即为"十大菜系"。其中，鲁菜、苏菜、川菜、粤菜分别代表中国北南西东四大区域，是最早形成的独具特色的中国四大菜系。

（二）特色小吃

除佳肴以外，我国各地都有著名的地方风味小吃，被称为当地的特色小吃。特色小吃往往就地取材，能够突出反映当地的物质及社会生活风貌，是民间智慧、地方文化和浓郁乡情的一种体现，成为中国美食不可缺少的一部分。

吉林朝鲜冷面、北京的炸酱面、天津的"狗不理"包子、河北驴肉火烧、山西的刀削面、陕西的羊肉泡馍、湖北的热干面、河南烩面、上海生煎包、安徽黄山烧饼、广东的肠粉、昆明的过桥米线、重庆酸辣粉、兰州牛肉面、四川的担担面、新疆烤馕、广西螺蛳粉、海南文昌鸡、香港云吞面、澳门葡挞、台湾蚵仔煎等，都是深受旅游者喜爱的地方风味小吃。北京簋街、上海城隍庙美食街、湖北武汉户部巷、江苏南京夫子庙步行街、陕西西安的回民小吃街、福建厦门的中山路步行街、四川成都的锦里、云南丽江古城的四方街、山东青岛的南劈柴院、广西南宁的中山路汇集了各种当地特色小吃，被称为中国十大小吃街。

六、风物特产

风物特产是指一个国家、一个民族、一个地区的具有独特工艺水平与民族文化内涵的物品，具有形象性、艺术性、新颖性、纪念性和实用性，既能满足人们衣食住行等生活需要，又具有较高的观赏价值和收藏价值。风物特产品种繁多、门类复杂、工艺各异、瑰丽多姿，不仅是重要的旅游景观，更是重要的旅游商品。

广袤的土地和悠久的历史孕育了我国数量繁多的风物特产，它们有着浓郁的民族和地方特色，做工精细、技艺高超，其中许多是稀世珍品，工艺上巧夺天工、出神入化，是举世赞美的无价之宝。我国风物特产主要可分为陶瓷器具、丝织绣品、文化用具、名茶名酒、雕塑工艺品及其他工艺特产。

（一）陶瓷器具

中国具有悠久的陶瓷生产历史，从仰韶文化的陶瓷到唐三彩、宋朝的紫砂壶、明清时期的青花瓷等，无不展示了我国古代高超的陶瓷生产技术和文化艺术。

1. 陶器　陶器是指以黏土为胎，经过手捏、轮制、模塑等方法加工成型后，在 $800 \sim 1000\,℃$ 高温下焙烧而成的作为摆设工艺品或生活日用品的器皿，具有浓厚的生活气息和独特的艺术风格。陶器的发明，是人类历史上最早通过火的作用，改变一种天然物质的创造性劳动。它的出现，标志着新石器时代的开端。我国最早的陶器出现在一万多年前，在江苏南京溧水神仙洞出土了距今 11200 年的陶片，是我国古代文明的重要组成部分。江苏宜兴紫砂陶、云南建水五彩陶、广西钦州坭兴陶、重庆荣昌安富陶是中国四大名陶。

【知识拓展】

唐三彩

唐三彩是中国古代陶瓷烧制工艺的珍品，全名唐代三彩釉陶器，是盛行于唐代的一种低温釉陶器，它陶质细腻、釉色鲜亮、光滑整洁，色彩以黄、绿、白三色为主，故称"唐三彩"。因洛阳唐三彩最早、最多出土，亦有"洛阳唐三彩"之称。唐三彩制作工艺复杂，其在陶坯上所涂的铅釉流动性强，在烧制的过程中釉面向四周扩散流淌，各色釉互相浸润交融，形成自然协调而又斑驳淋漓、绚丽无比的色彩，是一种具有中国独特风格的传统工艺品。唐三彩具有两大特点：一是造型多样，一般可以分为动物、生活用具和人物三大类，其中尤以动物居多；二是色彩多变，釉色有原色、有复色、有兼色，可以呈现出斑驳淋漓的多种彩色。唐三彩以美妙高超的造型和丰富多彩的釉色驰名于世，是中国古代艺术走向世界的名片，是人类制陶史上的闪光点。

2. 瓷器　瓷器是由瓷石、高岭土、石英石、莫来石等烧制而成，外表施有玻璃质釉或彩绘的物器，具有胎质致密、经久耐用、便于清洗、外观华美等特点。我国是世界上最早发明瓷器的国家，商代就已出现原始青瓷，至东汉时期即已烧制出成熟的青瓷和黑瓷。唐代，瓷器发展到一个繁荣的阶段，形成了"南青（越窑）北白（河北邢窑）"的局面。宋代，瓷器真正进入了百花齐放的朝代，汝窑、官窑、哥窑、钧窑和定窑并称为宋代五大名窑。元代，被称为瓷都的江西景德镇出产的青花瓷已成为瓷器的代表。明代，景德镇瓷器进一步发展，所制瓷器色彩各异，分为釉下彩、釉上彩、斗彩和颜色釉四个大类。清代，受西方颜料和西方技法的影响，形成了既保留了千年瓷器工艺，又融入西方艺术精华的珐琅彩、粉彩，各种釉彩大瓶，把制瓷工艺推向了巅峰。中国古代瓷器多姿多彩，其中青花瓷、青花玲珑瓷、粉彩瓷和颜色釉瓷并称四大名瓷。江西景德镇、福建泉州市德化县、湖南醴陵市被称为中国三大瓷都。陶瓷是中国的象征，在世界历史上写下了光辉的一页，中国在世界上亦享有"瓷国"之美誉。

【知识拓展】

青花瓷

　　青花瓷又称白地青花瓷，常简称青花，是中国瓷器的主流品种之一，属釉下彩瓷。它用氧化钴料在坯胎上描绘纹样，施釉后高温一次烧成，瓷面洁白晶莹，青花幽雅苍翠，蓝白相映、怡然成趣、明净素雅、美观隽久。古人曾赞曰："白如玉，明如镜，薄如纸，声如磬。"景德镇青花瓷始创于元代，到明、清两代为高峰，清康熙时以"五彩青花"使青花瓷发展到了巅峰。青花瓷是中华陶瓷烧制工艺的珍品，它融合了中国画的山水意境，又吸收了古典艺术的文化内涵，再加上中西方的文化交流，使其内在底蕴和艺术特质越发深厚，并逐渐风靡大江南北长城内外，被社会各层广泛接受，最终成了"国民瓷器"，在历史的长河中留下了浓墨重彩的一笔。

（二）丝织绣品

　　丝织绣品是以蚕丝为原料的纺织品和刺绣品的总称。我国是世界上最早发明丝绸的国家，丝绸织锦品种繁多、做工精细，花纹图案秀丽多样，色彩层次明快典雅，被誉为"东方丝玉"。

1. 织锦 我国丝织品的种类甚多，按照织物的组织结构区分有纱、罗、绮、绫、锦、绒、绢、绸、缎等十余种，其中最华丽、最贵重的品种是锦。织锦是用彩色的金缕线织成各种花纹的织品，外观瑰丽多彩，花纹精细高雅。作为丝绸中最美丽的部分，织锦也曾随着陆上丝绸之路的驼队和海上丝绸之路的船队走遍当时的世界。这种前所未见、光彩夺目的织品，让那时的西方世界对遥远而神秘的东方充满神往。我国织锦风格多样，其中云锦、蜀锦、宋锦、壮锦被称为中国四大名锦。

2. 刺绣 古代称为针绣，是用绣针引彩线，将设计的花纹在纺织品上刺绣运针，以绣迹构成花纹图案的一种工艺。中国的手工刺绣工艺已有 2000 多年历史，沿传迄今，历久不衰，绣品构图疏密有致，画面流光溢彩，刺绣的花卉不闻犹香，飞禽走兽栩栩如生。我国各地绣品的题材、形式、层次、色彩、空间表现、针法及装饰各具风格，其中苏州苏绣、湖南湘绣、广东粤绣、四川蜀绣被誉为中国四大名绣。

（三）文化用具

中国的文化用具，独具一格，其中最具代表性的是被称为"文房四宝"的书写工具：笔、墨、纸、砚。文房四宝不仅有实用价值，也是融汇绘画、书法、雕刻、装饰等各种艺术为一体的艺术品，既代表了文人的艺术情趣和工匠的杰出创造，也承载着中国传统文化的格调与精神。人们不仅能从笔、墨、纸、砚的凝魂中感受书墨蕴香，还能感悟到中华传统文化的真正韵味。湖笔、徽墨、宣纸、端砚在文房四宝中最负盛名，是悠久灿烂的华夏文明的重要象征，为中华文化的传播作出了不可磨灭的贡献。笔墨纸砚伴随中国历史的书卷，翻过千年。

（四）名茶名酒

1. 中国名茶 中国是世界上最早种茶、制茶和饮茶的国家，是茶文化的发祥地，被誉为"茶的故乡"。茶文化是最具代表性的中国文化符号之一，其三个核心是"静、和、雅"，茶叶舒展后沉降的静缓赋予了茶使人入静静心之意，独在幽处品茶，品的是茶，静的是心，悟的是人生，涤的是灵魂；茶叶和水交融的和谐，让茶拥有了中国文化中最重要的精神品质，"和"是以茶为媒介，实现天地人以及自然的和谐之道；茶是雅的化身，在于茶本身的致清导和、韵高致静，品茶、饮茶是陶冶情操、平和心态的过程，将人引进一个平和淡雅的世界。

中国不仅是一个茶文化深厚的国家，还是一个产茶大国，茶区辽阔，茶叶种类繁多，一般按照茶的色泽与加工方法可将其分为六大类：即红茶、绿茶、青茶、黄茶、黑茶、白茶。中国名茶是诸多品种茶叶中的珍品，以"色佳、香郁、味醇、形美"四绝著称于世，代表了中国茶叶品种品质与生产制作工艺之最，并蕴涵了悠久的历史和动人的传说，显现出中国独特的茶文化魅力，目前，被大家熟知和广泛认同的中国十大名茶有：西湖龙井、洞庭碧螺春、黄山毛峰、庐山云雾茶、六安瓜片、君山银针、信阳毛尖、武夷岩茶、安溪铁观音、祁门红茶。

【知识拓展】

茶的药用价值

茶叶最早在我国被发现，开始仅作药用。《神农本草经》记载："神农氏尝百草，日遇七十二毒，得茶而解之。"在汉代以前的《神农食经》、唐代的《本草拾遗》、明代的《本草纲目》、清代的《本草求真》等史籍中，都确切地记载着茶叶的药用功能，并被奉为万病之药。陈藏器在《本草拾遗》中给予茶叶很高的评价，认为茶叶"上通天境，下资人伦，诸药为各病之药，茶为万病之药"。

药茶是在茶叶中添加中药制作而成的具有一定疗效的特殊的液体饮料。将药物与茶叶配伍，制成药茶，以发挥和加强药物的功效，利于药物的溶解，增加香气，调和药味。药茶是中医学宝库中一个重要组成部分，其应用历史非常悠久，据初步考证，历代医籍所记载的药茶方，至少有二百多方。有单味的，也有复方；有用于治疗疾病的，又有养生保健、延年益寿的。最早记载药茶方剂的是三国时期的张揖所著的《广雅》，曰："荆巴间采茶作饼成米膏出之。若饮，先炙令赤……其饮醒酒。"此方具有配伍、服法与功效，当属于药茶方剂无疑。此后，载药茶方的著作日益增多，如药王孙思邈编著的《千金要方》《千金翼方》，在"食治节"中称茶"令人有力，悦志"并记有"竹茹芦根茶"等十余首茶药方。王焘在《外台秘要》中载有"代茶新饮方"，详细论述了药茶的制作和饮用方法。明代著名医学家李时珍在《本草纲目》中，附录药茶方十余个，如茅根茶、萱草根茶等，对药茶的功效作了全面的论述，并促进了后世对药茶的研究。这些茶方，都是中医宝贵的文献资料，经过历代医药学家和养生家的应用、发挥和完善，药茶已经成为我国人民防病治病与养生保健的一大特色。

2. 中国名酒　中国是酒的王国，酒对中国历史文化、文学艺术、绘画艺术、宗教文化、民风民俗、科学技术、社会心理、军事研究等各个领域产生了巨大的影响。我国最早的诗歌总集《诗经》中就曾留下过许多关于酒的篇章，当时酒就已经担当着许多的作用，聚会、送别、祭祀、婚丧嫁娶等大小事件都需要酒的参与，奠定了酒在我国文化中重要地位的基础。此后中国五千年的历史，亦贯穿着酒的发展变迁史。我国历朝历代都有无数先辈留下关于酒的诗篇或典故，酒文化发展最灿烂的唐宋时期，不仅有贵妃醉酒、杯酒释兵权等典故，闻名遐迩的唐诗宋词中关于酒的篇章也是多不胜数，仅《全唐诗》五万余首诗词中就有六千多首与酒有关，宋诗词中更是多到数不胜数。

中国是生产酒的一个"超级大国"，按酒的商品大类分，一般可以将酒分为白酒、黄酒、啤酒、果酒、药酒五大类。中国也是世界上最早拥有酿酒技术的国家之一，在历史上虽然在酿造的技艺上大同小异，但是通过不同的原料，我们的先人创造了不同类型的酒，经过漫长岁月的发展，酿造出许许多多被誉为"神品""琼浆"的酒类珍品，其中家喻户晓的十大名酒为：贵州茅台、五粮液、洋河大曲、泸州老窖、汾酒、郎酒、古井贡酒、西凤酒、贵州董酒、剑南春。

（五）雕塑工艺品

雕塑工艺品是指以木、石、砖、竹、象牙、兽骨等材料雕刻的和以黏土、油泥、糯米面等材料塑造而成的小型或装饰性手工艺品。雕塑是一种造型艺术，将自然美和艺术美有机结合，它的产生和发展与人类的生产生活紧密相连，同时受到了时代背景、宗教文化、哲学思想等社会意识形态的影响。因此，雕塑艺术品不仅能带给人一种美的享受，还能通过其丰富生动的雕塑语言，传承社会历史文化，丰富人们的精神世界。

1. 雕刻工艺品 中国雕刻工艺品的品种很多，按原料分主要有玉雕、象牙雕刻、砖雕、木雕、石雕、竹刻、根雕、果核雕刻、果壳雕刻、煤精雕刻、贝壳雕刻等，其中玉雕、石雕、木雕、竹刻是主要雕刻品种。我国是世界上三个著名的玉器工艺品产地（中国、墨西哥和新西兰）之一，玉雕历史悠久，分为南北两派，北派以北京为代表，其选料精良，作品精细俏丽，为我国玉雕之魁，在世界上享有盛誉。南派以苏州、扬州为代表。石雕以福建寿山田黄石、浙江昌化鸡血石和青田冻石为篆刻原料的石雕品质最佳。我国木雕可分为六种：中原木雕、东阳木雕、东清黄杨木雕、福建龙眼木雕、广东潮州木雕和云南剑川木雕。其中东阳木雕和潮州木雕尤为著名，是中国民间两大木雕体系。竹刻主要分布在长江以南地区，以上海留青竹刻和浙江黄岩翻簧竹雕最为出名。

2. 塑造工艺品 塑造类主要有泥塑、油泥塑、面塑、酥油塑等。泥塑（又称彩塑）是以细腻的黏土为原料，以手工捏制成形，或素或彩，以人物、动物为主。泥塑有南北两大著名流派：北方有天津"泥人张"，南方有无锡惠山泥人。油泥塑又称瓯塑，因起源于浙南瓯江流域而得名，是一种传统塑作艺术，由中国传统漆艺中的堆漆工艺发展而来，在堆漆的基础上贴金、髹色漆、髹色油，色彩丰富，表现力和附着力强，逐渐成为一种应用广泛的装饰手段。面塑就是用面粉加彩后，捏成的各种小型人物与事物。就捏制风格来说，黄河流域古朴、粗犷、豪放；长江流域却是细致、优美、精巧。酥油塑也是雕塑艺术的一种特殊形式，具有悠久的历史，是青海文化魅力的彰显。它是以酥油为原料，以人物、花卉、飞禽、走兽、树木等人和事物为主题的一种高超的手工油塑艺术，质地细腻、色彩柔和、有透明感、形象生动。

（六）其他工艺品特产

1. 金属工艺品 金属工艺品是用金、银、铜、铁、锡等金属材料，或以金属材料为主辅以其他材料，加工制作而成的工艺品，具有厚重、雄浑、华贵、典雅、精细的风格。这类工艺品一般都经铸、锻、刻、镂、焊、嵌等工艺，具有类似浮雕的装饰。中国古代著名的金属工艺品有商代的青铜器、战国的金银错、唐代的铜镜和首饰、明代的宣德炉、清代的景泰蓝等。

2. 工艺画 工艺画是用各种材料，通过拼贴、镶嵌、彩绘、铸锻等工艺制成的图画。我国工艺画种类极为丰富，按工艺方法分，主要有漆画、镶嵌画、绘画工艺画、拼贴工艺画和其他工艺画 5 类，其中最为著名的有木板画、软木画、内壶画。其中天津杨柳青木版年画、江苏苏州桃花坞木版年画、山东潍坊杨家埠木版年画，被称为中国三大木版年画。

3. 编织工艺品　编织是人类最古老的手工技艺之一。浙江余姚河姆渡遗址出土的苇席，距今约有 7000 年历史。千百年来，我国古代劳动人民就地取材，用竹、草、藤、棕、革、柳、葵、苞米皮等做原材料编织成各种生活用品和陈设品。编织工艺品在原料、色彩、编织技艺等方面形成了天然、朴素、清新、简练的艺术特色，美观大方、物美价廉，成为人们日常生活中不可缺少的实用工艺用品。浙江东阳竹编、山东草编、云南腾冲藤编、河北沧州柳编、四川新繁棕编等都是著名的编织手工艺品。

【知识拓展】

中国结

中国结是中国特有的手工编织工艺品，因为其外观对称精致，符合中国传统装饰的习俗和审美观念，故命名为中国结。它最早来自旧石器时代的缝衣打结，后来发展至汉朝的仪礼记事，再演变至今的装饰手艺。漫长的文化积淀使中国结蕴涵了中华民族特有的文化精髓，它所显示的情致与智慧正是华夏古老文明的一个侧面。中国结有盘长结、鲤鱼结、双蝶结、双钱结、纽扣结、琵琶结、团锦结、十字结、吉祥结、万字结、藻井结、双联结、锦囊结等多种结式，不仅是美的形式和巧的结构的展示，更是一种自然灵性与人文精神的表露，能够达到"以结表情，以结寓意"的目的，如盘长结寓意长寿百岁，鲤鱼结寓意吉庆有余、双蝶结寓意比翼双飞等。因此，中国结成为了中华传统文化的完美载体之一，是中华民族独有的文化符号。

七、现代景观

现代人造景观是以特有的文化内容为主体，以现代科技和文化手段为表现，以市场创新为导向的现代化人工景区。这是一种具有较高美学、历史、艺术价值且具有普遍旅游吸引力的特殊新景观，是现代旅游业中发展较快的一种人文旅游资源。其类型主要以主题内容进行划分，如以花卉园艺为主题，或以异国地理环境，或以动植物特征为主题，或以童话幻想、科学、宇宙为主题，或以保存文化、历史为主题，或以博览会、博物馆为主题。其中，主题公园和博物馆是最具代表性和吸引力的现代人造旅游景观。

（一）主题公园

主题公园是指为满足大众日益增长的旅游需求，采用特定的具有丰富内涵的主题，利用现代科学技术手段创造而成的，提供休闲娱乐类服务的人造公园。其特征主要包括：长期商业运营，有大量资金投入，建设有游乐、餐饮、零售和其他综合服务设施，游客需付费参观游览，有固定经营场所，室内、室外或室内外结合的封闭式园区。目前我国的主题公园主要分为四大类，包括动物特色型如珠海长隆海洋王国、长隆野生动物园、江苏常州中华恐龙园、香港海洋公园等；微缩景观型如广东深圳锦绣中华、世界之窗等；主题游乐型如安徽芜湖方特欢乐世界、北京欢乐谷、上海迪士尼乐园、香港迪士尼乐园等；历史文化型如陕西西安大唐芙蓉园、河南开封清明上河园、杭州宋城景区等。

（二）博物馆

博物馆是对历史文物，自然标本和其他物质，非物质形式资料的收藏、保管、陈列、宣传和科学研究的机构。它集收藏、研究、教育三项基本职能于一体，成为保护与传承文化遗产的最主要的社会公共机构之一。我国博物馆一般划分为历史类、艺术类、自然科学与技术类、综合类四种类型。第一类以历史的观点来展示藏品，如中国国家博物馆（由原中国历史博物馆与原中国革命博物馆合并）、南京博物院、泉州海外交通史博物馆、景德镇陶瓷历史博物馆、中国科举博物馆、武汉革命博物馆等。第二类主要展示藏品的艺术和美学价值，如故宫博物院、中国南京云锦博物馆、广东民间工艺馆、北京大钟寺古钟博物馆、天津戏剧博物馆、朱炳仁铜雕艺术博物馆、北京奥运博物馆等。第三类以分类、发展或生态的方法展示自然界，以立体的方法从宏观或微观方面展示科学成果，如中国地质博物馆、中华指纹博物馆、自贡恐龙博物馆、台北昆虫科学博物馆、中国科学技术馆等。第四类综合展示地方自然、历史、革命史、艺术方面的藏品，如：南京市博物馆、建川博物馆、河南博物院、湖北省博物馆、山东省博物馆、湖南省博物馆、内蒙古自治区博物馆、黑龙江省博物馆、甘肃省博物馆等。

作为文化遗产的核心载体——博物馆是人类文明发展的结晶、人类知识的宝库、人类文化的金字塔，是连接过去、现在和未来的桥梁。正因为博物馆的文物在中华文明传承和世界文明交流互鉴方面具有特殊作用，党和国家反复强调"让文物活起来，成为加强社会主义精神文明建设的深厚滋养，成为扩大中华文化国际影响力的重要名片"。让文物活起来，让历史说话，正是挖掘并发挥"博物馆的力量"的一条重要路径，使人们在博物馆之旅中感悟文物背后的历史，历史背后的文化，文化蕴含的力量。

"博物馆+旅游"以博物馆场所和博物馆内容为依托和载体，以文化为核心，将文化活动和游览观光有机结合，兼有历史溯源、艺术欣赏、科学研究、教育推广等方面的价值与功能，让普通的旅游观光上升为提高艺术品味、传播科学知识、传承华夏文明、树立文化自信的高品质的文化体验。因此，在文旅融合的新时代，博物馆参观游览在公共文化服务和旅游发展中起到了不可替代的重要作用。

除主题公园和博物馆外，以美术馆、体育馆为代表的现代文体设施亦能展示城市的精神气质和核心价值，如上海美术馆所体现出的国际化和时尚感、广东美术馆展现"中国近现代沿海美术，海外华人美术，中国当代美术"、关山月美术馆展示深圳特区文化等。北京的奥运场馆"鸟巢"与"水立方"是我国最著名的体育馆，其造型设计奇特新颖、所用材料别具一格、文化寓意深远丰厚、建筑技术与艺术完美统一，带给人极强的冲击力和美感。奥运会后它们成为地标性的体育建筑和奥运遗产，现除了承办各种重大体育赛事外，还是北京旅游必不可少的景点。此外，各地的广播电视塔可登高远望俯览市容，现代化大剧院可感受现代艺术氛围，城市标志性建筑可见证城市发展历史，其中具有代表性的有上海东方明珠电视塔、广州塔、天津天塔、江苏大剧院、上海大剧院、重庆 1949 大剧院、重庆人民大礼堂、深圳地王大厦、苏州东方之门等。

【本章小结】

中华民族历史悠久，多民族团结统一，在漫长的历史长河中，勤劳智慧的各族人民创造了灿烂辉煌的华夏文明，保留下来的历史遗迹浩如烟海，它们生动地记载着我国从史前直到近现代各个历史时期所发生的重大历史事件，反映了各族人民生活、生产活动的艺术成就，具有突出的民族特色，构成了我国丰富多样且风格独特的人文旅游资源，其中许多旅游名胜被誉为世界之最，具有垄断性特征。中国人文旅游资源既是中华民族的宝贵财富，也是在国际上具有巨大吸引力的优势旅游资源，为中国旅游业的发展提供了巨大的潜力。

课堂互动

1. 来自不同省市的同学分组展开讨论，介绍自己家乡的特色菜肴，并分析其所代表的菜系风格。

2. 中国瓷器在世界上地位如何？为何极具收藏价值？

探研思辨

1. 红色旅游是指以中国共产党领导人民在革命和战争时期建树丰功伟绩所形成的纪念地、标志物为载体，以其所承载的革命历史、革命事迹和革命精神为内涵，组织接待旅游者开展缅怀学习、参观游览的主题性旅游活动。近年来，红色旅游热度持续走高，参观红色主题展览、游览红色旅游景区、接受爱国主义的洗礼已成为许多人的自觉行为。国家连续颁发了三期《红色旅游发展规划纲要》，2021 年出台的《"十四五"旅游业发展规划》中亦明确提出大力发展红色旅游，促进我国红色旅游进入了市场化转型及科学发展的良性轨道。

红色旅游资源是发展红色旅游的基础，它们是中国共产党领导人民进行革命、建设和改革开放的历史记载，反映着革命先辈的崇高革命精神，不但具有深刻的政治内涵和历史内涵，而且具有丰富的精神内涵和文化内涵。其从地域范围上主要是指革命老区和红军长征沿线，尤其以长征沿线为重点形成的井冈山、瑞金、遵义、雪山草地、延安、西柏坡的一条"红色"主线。

（1）借助研学旅游的市场东风，红色文化主题研学活动发展迅速，请你设计一个适合大学生的红色文化研学旅游活动方案。

（2）来自不同地区同学分组讨论：你家乡所在区域有哪些红色旅游资源，如何深挖红色旅游资源价值，将其打造成爱国主义和革命传统教育的重要载体，推动当地红色旅游持续健康发展。

2. 丰富智慧旅游产品供给。鼓励旅游消费新模式发展，打造沉浸式博物馆、主题公园、旅游演艺等旅游体验新场景。引导开发数字化体验产品，推动文化和旅游资源借助数字技术"活起来"。

　　　　　　——摘自《"十四五"旅游业发展规划》之专栏—国家智慧旅游建设工程

　　VR、AR、AI 等技术与特色小镇、景区、街区、剧场、主题乐园等融合而成的新业态、新产品，已成为旅游地科技赋能、优化内容供给、提升发展质量的重要方向。如山西的数字文旅体验馆、柳州的"螺乐园"、北京环球影城的"禁忌之旅"项目、上海迪士尼的"飞跃地平线"项目、良渚古城的"数智体验馆"、上海的紫外线感官餐厅等一系列基于科技创新的业态和产品，为智慧旅游在旅游业的应用提供了丰富的场景。线上云游、全景游、虚拟导游、沉浸式演艺等业态的出现，也极大提升了游客的体验。北京市诸多景区已实现了虚拟导游在线查看功能，故宫、莫高窟等景区则实现了线上全景游和 AI 导游、AR 导游等服务功能。

　　　　　　——摘自《实施国家智慧旅游建设工程 助力旅游业高质量发展》

　　　　　　中国旅游报 2022 年 1 月 18 日第 03 版

　　（1）智慧旅游是一种旅游新形态，是旅游业与科技创新融合发展的典范。请查阅智慧旅游相关资料，对其推动旅游业态、产品创新的现状和发展前景进行评述。

　　（2）中国是世界遗产大国，文物古迹和文化遗产丰富，如何对其进行科学的保护与传承是亟待解决的问题。请举例说明如何通过智慧旅游数字信息化技术加强对文物古迹和文化遗产的传承、保护和利用。

下篇 分 论

第四章 皇城风貌燕赵文化旅游区 ▷▷▷▷

【思维导图】

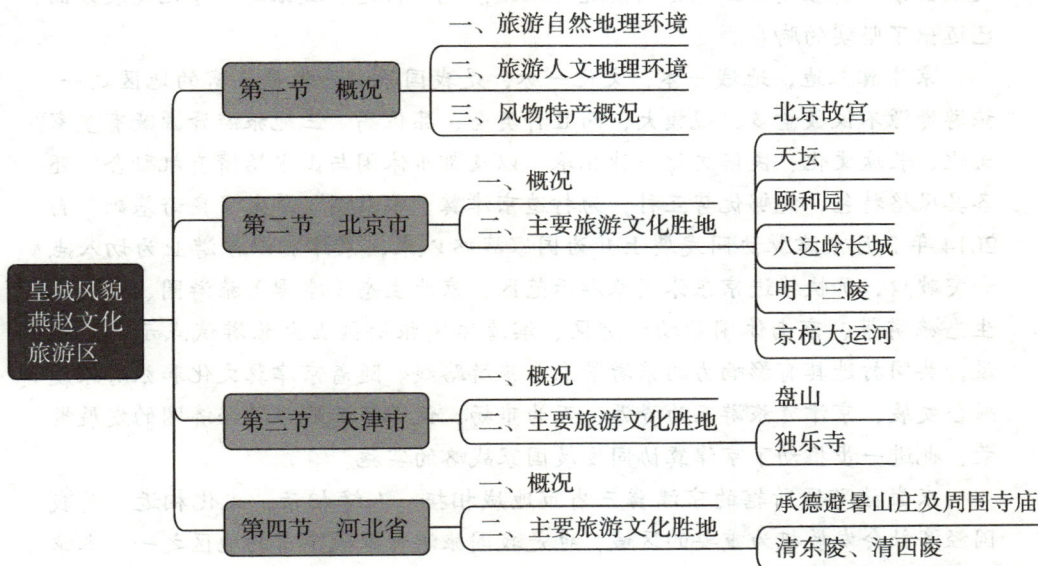

【知识目标】

1.掌握：本旅游区的自然地理环境和人文地理环境特征。

2.熟悉：本旅游区的主要旅游文化胜地。

3.理解：本旅游区概况及风物特产。

【能力目标】

1.能够根据本旅游区自然地理环境及人文地理环境，分析该区旅游资源特点，提高分析问题、总结归纳能力。

2.能够根据本旅游区旅游资源的特点与分布，进行旅游线路设计，增强自主学习、解决问题的能力。

3.能够运用所学知识制作本区旅游文化胜地导游词，并熟练地进行讲解，提升语言表达、人际沟通能力。

【思政目标】

通过学习故宫、天坛、长城、明十三陵等古代建筑，领悟其所体现的哲学思想和文化内涵，形成正确的宇宙观、伦理观、历史观。

【情境导入】

一卡玩转京津冀，三地共绘"旅游圈"

2006年4月，北京发行了中国第一张自然风光旅游年票"北京风景名胜游览优惠年票"，2009年更名为"京津冀名胜文化休闲旅游年卡"（简称京津冀旅游年卡），面向京津冀三地发行。年卡整合了京津冀三地文化和旅游等产业，涵盖自然风景、冰雪体育、温泉康养以及文化遗产、遗迹和文化博物馆等众多旅游项目，一卡在手，可以畅游京津冀200余个旅游景区。年卡的发行，反映出京津冀在整合三地自然景观与人文景观，推进区域旅游一体化发展方面已迈出了坚实的脚步。

京津冀三地，地域一体、文化一脉，是我国旅游资源最丰富的地区之一，旅游资源不仅数量多、规模大，而且种类全、品位高。三地旅游资源既有皇家文化、长城文化、民俗文化一脉相承，以及都市休闲与山水怡情有机融合，还各具风格特色，能够优势互补，为打造京津冀"旅游圈"奠定了良好基础。自2014年2月京津冀协同发展上升为国家战略以来，京津冀以旅游业为切入点和突破口，加快推进京东休闲旅游示范区、京北生态（冰雪）旅游圈、京西南生态旅游带、京南休闲购物旅游区、滨海休闲旅游区五大旅游试点示范区建设，共同打造具有影响力的旅游景点与旅游路线。随着京津冀文化和旅游深度融合发展，京津冀旅游互为资源、互为市场，促进了三地旅游经济圈的发展繁荣，也进一步推动了京津冀协同发展国家战略的实施。

京畿旅游区所辖的京津冀三省市地域相接、人缘相亲、文化相近，是我国经济社会发展极为重要的区域，也是我国旅游资源最丰富的地区之一。本章我们将从旅游自然地理环境、旅游人文地理环境、风物特产概况及主要旅游文化胜地等方面来认识该旅游区。

第一节　概　况

皇城风貌燕赵文化旅游区包括北京、天津、河北二市一省，处于我国东部环渤海地区，土地面积22万平方千米，总人口10942万（截至2023年）。本区自然旅游资源丰富多样，历史文化悠久繁盛，是我国旅游活动兴起和发展最早的地区之一。其中北京是本旅游区的中心城市，辽、金、元、明、清等朝代以及新中国均以北京为首都。本区开发历史悠久，经济发达繁荣，交通便捷，凭借优越的区位条件和丰富的旅游资源，在我国旅游业中占据重要地位，历来是我国的热点旅游区之一。

一、旅游自然地理环境

本旅游区位于华北平原北部，东临渤海，西倚太行山，南接中原，北连内蒙古高原。山地、丘陵、盆地、平原等地貌类型多样齐全，河流、湖泊、海滨较多，属大陆性季风气候，四季分明，旅游自然环境地域特色鲜明，具有以下特点。

（一）山地丘陵荟萃名胜

本旅游区的山地主要有燕山、西山、香山、军都山、万寿山、盘山等。这些山地平均海拔一般为 1000 ～ 1500 米，因其植被茂盛，林木葱郁，气候凉爽，景色宜人，荟萃了众多风景名胜，一直是人们游览避暑的好去处。如古称"太行山之首"的"北京西山"，它是太行山东北端接近华北平原一带的低山和丘陵，西山峰岭连延、林海苍茫、烟光岚影、四时俱胜，所以北京历代名园、名寺多汇集于此，颐和园、圆明园、大觉寺、卧佛寺、碧云寺、法海寺、八大处公园等皆为西山名胜。

（二）水景资源丰富诱人

本区海滨旅游资源丰富，东部的渤海沿岸地区是我国著名的海滨旅游胜地。这里海岸线漫长曲折，沙滩柔软洁净，海水澄碧清澈，气候温和舒适，是避暑疗养和海水沐浴的优良场所。秦皇岛市的北戴河、南戴河、昌黎黄金海岸都是我国著名的避暑度假胜地。本区河流、湖泊、瀑布也为数众多，如永定河、拒马河、十渡、白洋淀、密云水库、官厅水库、十三陵水库、天仙瀑等，都是颇有游趣的旅游景区。

（三）气候影响旅游业淡旺季明显

受地理纬度及地形的作用，本区属典型的暖温带大陆性季风气候，四季分明，春秋短而冬夏长，冬冷夏热，对比悬殊。春旱多风，夏热多雨，秋高气爽，冬寒少雪，春夏秋三季自然景观丰富多彩，而冬季较为单调。因此，本区春夏秋季为旅游旺季，冬季为淡季。

二、旅游人文地理环境

本地区在相当长的历史时期内是我国政治、经济、文化中心。悠久的历史、灿烂的文化、古老的文明，孕育出了数不胜数的历史名胜和文物古迹，人文旅游资源极其丰富，构成本区旅游资源的独特优势。

（一）文化和历史遗址众多

作为华夏祖先最早繁衍生存的地区和中华文明的发源地之一，本区遗存了众多的文化和历史遗址，早在 69 万年前即有"北京人"生活在周口店附近，在这里留下了不同时期的古人类化石、原始工具及其他文物、遗物。周口店北京人遗址是世界上最具有代表性的古人类遗址，为研究人类早期的生物学演化及早期文化的发展提供了实物依据。

（二）古代建筑大放异彩

本区古代建筑规模宏大、气势雄伟、工艺精湛、绝世超群。其中宫殿建筑以北京故宫最具代表性，是我国现存规模最大也是最完整的古代宫殿建筑群。园林建筑大多富丽堂皇、占地广大，尽显北方园林的雄浑风采，以北京颐和园和承德避暑山庄为典型代表。此外，还有圆明园、畅春园、北海、中南海等园林。庙坛建筑主要有天坛、地坛、日坛、月坛、太庙、社稷坛、先农坛等，其中天坛规格最高、最具特色，其构思巧妙、工艺高超、文化深刻，是中国古代文化的载体。另外，作为中华民族象征的万里长城，集中体现古代劳动人民智慧的京杭大运河，在桥梁史上占有着重要地位的赵州桥和卢沟桥也都是历史的载体和见证。

（三）燕赵文化雄浑博大

本旅游区独特的环境条件孕育出极具北国特色的燕赵文化，历史上曾生长、游历于此的思想家、文学家如高适、杜甫、范仲淹等均留下了宝贵诗篇佳作，为中华文化积累作出贡献，以西柏坡精神为代表的革命文化，也已经深深融入本旅游区的血脉。从杂技武术到地方戏曲，从民间艺术到风情民俗，都体现了粗犷豪放、慷慨激越、雄浑博大的燕赵之风。燕赵戏剧以京剧为代表，乃我国四大国粹之一，评剧、河北梆子剧种亦都被列入《国家级非物质文化遗产名录》。本区也是中华武术的发祥地之一，是"南拳北腿"之"北腿"的故乡，自古就尚武成风，武将辈出。本区民间艺术异彩纷呈，主要有杂技、马戏、吹歌、舞蹈、皮影、剪纸、石雕、泥人、草编、陶瓷等。

三、风物特产概况

本区物产丰富，有众多闻名中外的土特产和手工艺品。如北京的景泰蓝、玉雕、牙雕、绢花、内画壶，天津的杨柳青年画、泥人张彩塑、风筝魏风筝，河北的磁州陶瓷艺术、曲阳石雕等，做工精细、风格独特，是很有特色的旅游商品和纪念品。

名菜和风味小吃有北京烤鸭、仿膳宫廷菜、谭家菜、北京涮羊肉、蜜饯果脯、小窝头、茯苓饼、六必居酱菜、天福号肘子、天津狗不理包子、桂发祥的大麻花和耳朵眼炸糕等，深受广大旅游者的喜爱。

第二节　北京市

一、概况

北京市简称"京"，古称燕京、北平，是中华人民共和国首都，也是四个中央直辖市之一，作为中国政治、文化、科技创新和国际交往的中心，具有重要的国际影响力。北京成功举办夏奥会与冬奥会，成为全世界第一个"双奥之城"。截至 2023 年末，北京市常住人口达到 2185.8 万。

北京市位于华北平原西北端，坐落于永定河冲积扇上，北依燕山山险，南控华北大平原，东有山东半岛和辽东半岛拱卫，自古为建都立业之地，有 800 多年建都史，是举世闻名的国家级历史文化名城。

悠久的历史给后世留下了诸多具有极高艺术价值和文化价值的名胜古迹，其中故宫、天坛、颐和园、长城、明十三陵、周口店"北京人"遗址、大运河被列入《世界遗产名录》，在世界上久负盛名。天安门广场、恭王府、卢沟桥、北京奥林匹克公园等也都是人们熟悉的旅游佳地。

二、主要旅游文化胜地

(一)北京故宫

北京故宫（the Imperial Palace）又称紫禁城，依照中国古代星象学说，紫微星（即北极星）位于中天，乃天帝所居，天人对应，是皇帝的居所，又称紫禁城。北京故宫是明、清两朝 24 位皇帝的皇宫。始建于明永乐四年（1406 年），明永乐十八年（1420 年）建成。它是我国现存最大、最完整的古代宫殿建筑群，也是世界上最大的古代宫殿建筑，占地面积 72 万平方米，建筑面积 15 万平方米，有 4 座城门，南面为午门，北面为神武门，东面为东华门，西面为西华门，城墙四角，各有一座风格绮丽的角楼。故宫有殿宇 9000 余间，保存有大量珍贵文物，1925 年设故宫博物院，1987 年被列入《世界遗产名录》。作为皇权至上的皇宫，它是明、清两朝在中华文明中的无价见证。

故宫严格按照《周礼·考工记》中"前朝后市，左祖右社"的帝都营建原则建造，在功能上符合封建社会的等级制度，同时达到左右均衡和形体变化的艺术效果，其建筑特点如下。

1. 中轴对称　北京故宫内有一条严格的建筑中轴线，所有重要建筑都在中轴线上，其他次要建筑则对称分布于中轴线两侧。这条中轴线也是整个北京皇城的中轴线，南达永定门，北到鼓楼、钟楼，贯穿了整个城市，气魄宏伟、规划严整、极为壮观。

2. 前朝后寝　前朝与后寝以乾清门为界，乾清门以南为前朝，以北为后寝。故宫前朝与后寝的建筑气氛迥然不同。前朝是皇帝举行各种大典，行使朝政权力的地方，以太和、中和、保和三大殿为中心，文华、武英两殿为两翼，建筑高大堂皇，显示着皇权的至高无上。后寝是皇帝处理日常朝政和后妃、皇子们居住、游玩及奉神的地方，以乾清宫、交泰殿、坤宁宫为中心，东西六宫为两翼，布局严谨有序、庭院错落、富于情趣。

（1）前朝三大殿　①太和殿：故宫最宏伟的大殿，俗称"金銮殿"。高达 35 米，开间为 11 间，进深 5 间，正中安放皇帝宝座，是明、清两朝皇帝举行大典的地方，皇帝登基、大婚、册封、命将、出征等都要在这里举行盛大仪式。②中和殿：太和殿之后，为一座四方形四角攒尖式建筑，是皇帝举行大典之前休息、接受大臣和执事人员跪拜之处。③保和殿：是前朝最后一个大殿，开间9间，进深5间。清代每年除夕和元宵节，皇帝在此宴会王公阁僚，乾隆以后作为殿试场所。

（2）后寝三大殿　①乾清宫：内廷正殿，是明代和清初皇帝的寝宫，自雍正皇帝将寝宫迁至养心殿后，乾清宫变成了举行内廷典礼活动和皇帝驾崩后停灵之处。②交泰殿：交泰殿是一座四角攒尖顶的方形殿堂，殿名取自《易经》，含"天地交合、康泰美满"之意。交泰殿为皇后千秋节受庆贺礼的地方。清代于此殿贮清二十五宝玺。③坤宁宫：皇后的寝宫，取自《道德经》中"坤得一以宁"，故名坤宁宫（同理，"天得一以清"，故而皇帝寝宫名乾清宫），坤宁宫是明代皇后的寝宫，清代皇后在此完婚三日后居住在东西六宫之一，而坤宁宫西暖阁成为清人的信仰——萨满的祭祀地，东暖阁为皇帝、皇后大婚的婚房。

3. 左祖右社　左祖就是在宫殿的左前方设祖庙，即皇帝祭祀祖先的地方，称为"太庙"。右社就是在宫殿的右前方设社稷坛，社为土地，稷为粮食，社稷坛就是帝王祭祀土地神、五谷神的地方。太庙和社稷坛今已改为劳动人民文化宫和中山公园。

4. 等级森严　故宫的建筑，充分表现出封建社会森严的等级制度。从建筑物的规模、彩画装饰、脊兽数量、台基等级以及内部陈设等方面，都有鲜明的等级差别。

（二）天坛

天坛（Temple of Heaven）位于北京市南部，东城区永定门内大街东侧，是明清两代帝王祭天祈谷之所。天坛占地约273万平方米，是我国现存最大的古代祭祀性建筑，其设计之精、构筑之巧、风格之奇，在世界古典建筑中独树一帜。天坛从选址、规划、建筑的设计以及祭祀礼仪和祭祀乐舞，无不依据中国古代《周易》的阴阳五行等学说，反映出天地之间（即人神之间）的关系，而这一关系在中国古代宇宙观中占据着核心地位。天坛成功地把古人对"天"的认识、"天人关系"以及对上苍的愿望表现得淋漓尽致。1998年11月，天坛被列入《世界遗产名录》。

天坛平面北圆南方，象征"天圆地方"，坛墙北高南低，象征"天高地低"。天坛主要建筑均位于内坛，陈列于南北中轴线上，依次为圜丘坛、皇穹宇、祈年殿等，各有门墙相隔，由一条长360米、宽30米的丹陛桥连接为整体。另有皇乾殿、斋宫、神乐署和神厨、宰牲亭等建筑和古迹。

1. 圜丘坛　圜丘坛为雕砌的三层露天圆台，是皇帝在冬至日祭天的场所。坛面为艾叶青石，栏板、栏柱由汉白玉雕成。整个结构是对数学的巧妙运用，坛面、台阶、栏杆的石制构件，都取九或九的倍数，即阳数，用以象征天。坛中心的圆形石板，叫天心石，站在上面高喊或发出敲击声，周围即起回音，自己听起来声音很洪大，好似一呼百应。

2. 皇穹宇　皇穹宇是单檐攒尖蓝色琉璃瓦顶的圆形大殿，放置皇天上帝和皇帝祖先神主的牌位。皇穹宇外面有一道圆形磨砖对缝的围墙，是著名的"回音壁"，围墙的弧度十分规则，墙面极其光滑整齐，声音沿着光滑的围墙内弧传递，在壁的一端轻声细语，另一端能够清楚听到，给人造成一种"天人感应"的神秘气氛。在皇穹宇台阶前的石板上还有著名的三音石。

3. 祈年殿　祈年殿是一座三重檐攒尖顶圆形建筑，覆盖着象征"天"的蓝色琉璃瓦，总高 38 米，层层收进，体现出一种与天接近的感觉。祈年殿内部结构独特，不用大梁和长檩，仅用楠木柱和枋桷相互衔接支撑屋顶。殿内柱子的数目契合天象：内围的四根"龙井柱"象征一年四季；中围的十二根"金柱"象征一年十二个月；外围的十二根"檐柱"象征一天十二个时辰。中围和外围相加的二十四根，象征一年二十四个节气。三围总共二十八根象征天上二十八星宿。再加上柱顶端的八根短柱，总共三十六根，象征三十六天罡。大殿宝顶有一短柱，叫雷公柱，是皇帝"一统天下"的象征。祈年殿的藻井是由两层斗栱及一层天花组成，中间为金色龙凤浮雕，结构巧妙，华贵艳丽，使整座殿堂显得十分富丽堂皇。

（三）颐和园

颐和园（the Summer Palace）位于北京市海淀区西郊，由万寿山和昆明湖组成，规模宏大，全园占地 3.009 平方千米，是我国现有大型皇家园林中最为完整最为典型的一个。

颐和园历史悠久，历尽沧桑。远在金、明时期，这里就是皇室的游乐之地，有"瓮山泊"之称。明代时，此处被建成好山园，同时在瓮山南麓兴建了圆静寺，并改瓮山泊为西湖，具有"西湖十景"的美誉。到清代"乾隆盛世"时期，乾隆为其母做六十寿庆，改"瓮山"为"万寿山"，改西湖为昆明湖，并在原圆静寺遗址上兴建"大报恩延寿寺"，同时改"好山园"为"清漪园"。1860 年，清漪园被英法联军烧毁。1886至 1895 年，慈禧太后为庆祝自己的生日，挪用海军军费进行重建，历时十年，耗银八百万两，并改名为颐和园，即"颐养冲和"之意。颐和园既有自然山水之美，又有园林设计之精，其亭台、长廊、殿堂、庙宇和小桥等人工景观与自然山峦、开阔的湖面和谐地融为一体，具有极高的审美价值，堪称中国风景园林设计中的杰作。

1. 政治活动区　以仁寿殿为中心，位于东宫门内，是皇帝处理朝政之处。仁寿殿原名"勤政殿"，意为不忘勤理政务，光绪年间改为今名，意为施仁政者长寿。它是慈禧太后和光绪皇帝在颐和园居住时朝会大臣、接见外国使节的地方，为园内最主要的政治活动场所，也是中国近代史上变法维新运动的策划地之一。

2. 生活区　以乐寿堂为主体，包括玉澜堂、宜芸馆和建有三层大戏楼的德和园，是慈禧、光绪及后妃居住之所。乐寿堂为一座大型四合院，是慈禧太后的寝宫。它南临昆明湖，北倚万寿山，东达仁寿殿，西接长廊，是园内位置最好的居住和游乐的地方。玉澜堂得名于"玉泉涌微澜"，原是光绪皇帝的寝宫，后来戊戌变法失败而成为囚禁他的地方。现在还能看到当时增筑的封闭通道的高墙，那是慈禧下令修筑的，目的是防止光绪逃跑。宜芸馆始建于乾隆年间，1860 年被烧毁，光绪年间重建。芸是一种香草，可以防书中蛀虫，宜芸馆原是藏书之处故得此名，后为隆裕皇后的住处。

3. 游览区　以万寿山上佛香阁为中心的游览区，分为前山和后山，是颐和园精华所在。

万寿山前山建筑排列规则，从山脚的"云辉玉宇"牌楼，经排云门，二宫门，排云殿，德辉殿，佛香阁，直至山顶的智慧海，形成一条层层上升的中轴线。其中，佛香阁是颐和园的主体建筑，建筑在万寿山前山高20米的方形台基上，南对昆明湖，背靠智慧海，以它为中心的各建筑群严整而对称地向两翼展开，形成众星捧月之势，气派十分宏伟。佛香阁高41米，8面3层4重檐，阁内有8根巨大铁梨木擎天柱，结构相当复杂，为古典建筑精品。阁内供奉着"接引佛"，供皇室在此烧香。

万寿山后山、后湖古木成林，后山中路有规模宏大的汉藏风格寺庙殿宇，周围点缀着数座小型山间园林。谐趣园在万寿山东麓，是仿无锡惠山脚下的寄畅园建造的，具有江南园林风格，小巧玲珑，被称为"园中之园"。苏州街是后湖两岸仿江南水镇而建的买卖街，仿江南水乡一河两街的格局而建，是专供清代帝后逛市游览的一条水街。

昆明湖，古称瓮山泊，总面积220万平方米，占颐和园总面积四分之三。碧波万顷的昆明湖平铺在万寿山南麓，湖中有一岛，名南湖岛。昆明湖两岸仿照西湖修了东堤和西堤。南湖岛通过十七孔桥与东堤相连。西堤是仿照杭州西湖的苏堤建造了六座桥，西堤一带碧波垂柳，自然景色开阔，园外数里的玉泉山秀丽山形和山顶的玉峰塔影排闼而来，被收摄作为园景的组成部分，将借景之妙发挥得淋漓尽致。

【知识拓展】

颐和园长廊

颐和园长廊在万寿山南麓和昆明湖北岸之间，全长728米，是我国古建筑和园林中最长的廊。长廊以其精美的建筑、曲折多变的造型和丰富精美的彩画而负盛名，廊间的每根枋梁上都绘有彩画，共14000余幅，色彩鲜明，生动形象，内容取材于山水风景、花鸟鱼虫、人物典故等，其中人物画均取材于中国古典名著如《红楼梦》《西游记》《三国演义》《水浒传》《说岳全传》等。画师们将中华数千年的历史文化浓缩在这长长的廊子上，它因长度之最和丰富的彩画在1990年被收入了《吉尼斯世界纪录大全》。

德和园大戏楼是中国现存最大的古戏楼。它高21米，分上中下三层。顶板上有七个"天井"，地板中有"地井"，舞台底部有水井和五个方池。中层戏台设有绞车，可巧设机关布景，演神鬼戏时，可从"天"而降，也可从"地"而出，还可引水上台，上天入地，变化无穷。

（四）八达岭长城

八达岭长城（the BaDaLing Great Wall）位于北京市延庆区军都山关沟古道北口，史称天下九塞之一，是万里长城的精华。八达岭海拔805米，地势险要，是居庸关的外围关口和防卫前哨，为京城的"北门锁钥"，是明代重要的军事关隘和首都北京的重要屏障，在明长城中独具代表性。

八达岭长城城墙高6～9米，平面呈梯形，墙顶宽阔平坦，可以"五马并骑、十人并行"。八达岭长城共有敌楼43座，形制相仿又各具特色。关城和城墙均以条石和城砖砌筑，十分坚固。八达岭长城典型地表现了万里长城雄伟险峻的风貌，人们常说"不到长城非好汉"，指的就是八达岭长城。

（五）明十三陵

明十三陵（the Ming Tombs）坐落于北京市昌平区天寿山麓，是明朝迁都北京后13位皇帝陵墓的总称，是当今世界上保存最为完整、埋葬皇帝数量最多的皇陵建筑群。陵区总面积120余平方千米，周围群山环抱，中部为平原，陵前有小河曲折蜿蜒。十三座皇陵以长陵为中心，其余分列左右，分别建在东、西、北三面的山麓上，形成了体系完整、规模宏大、气势磅礴的陵寝建筑群。2003年7月，明十三陵被列入《世界遗产名录》。

明十三陵既是一个统一的整体，各陵又自成独立的单元。十三位皇帝陵寝的建筑风格和整体布局基本相同，即前方后圆，均是仿照明孝陵而建，每座陵墓分别建于一座山前，只是面积大小和建筑装饰繁简略有差异。明十三陵已开放景点有陵门、神路、长陵、定陵、昭陵。

1. 陵门　明嘉靖十九年建，在十三陵神路最南端，是中国现存最大、最早的石坊建筑。这是一座六柱五间十一楼的彩绘超大石坊，高16米，宽35米，其上巨大的汉白玉石构件和精美的石雕工艺堪称一绝。

2. 神路　神路起于石牌坊，穿过大红门，一直通向长陵，原为长陵而筑，后来便成了全陵区的主陵道，神道两侧整齐地排列着24只石兽和12个石人，造型生动，雕刻精细。

3. 长陵　在天寿山主峰下。是明成祖朱棣和其皇后徐氏的陵寝，为十三陵中最早和最大的一座。长陵裬恩殿即享殿，是祭陵时行祭祀典礼的处所。殿内有十二根金丝楠木明柱，最大的直径1.17米、高14.3米。梁、柱、檩、椽、斗栱等构件，也用楠木制作，历时虽有五百余年，仍安固如初。这样宏伟的楠木建筑物，在中国已绝无仅有。

4. 定陵　在长陵西南大峪山下。是明朝第十三代皇帝神宗朱翊钧（年号万历）和其两个皇后（孝端、孝靖）的陵寝。地宫是定陵的主要部分，深27米，由前、中、后、左、右5个厅组成，建筑面积1195平方米。其中后殿是地宫内最大的一个殿，殿内棺床正中央放置有万历皇帝和两位皇后的棺椁。棺椁周围放置有玉料、梅瓶及装满殉葬品的红漆木箱。在定陵地宫共发现各种珍贵金器数百件，其中以帝、后的金冠最为精美；各种袍料、匹料和服饰用品达600多件，尤以皇帝的缂丝十二章衮服龙袍和皇后的罗地洒线绣百子衣最为珍贵。

5. 昭陵　明朝第十二代皇帝朱载垕和其三位皇后的陵寝，最早建于1538年。昭陵的最大特点，是率先形成了完备的"哑巴院"制度。

（六）京杭大运河

京杭大运河（the Grand Canal）始建于春秋时期，至今已有2500多年的历史，大运河全长约1794千米，是世界上里程最长、工程最大、最古老的运河，并且使用至今，是中国古代劳动人民创造的一项伟大工程，彰显了中国古代水利航运工程技术领先于世界的卓越成就。大运河积淀了深厚悠久的文化底蕴，凝聚了中国政治、经济、文化、社会诸多领域的庞大信息，也是中国文化地位的象征之一。

京杭大运河北起北京，南到杭州，途经北京、天津、河北、山东、江苏及浙江四省二市，从北至南贯通海河、黄河、淮河、长江、钱塘江五大水系。它分为以下七段。通惠河：北京东城区到通州区，长82千米；北运河：通州区到天津，长186千米；南运河：天津到山东临清，长400千米；鲁运河：山东临清到山东台儿庄，长500千米；中运河：台儿庄到江苏淮阴，长186千米；里运河：淮阴到江苏瓜洲，长170千米；江南运河：江苏镇江到浙江杭州，长330千米。

京杭大运河在确保古代中国的经济繁荣和稳定方面起到了重要作用，直到今天仍然作为南北交通的主要手段，促进了中国南北地区之间的经济、文化交流与发展。2014年6月，包括京杭大运河在内的中国大运河项目被列入《世界遗产名录》。

作为独特的活态文化遗产，大运河是中华民族活着的、流动的精神家园，一条大运河，承载着半部华夏史，连通南北，纵贯古今，共话未来。进入新时代，运河保护、传承、利用开启新篇章，诸多运河城市在运河两岸形成了生态景观带、文化资源带，旅游观光带，把运河历史故事和城市故事融合在一起，更加擦亮了这一世界文化遗产符号。

【知识拓展】

中国大运河

大运河始建于公元前486年，包括隋唐大运河、京杭大运河和浙东大运河三部分，全长2700千米，地跨北京、天津、河北、山东、河南、安徽、江苏、浙江8个省及直辖市，纵贯在中国华北大平原上，通达海河、黄河、淮河、长江、钱塘江五大水系，是中国古代南北交通的大动脉，2017年2月，习近平总书记在北京大运河森林公园考察时强调，要古为今用，深入挖掘以大运河为核心的历史文化资源。总书记指出，保护大运河是运河沿线所有地区的共同责任，北京要积极发挥示范作用。6月，习近平总书记作出重要批示，指出大运河是祖先留给我们的宝贵遗产，是流动的文化，要统筹保护好、传承好、利用好。为贯彻落实习近平总书记重要指示批示精神，2019年2月中办、国办印发了《大运河文化保护传承利用规划纲要》。《纲要》强调，坚持科学规划、突出保护，古为今用、强化传承，优化布局、合理利用的基本原则，打造大运河璀璨文化带、绿色生态带、缤纷旅游带。

第三节　天津市

一、概况

天津市简称"津"，是我国四大直辖市之一。由于天津是京师的门户所在，故又称为"津门"。天津位于海河下游，东临渤海，北依燕山，西邻首都北京。截至2023年末，天津市常住人口总量 1364 万人。19 世纪中叶，天津被开辟为通商口岸，后逐步发展成中国北方最大的金融商贸中心，在中国近代史上有着非常重要的地位。现在天津市是国家中心城市、国家级历史文化名城。因天津地处渤海之滨，加之是中国北方最大的沿海开放城市和工商业港口城市，故称其为"渤海明珠"。天津亦是北京通往东北、华东地区铁路的交通咽喉和远洋航运的港口，有"河海要冲"和"畿辅门户"之称。

天津市是一个中西兼容、古今并蓄的独特城市，旅游资源丰富，文物古迹众多，人文景观和自然景观融为一体，独乐寺、盘山、黄崖关长城、大沽口炮台、周恩来邓颖超纪念馆、望海楼教堂等景点声名远播。

二、主要旅游文化胜地

（一）盘山

盘山风景名胜区（Panshan Scenic Area）位于天津市蓟州区西北 15 千米处，总面积 106 平方千米。因其雄踞北京之东，故有"京东第一山"之誉。盘山是燕山余脉，以山深谷邃、怪石奇松、清泉秀木、寺庙古塔著称，是自然山水与名胜古迹并著、佛教寺院与皇家园林共称的旅游胜地，2007 年被评为国家 5A 级旅游景区。

盘山属中低山地貌，海拔一般在 400～600 米，主峰挂月峰海拔 864.4 米。盘山由于岩石垂直节理发育，具有典型的"球状风化"特点，形成奇峰林立、怪石嵯峨的独特景观，山上奇石众多、林木葱郁、泉水清澈、环境优雅。由西路登山，山势呈上、中、下三盘之状。三盘景致各具特色，上盘松、中盘石、下盘水，人称"三盘之胜"。下盘以秀水著称，有红龙池、涓涓泉和滴水濑的流瀑等。中盘奇石嶙峋，或险或怪，千姿百态。"八石"中的悬空石、摇动石、天井石、将军石等都在这里。上盘松木苍翠，林翳蔽天，而且长势怪异，有的似卧龙、飞鹰，有的像凤翅、伞盖，故有"上盘松"之说。此外，盘山还有天成寺、万松寺、云罩寺、舍利塔等古代建筑，以及众多亭台楼阁和历代名人题刻等名胜古迹。

登临盘山，可观松烟之浩渺，赏奇石之神工，听流水之激越，探文化之奥秘，有一种超凡脱俗的满足感。清代乾隆皇帝对盘山可谓情有独钟，他第一次巡游盘山时即赞叹道："早知有盘山，何必下江南。"乾隆皇帝一生中共 32 次登临盘山，最多时一年去了 3 次，当上太上皇、已 87 岁高龄时，他还最后一次登临盘山。以帝王登临次数之多来算，全国名山中恐怕无出盘山之右者。

（二）独乐寺

独乐寺（Dule Temple）位于天津蓟州区城西门内，始建于唐太宗贞观十年（公元 636 年），辽代统和二年（公元 984 年）重建，主体建筑是庑殿顶的山门和歇山顶的观音阁。独乐寺山门是我国现存最早的庑殿顶古建筑，门上悬挂的"独乐寺"匾额相传是明代官吏严嵩所题。山门两侧有两尊高大的天王塑像守卫两旁，俗称"哼""哈"二将，是辽代彩塑珍品，山门后面还有清代绘制的四大天王壁画。独乐寺山门正脊的鸱尾，是我国现存古建筑中年代最早的鸱尾实物。观音阁高 23 米，是我国现存双层楼阁建筑最高的一座。

第四节　河北省

一、概况

河北简称"冀"，省会是石家庄。河北省位于华北平原北部，渤海西岸。因省境在黄河下游之北岸而得名。截至 2023 年末，河北省常住人口总量 7393 万人。河北是我国开发较早地区，历史悠久。古为冀州、幽州之地，春秋为燕、晋之地，战国为燕、赵及中山等国之地，后以"燕赵"相指称。元、明、清建都北京时，河北为畿辅重地。这里文化底蕴深厚，自古便有"燕赵多有慷慨悲歌之士"的说法，是一个英雄辈出的地方。

全省地势由西北向东南倾斜，西北部为山区、丘陵和高原，其间分布有盆地和谷地，中部和东南部为广阔的平原。海岸线长 487 千米。河北省旅游资源丰富，是全国唯一兼有高原、山地、丘陵、平原、湖泊和海滨的省份，自然资源类型齐全。省内名胜古迹众多，文物资源特色突出，有"天下第一关"山海关；有全国最大的皇家园林之一——承德避暑山庄；有气势宏伟、石雕精美的清东、西陵，秦皇岛、北戴河、木兰围场、赵州桥、白洋淀等都是为人熟知的旅游名胜。璀璨的历史文化与秀美的湖光山色交相辉映，构成了河北独具特色的旅游景观。

二、主要旅游文化胜地

（一）承德避暑山庄及周围寺庙

承德避暑山庄（The Mountain Resort in Chengde）坐落于河北省承德市中心以北的狭长谷地上，又名"热河行宫"。这里曾是清王朝的夏都避暑胜地，是清朝皇帝为了安抚、团结少数民族，巩固国家统一的政治目的而修建的一座宫苑。避暑山庄是我国现存最大的皇家园林，总面积 564 万平方米，占承德市区面积一半以上，为北京颐和园的两倍，它博采众家之长，兼具南秀北雄之美，集天下景物于一园，是规模宏大、风格独特的皇家园林杰作，在中国古代园林建筑史上写下了辉煌的一笔。山庄周围的外八庙，融合了蒙、藏、维、汉、满等不同民族的建筑风格，吸收了中国古代建筑艺术的精华，是中华民族统一的历史见证。1994 年 12 月，承德避暑山庄及周围寺庙被列入《世界遗产名录》。

1. 避暑山庄　避暑山庄在我国皇家园林建筑艺术中别具一格，整个山庄巧妙地利用地形，因山造势，山庄分为宫殿区和苑景区两部分，园内有亭、阁、轩、榭、庙宇等 120 余组景观。

（1）宫殿区　位于山庄最南面的平坦地带，宫室建筑林立、布局严整，是紫禁城的缩影，包括正宫、松鹤斋、万壑松风和东宫四组建筑。宫殿区的殿宇和围墙多采用青砖灰瓦，原木本色，古朴典雅，四面参天古松环绕，顺其自然，与其他皇家宫殿的辉煌壮丽形成鲜明对照。

（2）苑景区　由南向北分为湖泊区、平原区、山峦区三部分。湖泊区是避暑山庄风景中心，总称"塞湖"，总面积57公顷，主要以热河等泉水为源。水面开阔，湖面上分布有十多个大小不同、形状各异的洲岛，长堤、桥梁连接湖心小岛，一派江南水乡风光。平原区在湖泊区北部的山脚下，占地53公顷，地势开阔，碧草茵茵，林木茂盛，有万树园和试马埭，极富野趣。山峦区在山庄的西北部，面积422公顷，面积占全景区面积的4/5，这里山峦起伏、沟壑纵横，高耸的山峰好似天然屏障，阻挡了西北寒风的侵袭，是调节山庄气候的重要因素。

2.外八庙　在避暑山庄东面和北面武烈河、狮子沟河谷阶地上，分布着十二座风格各异的寺庙，其中的八座由清政府直接管理，故被称为"外八庙"，分别为：溥仁寺、溥善寺、普宁寺、安远庙、普乐寺、普陀宗乘之庙、须弥福寿之庙、殊像寺。外八庙是清朝康熙、乾隆年间为接见前来觐见的各少数民族王公贵族而修建的规模庞大的寺庙群，当时清政府为了团结蒙古、新疆、西藏等地区的少数民族，以宗教作为笼络手段因而大修寺庙。它们如众星捧月，环绕山庄，象征民族团结和中央集权，是清代维系统一的多民族大帝国的历史见证，也是我国多民族文化交流、融合和民族团结的标志。庙宇按照建筑风格分为藏式寺庙、汉式寺庙和汉藏结合式寺庙三种。这些庙宇多利用向阳山坡层层修建，主要殿堂耸立突出、雄伟壮观。外八庙融合了汉、藏、蒙、回等民族建筑艺术的精华，创造了多样统一的寺庙建筑风格，气势宏伟，极具皇家风范。

（二）清东陵、清西陵

清代陵寝在承袭了明代陵制基础上，做了进一步改革和完善，把中国古代陵寝营建活动推向了最后的顶峰。1737年之后，乾隆皇帝定下制度，采取"昭穆次序，隔代埋葬"的方式，皇帝分葬于清东陵和清西陵，从而形成了清东陵、清西陵现有的格局，也形成了清东陵、清西陵两大陵墓群与中国明朝以前历代皇家陵寝建陵制度的根本不同之处。遵化清东陵、易县清西陵皆为国家重点文物保护单位，并于2002年11月共同列入《世界遗产名录》。

1.清东陵景区（Qingdong Mausoleum Scenic Area）　清东陵位于河北省遵化市西北30千米的马兰峪昌瑞山，自然条件十分优越。清东陵的15座陵寝始建于顺治十八年（1661年），从首建顺治皇帝的孝陵开始，到1908年（光绪三十四年）最后建成慈禧皇太后的菩陀峪定东陵为止，共延续了247年。陵区占地78平方千米，是我国现存规模宏大、体系完整、布局得体的帝王陵墓建筑群之一。清东陵包括顺治皇帝的孝陵、康熙皇帝的景陵、乾隆皇帝的裕陵、咸丰皇帝的定陵、同治皇帝的惠陵5座皇陵以及慈安太后、慈禧太后等4座后陵、5座妃园寝、1座公主陵等。顺治皇帝的孝陵位于南起金星山、北达昌瑞山主峰的中轴线上，其位置至尊无上，其余皇帝陵寝则按辈分的高低分别在孝陵的两侧呈扇形，东西排列开来。其中，埋葬乾隆的裕陵和慈禧太后的定东陵最为宏伟。这些陵墓在昌瑞山南麓各依山势东西排开，绵绵的山脉屏于陵寝之后，长长的神道伸展于墓穴之前，翁郁茂密的松柏遍植于此，形成了独特的自然景观。

2. 清西陵景区（Qingxi Mausoleum Scenic Area） 清西陵坐落在河北省保定市易县境内，始建于 1730 年（清雍正八年），完工于 1915 年，时间长达 185 年。陵区占地面积达 100 多平方千米，共有 402 座古建筑，分布着泰陵、昌陵、慕陵、崇陵 4 座皇帝陵，3 座妃陵，3 座妃园寝，4 座王爷、公主、阿哥园寝，共 14 座陵寝和 2 座附属建筑（永福寺、行宫）。最为壮观的是陵区中的参天古树，达 15000 余株，是华北最大的古松林，数以万计的古松、古柏把这一带装点得清秀葱郁，古朴大方。陵区内矗立着千余间宫殿建筑和百余座石建筑，其建筑形式和规制明显地体现着封建社会典章制度。雍正的泰陵是整个陵区的首陵，居于陵区的中心位置，是西陵中建筑最早、规模最大的一座。

【本章小结】

本旅游区位于古今京畿要地，自然和人文景观缤纷荟萃，拥有故宫、天坛、颐和园、长城、明十三陵、承德避暑山庄等众多世界独一无二的优势人文旅游资源，文化内涵丰富，历史地位极高，是我国不可或缺的重要旅游区，也是中外游客首选的旅游之地。

课堂互动

1. 请根据皇城风貌燕赵文化旅游区的自然地理环境和人文地理环境，分析归纳该区旅游资源的特点。

2. 为什么故宫建筑物的颜色以红、黄为主？

3. 天坛建筑为什么处处都取九或九的倍数？

4. 请谈谈你对明清皇陵历史价值的认识？

探研思辨

1. 皇家园林集中国历代造园艺术之大成，博采各地园林的特色，既有富丽堂皇的帝王宫室，又有精巧典雅的民间屋舍和庄严肃穆的宗教寺庙，是中国古典艺术中的瑰宝。清朝时期，皇家园林的建设趋于成熟，从海淀镇到香山，有近百座皇家园林，连绵 20 余里，蔚为壮观，此外在北京城外还有很多的皇家御苑。

（1）请查阅资料，阐述被称作"三山五园"的皇家古典园林概况。

（2）网上欣赏颐和园和承德避暑山庄的景观图片和视频资料，比较二者在园林建造上有何异同。

2. 2014 年 2 月 25 日，习近平总书记在北京考察时指出："历史文化是城市的灵魂，要像爱惜自己的生命一样保护好城市历史文化遗产。北京是世界著名古都，丰富的历史文化遗产是一张金名片，传承保护好这份宝贵的历史文化遗产是首都的职责，要本着对历史负责、对人民负责的精神，传承历史文脉，处理好城市改造开发和历史文化遗产保护利用的关系，切实做到在保护中发展、在发展中保护。"北京历史文化名城的保护，一直是首都城市发展建设面临的重大历史课题。

（1）请在广泛调研的基础上，试述有利于保护北京等重要历史文化名城的举措。

（2）国家文物局宣布确定推荐"北京中轴线"作为中国 2024 年世界文化遗产申报项目，请分析研讨"北京中轴线"申遗对推动北京老城区整体保护的重要意义。

第五章 林海雪原关东风情旅游区 ▷▷▷▷

【思维导图】

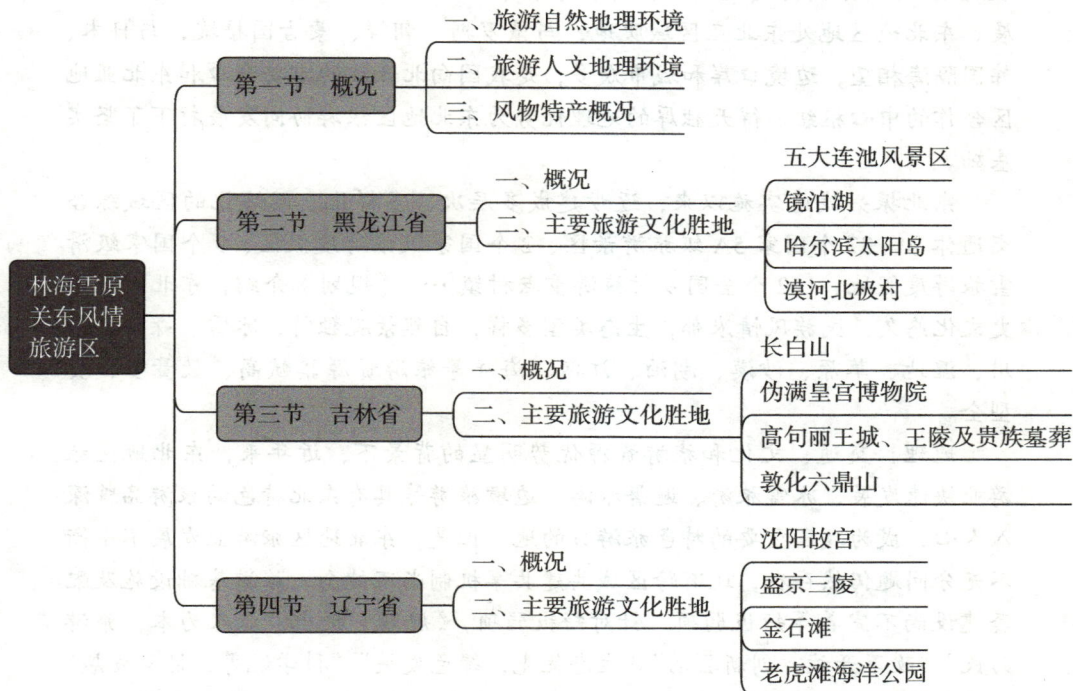

【知识目标】

1. 掌握：本旅游区的自然地理环境和人文地理环境特征。

2. 熟悉：本旅游区的主要旅游文化胜地。

3. 理解：本旅游区概况及风物特产。

【能力目标】

1. 能够根据本旅游区自然地理环境及人文地理环境，分析该区旅游资源特点，提高分析问题、总结归纳能力；

2. 能够根据本旅游区旅游资源的特点与分布，进行旅游线路设计，增强自主学习、解决问题的能力；

3. 能够运用所学知识制作本区旅游文化胜地导游词，并熟练地进行讲解，提升语言表达、人际沟通能力。

【思政目标】

1. 通过学习大庆精神、铁人精神、北大荒精神、东北抗联精神，激发爱国热情和艰苦奋斗的创业精神；

2. 通过学习长白山中医药文化资源，增强中医药文化自信。

【情境导入】

区域协调优势互补，共推东北旅游振兴

2023 年 3 月，文化和旅游部、国家发展改革委印发《东北地区旅游业发展规划》（以下简称《规划》），旨在推动东北地区旅游业转型升级和高质量发展。东北地区地处东北亚区域腹地，与俄罗斯、朝鲜、蒙古国接壤，与日本、韩国隔海相望，边境口岸和城市众多，是我国向北开放的重要窗口和东北亚地区合作的中心枢纽。得天独厚的地理优势为东北地区旅游协同发展打下了坚实基础。

东北振兴战略实施以来，逐步建成多层次、多样化、网络化的区域综合交通体系。22 个国家 5A 级旅游景区、2 个国家级旅游度假区、9 个国家级滑雪旅游度假地、162 个全国乡村旅游重点村镇……《规划》介绍，东北地区历史文化悠久，民族风情浓郁，生态类型多样，自然景观独特，冰雪、森林、山川、湿地、草原、沙漠、湖泊、江河、海洋等旅游资源禀赋高、数量多、类型全。

地理、交通、文化和旅游资源优势明显的背景下，近年来，东北地区旅游业快速发展，冰雪旅游、避暑旅游、边境旅游等具有东北特色的旅游品牌深入人心，成为我国重要的特色旅游目的地。但是，东北地区旅游业发展不平衡不充分问题仍然存在，还有跨区域共建共享机制尚不健全、旅游基础设施及配套建设尚不完善等短板弱项。针对短板弱项，《规划》提出"以人为本，旅游为民""改革开放，创新驱动""生态优先，绿色发展""科学统筹，协同发展"等基本原则，明确"世界级冰雪旅游度假地""全国绿色旅游发展引领地""边境旅游改革创新样板地""跨区域旅游一体化发展实践地"的发展定位，统筹利用东北地区各种资源优势，补足短板，推动东北地区旅游业整体实力和竞争力提升。

——《中国旅游报》2023–03–31

通过上述报道可以看出，东北地区凭借悠久的历史文化、以冰雪为主要特色的自然景观以及具有多样性的生态类型和民族风情，日益受到国家旅游和文化部门的重视，正在迎来新的发展机遇和挑战。本章将对本区旅游自然地理环境、人文地理环境、风物特产概况及主要旅游文化胜地进行系统介绍。

第一节　概　况

林海雪原关东风情旅游区包括黑龙江、吉林、辽宁三省。西起大兴安岭，东至长白山，北至黑龙江，南抵辽东半岛，北、东、南各方与俄罗斯、朝鲜接壤，总面积约80万平方千米，人口9635.4万余（截至2023年）。除汉族外，这里还居住着满族、蒙古族、回族、朝鲜族、锡伯族、赫哲族、俄罗斯族、鄂温克族、鄂伦春族等少数民族，是我国主要的少数民族聚居区之一。本区的自然旅游景观主要建立在火山地貌、冰雪气候、滨海风光的基础之上，以长白山、五大连池、镜泊湖、净月潭、漠河北极村、哈尔滨太阳岛、金石滩等为代表。人文景观以古代少数民族政权相关的历史文化遗迹为主，以高句丽王城、王陵及贵族墓葬群、沈阳故宫、盛京三陵等为代表。

一、旅游自然地理环境

（一）山环水绕，林海雪原

本区地貌类型多样，但分布颇具规律。最外围除西部与内陆相连外，其他三面分别被黑龙江、乌苏里江、图们江、鸭绿江、辽河、渤海、黄海所环绕，有4000千米的河道处在国境线之上。江河湖海之内，西、北、东三面是由大兴安岭、小兴安岭、长白山地所围成的马蹄形。本区南部漫长的海岸线造就了风光旖旎的滨海景观，具有山、海、岛、礁、沙滩浑然一体的特点，尤以位于东北地区最南部、三面环海的大连市为典型代表。

山环水绕的地理形势以及严寒的气候特点，使本区成为我国温带森林面积分布最广、冰雪旅游资源最为丰富、火山地貌景观最为集中的地区。作为我国最大的林区，大兴安岭的兴安落叶松、小兴安岭和长白山的红松与冷杉、山地内侧所形成的温带森林与草原，不仅为野生动物的繁衍生息提供了最好的场所，而且与这里寒冷漫长的冬季共同形成了千里冰封、万里雪飘的林海雪原风光。东北境内200多座火山锥所形成的20多个火山群，构成了我国数量最多、分布最广的火山熔岩地貌和地热温泉资源，形成了五大连池、长白山天池、镜泊湖等自然奇观，赢得了"火山博物馆"的美誉。

（二）土地肥沃，矿产丰富

在山环水绕的特殊地势之内，分布着我国面积最大、最为肥沃的东北大平原。东北大平原包括三江平原、松嫩平原、辽河平原，总面积达35万平方千米。肥沃的黑土地盛产大米、玉米、大豆、马铃薯、甜菜等，是我国重要的粮食生产基地。此外，本旅游区还拥有丰富的矿产资源，其中鞍山、本溪一带的铁矿储量约占全国的四分之一，松辽平原地下的石油储量约占全国的一半，吉林和辽宁两省的油页岩储量则占全国的2/3。

（三）寒冬漫漫，春秋短促

本旅游区总体上属于温带大陆性气候，其中黑龙江北部大兴安岭的部分区域属于寒温带，东北大部为中温带，而辽东半岛一带则属于暖温带。本区冬季寒冷漫长，长达 6 个月左右，降雪量大，积雪时间久。1 月份平均气温低至 –19.6℃，是世界上同纬度陆地气温最低的地区。被誉为"中国寒极"的黑龙江省漠河地区曾在 1969 年创下 –52.3℃ 的全国最低气温纪录。夏季气温总体不高，7 月份的平均气温为 24℃，大兴安岭北部不低于 18℃，但大部分地区极端气温也可达到 35℃ 以上，气温差属世界同纬度地区之冠。春秋两季较为短促，春季多大风扬沙，秋季则凉爽干燥。

二、旅游人文地理环境

关东文化由东北本土的狩猎文化和渔猎文化、中原地区的农耕文化、俄罗斯和日韩为主的异域文化相融合而成，既兼收并蓄，又特色鲜明。总体而言，关东文化呈现出以下四个特点。

（一）冰雪文化与民俗文化紧密融合

漫长而寒冷的冬季使本旅游区成了冰雪旅游胜地，由冰雪而衍生出来的娱乐、竞技、民俗、商贸活动，促成了关东人文地理的首要特色。这里不仅有千里冰封、万里雪飘、雾凇压枝的自然馈赠，有晶莹剔透的冰雕、洁白如玉的雪雕、造型各异的冰灯等人造景观，还有射球、抬杆、跑冰鞋、拖冰床、雪地走、打滑溜、抽冰陀螺、冰上抢球、滑冰车、轱辘冰等娱乐、竞技和民俗活动。2000 年，长春、沈阳、哈尔滨、大连组成旅游联合体，2006 年又吸收鞍山市加入，五城借助冰雪旅游的地域招牌，合力推广集冰雪体验、冰雪赛事、冰雪文化、冰雪商贸于一体的"大东北"旅游线路，取得了良好的经济收益和社会效益。

在本区的冰雪世界中，少数民族的狩猎和渔猎文化极具特色。长期生活在莽莽森林中的达斡尔、鄂温克、鄂伦春等民族，能够根据雪地上留下的踪迹判断飞禽走兽的种类、大小和出没时间，并借助猎犬和猎鹰展开相应的狩猎活动。长期生活在乌苏里江沿岸的赫哲族是使用狗拉爬犁、以打鱼为生的民族，他们对鱼的不同种类及其生活习性了如指掌，具有高度专业化的叉鱼和冬捕技术。如今，冬捕前的祭祀仪式、凿冰下网以及收网捕捞，已经成为本旅游区极具体验价值的民俗旅游文化。

【 知识拓展 】

哈尔滨国际冰雪节

哈尔滨国际冰雪节是我国第一个以冰雪活动为内容的区域性节日，创办于 1985 年，每年 1 月 5 日在哈尔滨举行，目前已举办过 39 届。它是世界上活动时间最长的冰雪节，只有开幕式，没有闭幕式，节日活动根据天气情况一般持续到 2 月底结束。每年一度的哈尔滨冰雪节，以"主题经济化、目标国际化、经营商业化、活动群众化"为原则，集大型焰火晚会、冰灯游园会、摄影比赛、冰上婚礼、图书博览会、经协信息发布洽谈会、经济技术协作洽谈会、物资交易大会、专利技术新产品交易会于一体，吸引国内外游客多达百余万人次，经贸洽谈会成交额逐年上升。哈尔滨国际冰雪节不仅是向国内外展示哈尔滨社会经济发展水平和人民精神面貌的重要窗口，而且已成为国内外客商开展经贸合作，进行友好交往的纽带和桥梁。

（二）名胜古迹以清代遗存为主

本区是清代王朝的龙兴之地，因此有数量众多且保护完好的清代历史遗存，具有极高的文化价值和旅游价值。沈阳故宫、盛京三陵、伪满皇宫博物馆、清祖祠等，是研究和考察清代历史文化的宝库。

沈阳故宫，又名盛京皇宫，历时158年建造而成，规模仅次于北京故宫，是中国仅存的两大皇家宫殿建筑群之一，也是关外唯一的一座皇家建筑群。沈阳故宫在建筑艺术上继承了中国古典建筑的优良传统，集合了汉、满、蒙三个民族的建筑艺术特点，具有极高的历史价值和艺术价值。盛京三陵，又名东北三陵，包括福陵、昭陵和永陵，是开创清朝皇室基业的祖先陵墓，是研究清代政治制度、信仰习俗、建筑艺术等历史文化内容的重要载体，2004年被列入世界文化遗产名录。伪满皇宫博物院，位于吉林省长春市，现存缉熙楼、勤民楼、同德殿等伪满宫廷建筑和大量历史文物，是展示清朝末代皇帝溥仪前半生和日本在东北地区殖民史的宫廷建筑群，是全国重点文物保护单位和全国爱国主义教育示范基地。清祖祠，位于满族发祥地吉林省敦化市，是为纪念清始祖布库里雍顺而建造的宗祠，后发展为海内外满族人寻根祭祖的精神家园。

（三）民间曲艺文化繁荣多样

本地区是著名的曲艺之乡，拥有二人转、东北大鼓、评书等众多曲艺形式。东北二人转，亦称"蹦蹦"，是有浓厚东北地域色彩的民间艺术，已有三百多年的发展历史，是在原来的东北秧歌、东北民歌的基础上，吸收了莲花落、东北大鼓、太平鼓、河北梆子、霸王鞭、驴皮影及民间笑话等多种艺术形式后演变而成，其表演形式与唱腔十分丰富，有"九腔十八调，七十二嗨嗨"之称。著名的表演艺术家有李青山、王尚仁、李庆云、杨福生等。东北大鼓，曾经也叫奉天大鼓、辽宁大鼓，大约形成于清代中期，是一种主要流行于东北三省的曲艺鼓书暨鼓曲形式。东北大鼓以说唱为主，内容大多取材于戏曲、小说和传奇故事，是一种百姓喜闻乐见的民间艺术。2006年5月，东北大鼓经中华人民共和国国务院批准列入第一批国家级非物质文化遗产名录。评书，又称说书、讲书，是一种古老的中国传统口头讲说表演艺术形式。新中国成立以来，东北地区涌现出众多的评书表演艺术家，评书四大家袁阔成、刘兰芳、单田芳、田连元均来自东北，其中袁阔成的《三国演义》、刘兰芳的《岳飞传》、单田芳的《白眉大侠》、田连元的《水浒传》等代表作品可谓家喻户晓。

【知识拓展】

评书的分类

从内容分类上讲，评书一般分为袍带书、短打书、神怪书等。袍带书多以名将贤相为主人公，描写他们反抗昏君、抗击外族侵略和保家卫国的英勇行为，以《隋唐演义》《杨家将》《岳飞传》为代表。短打书多以剑侠与义士为主人公，描写他们锄强扶弱、惩恶扬善和济世救人的英勇行为，以《水浒传》《三侠五义》《白眉大侠》《雍正剑侠图》为代表。神怪书多以记叙神异鬼怪的故事传奇为主体内容，以《西游记》《封神演义》《聊斋志异》《济公传》为代表。

（四）弘扬爱国奋斗精神遗址遗迹十分丰富

本区弘扬爱国奋斗精神的遗址遗迹十分丰富，尤其是黑龙江地区。位于黑龙江省哈尔滨市太阳岛风景区的东北抗联纪念园是集中展示东北抗联精神的景区，也是东北最大的抗日教育和纪念基地。东北抗联精神形成于中国共产党领导的东北抗日联军在 14 年抗击日本军国主义侵略的艰苦斗争中，是东北抗联将士崇高精神风貌和高尚思想品格的集中体现，是中国抗日战争史上气贯长虹的英雄史诗，彰显了中华民族自强不息、百折不挠的革命精神，是人类为了正义事业挑战自身极限的传奇典范。在白山黑水之间，东北抗联将士在生与死、血与火的磨砺中，铸就了以"勇赴国难、自觉担当、顽强苦斗、舍生取义、团结御侮"为主要内涵的东北抗联精神。此外还有位于黑龙江省鸡西市的北大荒开发建设纪念馆，是收藏、研究、展示和传播黑龙江垦区开发建设历史及北大荒精神的综合性博物馆。位于黑龙江省大庆市的铁人王进喜纪念馆是集中反映铁人精神的首批全国职工爱国主义教育基地。

2016 年 5 月 25 日，习近平总书记在黑龙江省考察时指出："东北抗联精神、北大荒精神、大庆精神、铁人精神激励了几代人。今天我们仍然要用这些精神来教育广大党员、干部，引导他们发扬优良传统，在全社会带头弘扬新风正气。"2021 年 9 月，党中央批准了中央宣传部梳理的第一批纳入中国共产党人精神谱系的伟大精神，源自东北大地的四大精神全部入选，体现了东北地区爱国主义和艰苦奋斗精神资源的丰富性。

三、风物特产概况

本区不仅拥有我国最大的商品粮生产基地，还拥有丰富的林业资源、纵横的河道和漫长的海岸线，因此不仅盛产大米、大豆、玉米、小麦等农产品，还有榛蘑、黑木耳、榛子、松子、鹿肉、鲍鱼、辽参等山珍海味。

肥沃的黑土地，一年一熟的生长周期，培育出了中国最好吃的东北大米，尤其以黑龙江所产的五常大米最为著名。黑龙江齐齐哈尔出产的东北黏玉米，凭借香、嫩、甜、黏的特点赢得了消费者的广泛喜爱。榛蘑香气浓郁，肉质厚实，滑嫩鲜美，是东北名菜小鸡炖蘑菇的地道食材，有东北第四宝之称。大、小兴安岭等山脉盛产优质黑木耳，东北冬长夏短，黑木耳生长缓慢、耳片厚、口感好，品质极佳，营养也较其他地域所产黑木耳更为丰富。东北榛子颗粒虽小，却果仁饱满，味道香浓，东北人有"吃了榛子，百味不香"之说。吉林长春拥有中国最大的梅花鹿养殖基地，有"中国梅花鹿之乡"的美誉，因此东北人创造出鹿肉烤串、蜜汁鹿肉、红烧鹿肉等不同的鹿肉美食。此外，东北还盛产海味，尤其辽宁南部濒临黄海、渤海，各种鱼虾、贝类应有尽有，是名副其实的海鲜大省。辽宁海鲜以辽参最为著名，烹饪后的辽参肉质饱满，口感筋道弹牙，鲜味十足。

【知识拓展】

东北三宝

东北最著名的特产是被誉为"东北三宝"的人参、貂皮和鹿茸。人参为驰名中外的珍贵中药材，有神草、王精、地精、黄精、血参等多种别名，满族人称为"奥尔厚达"，意为"百草之王"。中国古代本草学经典《神农本草经》将人参列为药中上品，在汉代名医张仲景所著《伤寒论》的113首经方中，共有21首方子用到了人参。人参有野生的山参和人工栽培的园参之分。人参不仅可以入药，还可广泛用于烹饪、制糖、浸酒及高级化妆品制造等领域。貂皮属于细皮毛裘皮，皮板优良，轻柔结实，毛绒丰富，色泽光润，具有"风吹皮毛毛更暖，雪落皮毛雪自消，雨落皮毛毛不湿"的特点，被誉为"裘中之王"。貂皮有紫貂皮和水貂皮之分，其中紫貂皮较为名贵。貂皮凭借华丽的外观和超强的保暖性能成为制作高级皮衣的上好原料。鹿茸是雄鹿头顶未骨化的角，主要有产于大兴安岭的马鹿茸和产于长白山的梅花鹿茸。鹿茸具有温肾壮阳、生精益血、强筋补髓的作用，是一种较为名贵的中药材，在中医处方中具有广泛的应用。

第二节　黑龙江省

一、概况

黑龙江省位于我国东北部，是我国位置最北、纬度最高的省份。全省面积约47万平方千米，人口总量约3099万（截至2023年）。地势大致是西北部、北部和东南部高，东北部、西南部低，主要由山地、台地、平原和水域构成。黑龙江冬季寒冷漫长，夏季凉爽短促，南北温差大，北部甚至长冬无夏。独特的气候使本区成为夏季避暑、冬季玩雪的首选之地。主要旅游资源有五大连池、镜泊湖、哈尔滨太阳岛、漠河北极村等。

二、主要旅游文化胜地

（一）五大连池风景区

五大连池风景区（the Wudalianchi Scenic Area），国家5A级旅游景区，地处小兴安岭山地向松嫩平原的过渡地带，现属于黑龙江省西北部的黑河市五大连池市管辖，目前已荣获世界地质公园、世界人与生物圈保护区、国家级自然保护区、国家森林公园、国家自然遗产等多项荣誉称号，是集旅游观光、科学考察和疗养休闲于一体的风景名胜区。

1719—1721年，火山喷发产生的熔岩阻塞了纳谟尔河支流小白河的河道，于是形成五个互相连通的湖泊，因而得名五大连池。五大连池风景区总面积1060平方千米，由五大连池湖区以及周边火山群地质景观、相关人文景观、植被、水景等组成，其核心景区为五个相互连通的串珠状湖泊，分别为莲花湖（一池）、燕山湖（二池）、白龙湖（三池）、鹤鸣湖（四池）和如意湖（五池）。与5个波光粼粼的火山堰塞湖泊交相辉映的是14座火山体及一系列火山矿泉，其中最具观赏价值的老黑山和火烧山是约300年前才喷发的火山，正是此次火山活动才成就了五大连池。其他12座火山则因喷发年代久远，早已被森林环抱，有几座火山口内已积水成湖。这种火山与湖泊交相辉映的奇观被科学家称作"天然火山博物馆"和"打开的火山教科书"。

五大连池得天独厚的地质资源使其拥有世界上最纯净的天然氧吧，具有医疗保健作用的磁化矿化电荷离子水和太阳热能理疗场（天然火山熔岩台地），以及集保健、美容和医疗于一体的矿泉洗疗、泥疗区。此外，五大连池地区还形成了具有浓郁地域特色的民俗活动"药泉会"，2011年五大连池药泉会被评为国家级非物质文化遗产。

【知识拓展】

五大连池药泉会

五大连池药泉会又称"圣水节"，是黑龙江省五大连池地区达斡尔、鄂伦春、蒙古、满、汉等民族群众在药泉举行的具有浓郁地方特色的端午节庆民俗活动。二百多年前，达斡尔族猎人在五大连池药泉山下发现了能祛病健身的药泉，由此产生"药泉"等地名。此后，每年在端午节前后各族民众在药泉聚会敬神祈福，相沿成习，传承至今。集会的中心在五大连池镇（药泉镇）的南北药泉、药泉山及药泉河。主要民俗活动：农历五月初四清晨祭敖包；傍晚在药泉边点燃篝火载歌载舞；初四子夜、初五凌晨时分抢"子夜水"。初五凌晨踏青，折柳采蒿，露水洗脸，"抹黑祈福"，民间技艺表演，举行"射猎饮泉"象征仪式，晚上在药泉湖边举行"泉湖灯会"。初六早晨民众在二龙眼泉边"洗眼明目"，上午举行祈福的"钟灵庙会"；在三池子南岸举行"黑龙庙会""弃石祛病"，祈求平安。五大连池药泉会（圣水节）存续着黑龙江边疆地区各民族和谐共处、欢度端午的优良传统，具有重要的民族学、民俗学、社会学价值。对于增强民族团结、维护祖国边疆稳定亦有重大意义。

（二）镜泊湖

镜泊湖（Jingpo Lake）位于黑龙江省牡丹江市宁安市西南部，是中国最大、世界第二大高山堰塞湖，是著名旅游、避暑和疗养胜地，拥有国家5A级旅游景区、世界地质公园、国际生态旅游度假避暑胜地、中国十佳休闲旅游胜地等多项桂冠。

　　镜泊湖是经 5 次火山喷发，熔岩阻塞牡丹江河道而形成的火山堰塞湖。湖面南北长 45 千米，东西最宽处 6 千米，面积约 90 平方千米，湖水碧绿通透，时而平稳如镜，时而微波荡漾，游览其间，有"人在镜中行，云影天光上下明"之妙，有"北方西湖"之美誉。镜泊湖群山环抱、森林密布、水域辽阔，凉爽宜人，是我国北方著名的避暑胜地。

　　镜泊湖景区总体规划面积为 1726 平方千米，由百里长湖景区、火山口原始森林景区、渤海国上京龙泉府遗址景区三部分组成，既有湖光山色，又有火山口地下原始森林、地下熔岩隧道等地质奇观，以及唐代渤海国遗址为代表的历史人文景观。镜泊湖景区最负盛名的自然景观是吊水楼瀑布。吊水楼瀑布位于百里长湖北端，是黑色玄武岩形成的环状落水深潭，落差近 20 米，丰水期时三面溢水，波涛翻滚，声震如雷，飞流直下，甚是壮观。人文景观中具代表性的是渤海国上京龙泉府遗址，史称"忽汗城"，是中国唐代渤海国的都城，1961 年被国务院公布为第一批全国重点文物保护单位，2021 年入选全国"百年百大考古发现"。

（三）哈尔滨太阳岛

　　太阳岛（the Sun Island）坐落在黑龙江省哈尔滨市松花江北岸，是集欧陆风情、郊野风光、冰雪文化和东北民俗为一体的国家级风景名胜区、国家 5A 级旅游景区、中国国内沿江生态区，是哈尔滨市一张靓丽的旅游名片。太阳岛 2006 年还被评为中国人居环境范例奖。太阳岛总面积为 88 平方千米，主要景观有太阳石、松鼠岛、冰雪艺术馆、东北抗联纪念园等。

　　景区正门前的太阳石长 7.5 米，厚 2 米，高 4.3 米，重 150 吨，是一块天然奇石，传说为太上老君炼丹时遗落的仙丹。松鼠岛位于太阳岛风景区围堤内北部，占地面积约 2.4 万平方米，是黑龙江省最大的松鼠观赏、驯养和科普基地，岛上驯养着人工驯化的近 2000 只松鼠。冰雪艺术馆建于 2000 年，占地 5000 平方米，馆内净高 7 米，内有冰景 100 余件，是目前世界上规模最大的室内冰雪艺术场馆。东北抗联纪念园位于太阳岛风景区的核心区，占地面积 3.6 公顷，为纪念东北抗日联军而修建，如今已成为东北最大的抗日教育和纪念基地。以抗联战士组雕、湖水和绿草为核心景区，表现内容区别于以往庄严肃穆的纪念模式，基调以起伏的地形，参天的大树，蜿蜒的流水，寓示着白山黑水间的抗日战场。在蓝天映照下的主题雕塑、抗联营地、巨石构成了一幅抗联战斗生活的历史画面，生动诠释了东北抗联精神的基本内涵：忠贞报国、勇赴国难的爱国主义精神；勇敢顽强、前仆后继的英勇战斗精神；坚贞不屈、勇于献身的不怕牺牲精神；不畏艰险、百折不挠的艰苦奋斗精神；休戚与共、团结御侮的国际主义精神。

　　太阳岛位于中国纬度最高、气温最低的区域，冬季漫长寒冷，夏季凉爽短暂，不仅是夏季旅游避暑胜地，也是冬季冰雪旅游的乐园，一年一度的太阳岛国际雪雕艺术博览会早已驰名中外。每到冰封雪飘、银装素裹的隆冬时节，人们来到太阳岛滑雪橇、乘冰帆、堆雪人、坐马拉爬犁，冰雪游乐活动十分丰富。

（四）漠河北极村

北极村（Arctic Village）位于黑龙江省大兴安岭地区漠河市北极镇，地处北纬53°33′30″，是中国最北的边陲小镇，是国内北极光的最佳观测点，素有"金鸡之冠""神州北极"和"不夜城"等美誉。漠河历史悠久，早在清朝时期，这里就是一个狩猎场所，是满族和鄂温克族人的聚居地。北极村因处于北纬53°以上的高纬度地区，气候寒冷，属于亚寒带针叶林气候区，夏季的白昼时间通常达17小时以上，冬季则刚好相反。北极村全年平均气温在−5℃左右，冬季的极端最低气温可降至−50℃。20世纪初，漠河成为中俄边境的重要关口，同时也成了中国北极的标志性地区。北极村于1997年开辟为北极村旅游风景区，目前已成为国家5A级旅游景区。

北极村的旅游路线主要是观赏冰雪景观、参观少数民族村落、体验渔猎文化等。这里静谧清新、生态完好、民风淳朴，乡土气息浓郁，集神州北极、神奇天象、极地冰雪等独特资源禀赋于一体，是游客找北、找冷、找纯、找静的绝佳选择，北极村也因此与三亚的天涯海角共列最具魅力旅游景点景区榜单前十名。每年夏至前后，一天24小时几乎都是白昼，午夜向北眺望，天空泛白，像傍晚又像黎明。夏至前后以及深秋朗月夜常常万里晴空，是观赏北极光的最佳时节。漠河还是一个多民族聚居的地区，主要有鄂伦春族、鄂温克族、汉族、满族等民族。鄂伦春族世代居住在漠河地区，他们信奉萨满教，有着独特的风俗和习惯。在漠河，游客可以参观鄂伦春族的萨满祭司活动，听民歌，品尝传统美食（鄂温克族烤全羊、野生菌等），以深入了解这些古老民族的风俗民情。漠河还是一个充满渔猎文化的地方，游客可以亲身体验狩猎、捕鱼、采蘑菇等生活方式的独特魅力。

第三节　吉林省

一、概况

吉林省位于松花江畔，居东北中部，因境内有吉林城而得名。"吉林"为满语，乃沿江之意。全省面积约19万平方千米，人口约2339.4万（截至2023年），气候以冬季长而寒冷、夏季短促而温暖为特色。地形自东到西分别为山地、丘陵和平原，呈现出东南高、西北低的特征。省内河流众多，以松花江水系最为重要，湖泊以松花湖最大，西部有月亮泡、查干湖等平原湖泊。

吉林省夏季凉爽宜人，是理想的避暑胜地；冬季银装素裹、千里冰封，是冰雪旅游的好去处。吉林省的旅游资源具有明显的生态旅游、冰雪旅游、边境旅游、史迹旅游和民族旅游等资源优势。主要旅游景区有长白山，伪满皇宫博物院，高句丽王城、王陵及贵族墓葬，敦化六鼎山等。

二、主要旅游文化胜地

（一）长白山

　　广义的长白山（Changbai Mountain）指长白山脉（又称长白山地），是中国东北地区东部山地的总称。狭义的长白山，指长白山脉的主峰或长白山火山区。长白山位于吉林省东南部，为中朝两国的界山，主峰白云峰海拔 2691 米，是我国东北地区第一高峰。长白山有"关东第一山"之称，是中华十大名山之一，1980 年被列为联合国教科文组织"人与生物圈"保护区，2007 年被评为国家首批 5A 级风景区。

　　在悠久的历史中，长白山曾有不咸山、盖马大山、徙太山、太白山等称谓。《山海经·大荒北经》记载："东北海之外……大荒之中有山，名曰不咸，有肃慎氏之国。"南北朝时，长白山又有"徙太山"之称。到了唐代，长白山被称作太白山。自辽、金起，长白山之名开始普遍使用。金代崇拜长白山，大定十二年（1172 年）在山北建庙宇，封长白山为"兴国灵应王"，明昌四年（1193 年）又封其为"开天弘圣帝"。清代统治者视长白山为满族肇兴之地，奉长白山为神，将原始自然崇拜和现实政治需要结合了起来。

　　长白山是一座休眠火山，历史上有过数次喷发，因其独特的地理构造，造就了绮丽迷人的景观。长白山的湖、谷、池、山、泉、林、峰，无一不为世界所罕见，堪称一座天然地质博物馆。长白山九大名景中，最具代表性的就是天池，它是中国和朝鲜的界湖，湖的北部在吉林省境内。长白山天池也称白头山天池，海拔 2194 米，最深处达 373 米。它不仅是中国最深的湖泊，还是我国最大的火山口湖。长白山瀑布从天池北口 68 米高的悬崖峭壁上飞流直下，气势恢宏。

　　长白山不仅自然风光美丽迷人，而且资源丰富，动植物种类繁多，是世界少有的"物种基因库"，具有较高的科研、保护和旅游价值。区内分布有野生植物 2540 多种，野生动物 360 多种，其中东北虎、梅花鹿、中华秋沙鸭、人参等动植物为国家重点保护的物种。

　　长白山被称为"药材之山"，珍贵药材漫山遍野，有人参、党参、黄芪、木灵芝等 300 多种。尤其长白山野山参，历来都是极为罕见的贵重药材。根据《神农本草经》记载，人参具有"补五脏、安精神、定魂魄、止惊悸、除邪气、明目、开心、益智、久服轻身延年"的独特功效，因此被誉为"百草之王"。长白山地区是最重要的人参交易中心，聚集着野山参、林下参、园参和西洋参等所有种类的人参。近年来，长白山开展"采参之路"旅游活动，极具地方特色，吸引了国内外众多游客。

　　长白山是自然与人文交相辉映的重要文化符号。该地区山环水绕、沃野千里、山高林密、河湖纵横，满族、蒙古族、朝鲜族、回族、汉族等民族在这里从事渔猎、采集、畜牧、农耕等生产活动，形成了质朴、率直的性格以及娴于骑射、勇于抗争的尚武精神，生成了高句丽文化、渤海文化、契丹文化、女真文化、蒙古文化等历史文化积淀。诸多少数民族地区仍然保留有万物有灵、多神崇拜等原始萨满信仰。此外，长白山地区还是反抗外来侵略者的前沿。早在 17 世纪，为了维护边疆的稳定和领土完整，这里的各族人民便对沙俄入侵进行了不屈不挠的斗争，涌现出以萨布素为代表的杰出人物。日本帝国主义入侵我国东北并强占 14 年之久，东北人民反抗日本侵略者的斗争始终没有间断。在白山黑水间的莽莽林海、崇山峻岭之中，到处都有我们的抗日队伍，出现了杨靖宇、赵一曼、赵尚志、周保中等英雄人物，展现了伟大的爱国主义精神。1940 年 2 月 23 日，杨靖宇在冰天雪地、弹尽粮绝的情况下，孤身一人与大量日寇周旋，战斗几昼夜后，在濛江县（今吉林省白山市靖宇县）壮烈牺牲。为了纪念杨靖宇的革命英雄主义和爱国主义精神，白山市濛江县改名为靖宇县。

【知识拓展】

长白山人参文化传承

据《太平御览》记载，早在公元 3 世纪中叶，长白山区已经有人开始采挖人参。放山习俗是伴随长白山区的人们采挖野山参的历史而产生和形成的，具有满汉民族传统文化交融的特点。放山习俗中的崇拜信仰、道德规范、环境意识、价值认同和传统技能，极大地影响着当地人们的精神境界和文化理念，具有很高的学术价值和实用价值。但随着一些经验丰富的放山老把头相继谢世，或因年事已高，很少带徒弟进山，系统掌握放山习俗的人已经不多，这使沿袭千年的放山习俗近于无人继承的濒危状态。放山习俗的基本过程包括拉帮、进山、压山、喊山、接山、贺山、抬棒槌、打参包子、砍兆头、下山等内容。

（二）伪满皇宫博物院

伪满皇宫博物院（Palace Museum of the Manchurian Regime），位于长春市光复北路 5 号，成立于 1962 年，是中国现存的三大宫廷遗址之一，被列为国家首批 5A 级旅游景区。它是清朝末代皇帝爱新觉罗·溥仪充当伪满洲国傀儡皇帝时的宫殿，分为内廷和外廷，内廷是溥仪及其家属日常生活的区域，有缉熙楼、同德楼等建筑，外廷是溥仪处理政务的主要场所，主要有勤民楼、怀远楼、嘉乐殿等建筑。伪满皇宫主体建筑既有中国传统的四合院砖木结构，也有东洋式殿阁，显示了伪满洲国的殖民地色彩和伪满皇帝的傀儡性。馆内收藏了大批伪满宫廷文物、日本近现代文物、东北近现代文物、民俗文物等，是全国重点文物保护单位和全国爱国主义教育示范基地。

（三）高句丽王城、王陵及贵族墓葬

高句丽王城、王陵及贵族墓葬（Capital Cities and Tombs of the Ancient Koguryo Kingdom）位于吉林省通化市集安市境内以及辽宁省本溪市桓仁满族自治县境内，是研究已经消失的高句丽文明及其建筑艺术、古代汉民族对其他民族文化影响的宝贵遗迹，主要包括五女山山城、国内城、丸都山城（始名尉那岩城）、12 座王陵、26 座贵族墓葬、好太王碑和将军坟一号陪冢等。高句丽政权始于公元前 37 年，止于公元 668 年，曾是中国东北地区影响较大的少数民族政权之一，在东北亚历史发展过程中发挥过重要作用。桓仁与集安是高句丽政权早中期的政治、文化、经济中心，是高句丽文化遗产分布最集中的地区。高句丽王城、王陵及贵族墓葬是该段历史中无可替代的实物见证，具有重要的历史文化价值。2004年，高句丽王城、王陵及贵族墓葬被列入《世界遗产名录》。

1. 高句丽王城　规模宏大、体系完备、保存完整的五女山山城是高句丽创建的第一个都城，城内分布着多处高句丽早期的建筑遗址和生活、军事遗迹。在选址布局、城墙筑法、石料加工等方面，五女山山城都具有很大的突破与创新。国内城、丸都山城是高句丽早中期（1—5世纪）的都城，其特点是平原城与山城相互依附共为都城。国内城风范犹存，是为数不多的地表保存有石筑城墙的平原城类型都城址，保存下来的城墙依然坚实牢固而又不失美观庄严。丸都山城的布局主要根据山形走势而巧妙构思、合理规划，从而使自然风貌与人类创造浑然为一。通过考古所发掘出的宫殿址遗迹，仍可显示原有建筑的恢宏气势。国内城与丸都山城是高句丽政权延续使用时间最长的都城。

2. 王陵和贵族墓　国内城与丸都山城城外，在群山环抱的通沟平原上留存着近7000座高句丽时代墓葬——洞沟古墓群，有东北亚地区古墓群之冠的美誉。以将军坟、太王陵为代表的十几座大型高句丽王陵，以及大量的王室贵族壁画墓，生动再现了高句丽建筑技艺和艺术成就曾经所达到的高度。矗立于太王陵东侧的好太王碑，其汉字镌刻的碑文是高句丽保存至今最长的一篇文献资料。

（四）敦化六鼎山

六鼎山（Liudingshan），位于敦化市区南郊3千米处，是自然生态环境和历史人文景观有机融合的国家5A级旅游景区。六鼎山依山傍水、群峰环绕，属闻名中外的长白山脉丘陵地带，拥有天然森林氧吧、湿地群、绵延山脉、圣莲湖等自然生态，为其成为东北亚地区无可替代的修心养身圣境提供了天然条件。这里拥有国家级保护单位渤海国古墓群、东北地区最大的佛教寺院正觉寺、世界最高露天坐佛金鼎大佛，集渤海文化、佛教文化和清始祖文化于一体，是纵情山水、访古探幽、了解佛教文化艺术的理想场所。

渤海国古墓群为渤海国早期王室贵族的陵寝，是国务院第一批公布的全国重点文物保护单位。公元698年，靺鞨粟末部首领大祚荣在敦化建立震国，后被唐玄宗册封为渤海郡王，传世二百多年，全盛时期有"五京、十五府、六十二州"，疆域广阔，与高句丽和日本等国往来密切，史称"海东盛国"。

正觉寺始建于清朝光绪年间，最初规模不大，几经扩建整修，至民国年间臻于完善，后遭人为破坏，庙宇不复存在。1992年，正觉寺第三代传人、旅美高僧释佛性大师重建此寺。寺院内观音殿的千手观音和玉佛苑的独体缅玉玉佛造型独特，巧夺天工，属世界独创。

金鼎大佛总高48米，用铜500吨，坐落于云龙山顶峰，背倚牡丹江，前拥正觉寺，远望长白山，是世界上最高的释迦牟尼青铜坐佛。大佛基座是佛教文化艺术馆，馆内设有万佛殿、客堂、功德堂、法堂、展览大厅等。尤其位于艺术馆一层的万佛殿内，供奉着美轮美奂、工艺精湛的9999尊与金鼎大佛同炉同水同体同辉的金鼎小佛，加上金鼎大佛，共一万尊佛像，故名万佛殿。

敦化是清皇室的发祥地，清始祖布库里雍顺在这里出生并平定三姓之乱，创建满族政权。在《清史稿》"敦化"一条中写道："敦化，清始祖居鄂多哩城，即此。初为额穆赫索罗地。光绪八年建新城址，隶吉林。"根据这一史实，在此建立了占地 5 万平方米的清始祖祠，主要包括始祖庙、天女宫、列祖馆三大项目。清始祖祠是长白山满族历史文化与民间风俗展示中心，也是海内外满族人寻根祭祖的圣地和人文精神家园。

第四节　辽宁省

一、概况

辽宁位于我国东北地区南部，是我国最北部沿海省份，南濒浩瀚的渤海、黄海，是东北地区通向世界、连接欧亚大陆桥的重要门户和前沿地带。全省面积 14.8 万平方千米，人口约 4197 万（截至 2023 年）。该省地势大体为北高南低，从陆地向海洋倾斜；山地丘陵分列于东西两侧，向中部平原倾斜。辽西渤海沿岸为狭长的海滨平原，称为"辽西走廊"。

辽宁属于温带大陆性季风气候。省内日照充足，积温较高，冬长夏暖，春秋季短，四季分明。辽宁省沿海城市众多，港口密集，交通发达。主要旅游资源有沈阳故宫、盛京三陵、大连金石滩景区、老虎滩海洋公园等。

二、主要旅游文化胜地

（一）沈阳故宫

沈阳故宫（Shengyang Imperial Palace）坐落于沈阳市旧城中心，又名盛京皇宫，占地约 6 万平方米，规模仅次于北京故宫。沈阳故宫为清太祖努尔哈赤和清太宗皇太极的宫殿，即盛京宫阙，入关后称"奉天行宫"。沈阳故宫始建于 1625 年，建成于 1636 年，乾隆、嘉庆时又增建，今存各式建筑共 90 多所、300 余间，四周是高大的红色宫墙，殿堂金瓦雕梁画栋，光彩夺目。

沈阳故宫以崇政殿为核心，从大清门到清宁宫为中轴线，分为东路、中路、西路三个部分。大政殿为东路主体建筑，是举行大典的地方。前面两侧排列亭子 10 座，为左、右翼王亭和八旗亭，统称十王亭，是左、右翼王和八旗大臣议政之处。中路有大清门、崇政殿、凤凰楼、清宁宫等。崇政殿俗称金銮殿，是故宫的正殿，是皇太极接受朝贺、处理政务之处。西路为乾隆时期增建，包括戏台、嘉荫堂、文溯阁、仰熙斋等，具有江南风格。宫殿建筑融合汉、满、蒙古等多民族艺术，具有浓郁的地方特色和较高的工艺水平，是我国现存除北京故宫外，保存最为完整的皇家宫殿建筑群。

沈阳故宫不仅是古代宫殿建筑群，还以丰富的珍贵收藏而闻名海内外，宫内陈列了大量旧皇宫遗留下来的宫廷文物，被开辟为沈阳故宫博物院，为全国重点文物保护单位。

（二）盛京三陵

　　盛京三陵（Three Early Qing Tombs），又称东北三陵，包括永陵、福陵、昭陵三座陵寝，是开创清王朝皇室基业的祖先陵墓，是研究清代政治制度、信仰习俗、建筑艺术等历史文化内容的重要载体，2004 年被列入《世界遗产名录》。

　　1. 永陵　在盛京三陵中规模最小，建于 1598 年，坐落于辽宁抚顺市新宾满族自治县城西 21 千米处的永陵镇，占地仅 1.1 万多平方米，但列三陵之首。它是清王朝的祖陵，陵内葬着努尔哈赤的六世祖、曾祖、祖父、父亲、伯父、叔父以及他们的福晋。清皇室把永陵视为"兆基帝业钦龙兴"之地，所以终年香火不断。

　　2. 福陵　坐落于沈阳市东郊，故有"东陵"之称。它是清太祖努尔哈赤与皇后叶赫那拉氏的陵墓，是清朝命名的第一座皇陵。陵区建筑格局因山势形成前低后高之势，南北狭长，从南向北可划分为正红门外区、神道区、方城宝城区三部分。福陵占地近 54 万平方米，现存古建筑 32 座。

　　3. 昭陵　是清朝第二代开国君主太宗皇太极及其皇后的陵墓，在盛京三陵中规模最大、结构最完整。因坐落在沈阳市北端，故又称为北陵。昭陵由南至北依次为前部，从下马碑至正红门，包括华表、石狮、石牌坊、更衣厅、宰牲厅；中部，从正红门到方城，包括华表、石像生、牌楼和祭祀用房；后部，是方城、月牙城和宝城，这是陵寝的主体。陵区占地近 48 万平方米，现存古建筑 38 座。

（三）金石滩

　　金石滩（Jinshitan）景区位于大连市金州区的东部，是以独特的海滨地质地貌景观为主，集海滨游览、科普研究和疗养度假为一体的综合性海滨风景名胜区。金石滩三面环海，由山、海、滩、礁组成，冬暖夏凉，气候宜人。金石滩呈元宝状，浓缩了距今 6 亿至 3 亿年间的地质奇观，形成了有"东方神力雕塑"之称的海蚀岸、海蚀洞、海蚀柱等奇观，其中的龟裂石闻名中外，是 6 亿年前的震旦纪形成的沉积环境地质标本，是目前世界上发现的体块最大、断面结构最清晰的天下奇石。

　　金石滩景区由东部半岛、西部半岛及两个半岛之间的开阔腹地和海水浴场组成。其中东部半岛面积为 8 平方千米，包括自然地质景观旅游、高尔夫休闲运动、渔人码头海滨旅游、度假疗养等活动；西部半岛面积为 9 平方千米，包括自然山水景观旅游、商务会议旅游、狩猎和滑雪等活动；中部主题公园为 7 平方千米，包括主题游乐园、商务休闲园、文化展示园、假日公园等娱乐项目。

（四）老虎滩海洋公园

　　老虎滩海洋公园（Laohutan Ocean Park）坐落于大连市南部海滨中部，占地面积 118 万平方米，有 4000 余米海岸线，是中国最大的一座现代化海滨游乐场。景区内拥有以展示白鲸、北极熊、海豚、南极企鹅、鲸鲨等极地海洋动物为主的极地馆，以展示珊瑚礁生物群为主的大型珊瑚馆，以展示野生海象、海狮、海狗群居生活为主的海兽馆，以及全国最大的半自然状态人工鸟笼——鸟语林、全国最大的花岗岩动物石雕——群虎雕塑。在这里，游客还可以到欢乐剧场观看海狮、海象与小丑的幽默互动；在鲸豚互动广场欣赏人与海豚的自然亲近；去蓝湾开心岛领略海豹群居生活的憨态。园区里还配备了全国最长的大型跨海空中索道、海滨旅游观光船以及惊险刺激的侏罗纪激流探险、海盗船等游乐设施。老虎滩海洋公园以展示海洋文化、突出滨城特色为理念，是一个集旅游观光、娱乐、科普、购物、文化于一体的现代化主题海洋公园。

【本章小结】

本旅游区兼具山、河、湖、海等自然地理风貌，在冰雪资源的基础上，发展出极具民族特色和地域风情的关东文化。本区拥有长白山、五大连池、镜泊湖等自然旅游资源，以及伪满皇宫博物院、高句丽王城、王陵及贵族墓葬、敦化六鼎山、沈阳故宫、盛京三陵等人文旅游资源，是领略冰雪风光、探寻清代遗存、体验关东文化的代表性地区。

课堂互动

1. 请根据本旅游区自然地理环境和人文地理环境，分析归纳本区旅游资源的特点。

2. 请运用中医五行理论和藏象学说解释东北地区拥有肥沃的黑土地与丰富矿藏资源的原因。

探研思辨

1. 长白山是东北地区自然与人文景观兼备的旅游胜地。冰雪风光、少数民族风情、中医药文化、红色文化，共同塑造了长白山这一重要文化符号。著名学者余秋雨曾对长白山文化发出这样的感慨："中国起步时，你是历史走廊；中国辉煌时，你是半个大唐；中国蒙难时，你是冰雪战场。完成了这一切，突然发现，你还是全世界最稀缺的生态天堂。"

请查阅相关资料，结合本章所学内容，分析长白山景区的自然特点与其人文内涵之间的关系。

2. 东北地区与中原地区在历史上一直存在着丰富的互动关系。一方面，东北是清王朝的龙兴之地，清朝文化影响中国近三百年之久，至今仍保存完好的沈阳故宫、盛京三陵、伪满皇宫博物馆、清祖祠等历史建筑，是研究和考察清代历史文化的重要实物载体。另一方面，以闯关东、开发北大荒为代表的内地移民也深刻地改变了东北地区的文化生态。

请查阅相关资料，分析论述林海雪原关东风情旅游区和内地文化的双向互动过程及其历史意义。

第六章　黄河沃土华夏文明旅游区 ▷▷▷▷

【思维导图】

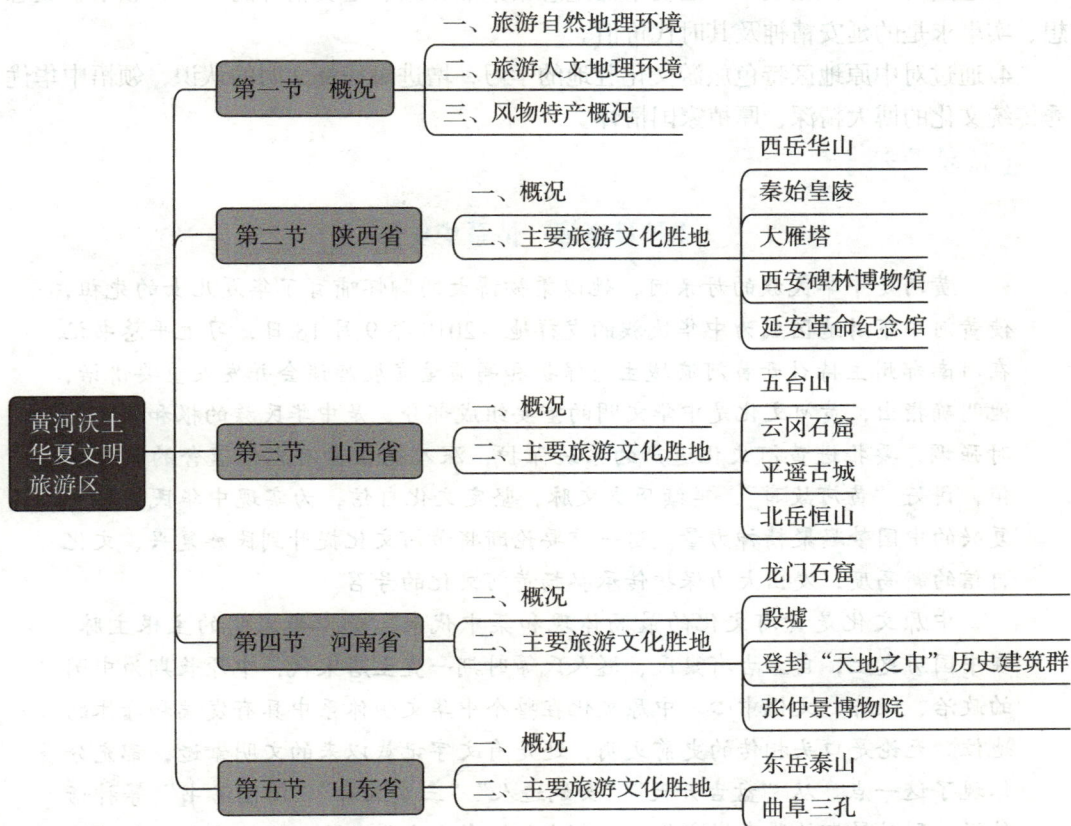

【知识目标】

1.掌握：本旅游区的自然地理环境和人文地理环境特征。

2.熟悉：本旅游区的主要旅游文化胜地。

3.理解：本旅游区概况及风物特产。

【能力目标】

1.能够根据本旅游区自然地理环境及人文地理环境，分析该区旅游资源特点，提高分析问题、总结归纳能力；

2.能够根据本旅游区旅游资源的特点与分布，进行旅游线路设计，增强自主学习、解决问题的能力；

3.能够运用所学知识制作本区旅游文化胜地导游词，并熟练地进行讲解，提升语言表达、人际沟通能力。

【思政目标】

1.通过对"情景导入""探研思辨"及相关知识的学习，树立黄河流域生态保护观念。

2.通过对"知识拓展"中南阳医圣祠景点介绍和伤寒杂病论的学习，了解中原地区的中医药文化，激发学生学习、传承、发展、创新中医药文化的动力和自信。

3.通过对"知识拓展"中延安革命纪念馆景点介绍、延安精神的学习，领悟解放思想、实事求是的延安精神及其时代价值。

4.通过对中原地区特色旅游文化胜地的学习，增进对华夏文明的认识，领悟中华优秀传统文化的博大精深，厚植家国情怀。

【情境导入】

守护母亲河　情系华夏根

黄河是中华民族的母亲河，她以柔韧博大的胸怀哺育了华夏儿女的先祖，使黄河中下游地区成为中华民族的发祥地。2019年9月18日，习近平总书记在河南郑州主持召开黄河流域生态保护和高质量发展座谈会并发表重要讲话，他明确指出，黄河文化是中华文明的重要组成部分，是中华民族的根和魂。同时强调，要推进黄河文化遗产的系统保护，深入挖掘黄河文化蕴含的时代价值，讲好"黄河故事"，延续历史文脉，坚定文化自信，为实现中华民族伟大复兴的中国梦凝聚精神力量。这一重要论断将黄河文化提升到民族复兴、文化自信的新高度，发出大力保护传承弘扬黄河文化的号召。

中原文化是黄河文化的最高体现和集中代表，是中华文明的主根主脉。在中国历史上，自上古有巢氏、燧人氏等时期一直至唐宋代，中原长期为中国的政治、经济、文化中心。中原文化在整个中华文明体系中具有发端和母体的地位。无论是口头相传的史前文明，还是有文字记载以来的文明肇造，都充分体现了这一点。从"盘古开天""女娲造人""三皇五帝""河图洛书"等神话传说，到对早期的裴李岗文化、仰韶文化、龙山文化以及二里头文化、殷墟遗址、周原遗址等的考古发掘，再到对秦汉古都、唐宋名城的兴衰见证，中原文化一脉相承、从未断绝。作为华夏文明标志的儒、道、墨、法等诸子思想也生成于中原。

黄河流域是华夏文明的起源地，"黄河宁，天下平"，黄河不仅是连接青藏高原、黄土高原、华北平原和渤海的天然生态廊道，其孕育的文化更是中华民族最具代表性和影响力的文化，是中华民族的根和魂。让我们怀着对黄河母亲的敬仰与依恋走入本区，共同领略中原大地的雄奇风光，探寻璀璨丰富的文化遗存。

第一节　概　况

黄河沃土华夏文明旅游区包括陕西、山西、河南、山东 4 个省份，总面积约 68.58 万平方千米，人口约 2.74 亿（截至 2023 年）。本区主要位于我国黄河中下游地区，是中华文明的发祥地，华夏民族的摇篮，历史悠久，人口稠密，交通便利。本区旅游资源种类非常丰富，且相对集中，以丰富多彩的人文历史景观为主，但也不乏驰名中外的山水名胜，人文与自然景观交相辉映，是我国的主要旅游区之一。

一、旅游自然地理环境

（一）地貌复杂，名山大川遍布

本区地貌类型复杂多样，包括高原、山地、丘陵、平原等，如秦晋高原、太行山地、秦巴山地、豫西山地、山东丘陵、关中平原、华北平原等。丰富的地貌类型造就了多姿多彩的自然风景名胜。中国的五岳名山中有四岳（西岳华山、北岳恒山、中岳嵩山、东岳泰山）都坐落于本区。

（二）河流众多，水资源分布不均

本区除山东省外均属内陆省份，境内河流分属长江、淮河、黄河、海河四大流域，以季节性河流为主，淡水资源总量不足且分布不均衡，人均水资源相对匮乏。除黄河壶口瀑布外，水景资源多集中于山东省境内，特别是济南市，名泉众多、水量丰沛，集中分布着久负盛名的趵突泉、黑虎泉、五龙潭、珍珠泉等十大泉群，号称泉城。此外，山东半岛三面环海，海洋资源得天独厚，日照、青岛等都是著名的滨海旅游胜地。

（三）四季分明，区域气候差异明显

本区位于中纬度暖温带气候区，以暖温带大陆性季风气候为主，四季分明。春早多风，夏热多雨，秋高气爽，冬寒少雪，春秋短暂，冬夏较长。本区有一条中国地理上最重要的南北分界线，即秦岭—淮河线，在此线南北两侧，无论是气候、河流、植被、土壤，还是人们的农业生产、生活方式都存在明显差异。

二、旅游人文地理环境

黄河中下游地区优越的自然条件使得中华民族的祖先最早在这里生存繁衍，孕育出了灿烂的华夏古文明，成为中华民族的摇篮，因此人文旅游资源极其丰富，构成了本区旅游资源的主体。

（一）遗址旅游追溯华夏源头

已发现的蓝田人和丁村人古人类化石遗址、半坡文化、仰韶文化、大汶口文化、龙

山文化遗址等见证了华夏祖先高度发达的原始文化；华夏始祖伏羲诞生于黄河支流渭水流域的天水，创八卦、教渔猎、造文字，在这里开创了人类的远古文明；黄帝出生在河南新郑（一说在山东寿丘），种五谷、兴文字、作干支，在这里开启了华夏文明，是解开中华远古文明源头的钥匙；夏朝二里头遗址、商朝殷墟遗址、周代周原遗址是我国奴隶社会文明的中心，"中国""中原"的概念由此形成。

（二）古城旅游感受帝都气象

在两千多年漫长的封建社会时期，"择中建都"成为绝大多数封建王朝的共识，我国八大古都中有五个分布在本区，其中洛阳、西安是十三朝古都，安阳、开封是七朝古都，郑州是夏商古都。在国家级历史文化名城中，本区占了近1/4。

（三）寻根祭祖凝聚中华儿女

中华民族的祖先安居于此，中华文化的传承肇始于此，祖先陵寝、帝王陵墓、名人墓葬也成为吸引华夏儿女凭吊追思的旅游资源，如黄帝陵、炎帝陵、秦始皇陵、昭陵、茂陵、宋陵和关林、孔林等。近年来，随着中华民族凝聚力的不断增强和海内外华人对中华文化的认同感、归属感日趋强烈，在名人陵墓旅游基础上逐渐发展出本区的一大特色旅游形式——寻根祭祖游，如河南和陕西的黄帝祭（拜）祖大典、山西洪洞大槐树寻根祭祖节、山东曲阜祭孔大典等。

三、风物特产概况

本区工艺品风格各异，种类繁多，做工精致，充满浓郁的地方特色和悠久的历史传承。如河南洛阳唐三彩、平顶山汝瓷、禹州钧瓷、开封汴绣，山东淄博陶器、潍坊风筝，陕西仿唐三彩、耀州青瓷，山西新绛澄泥砚、平遥推光漆器等。

本区特色饮食更是驰名中外。鲁菜是中国传统四大菜系中历史最悠久、技法最丰富、最见功力的菜系，是黄河流域烹饪文化的代表。此外，山西的老陈醋、刀削面，陕西的泡馍、臊子面、擀面皮，山东的扒鸡，河南的烩面、烧鸡、灌汤包等都是久负盛名的地方特色饮食。

第二节　陕西省

一、概况

陕西省，简称"陕"或"秦"，省会是西安市。位于中国腹地，黄河中游。全省总面积为20.56万平方千米，人口约3952万（截至2023年末）。陕西省地势呈南北高、中间低，由高原、山地、平原和盆地等多种地貌构成，北山和秦岭横断陕西，将全省分为黄土高原、关中平原和秦巴山区三部分，其中黄土高原占全省土地面积的40%。地跨黄河、长江两大水系，横跨中温带、暖温带和亚热带三个季风气候带。境内著名的自然旅游资源有华山、太白山、终南山、骊山、黄河壶口瀑布等。

历史上有西周、秦、汉、唐等 13 个政权相继在陕西建都，遗留有大批著名历史文化古迹，如黄帝陵、周王朝都城遗址、秦始皇陵及兵马俑坑、汉武帝茂陵、未央宫、大明宫遗址、法门寺地宫、乾陵、华清池、大雁塔、小雁塔、西安碑林、西安古城墙、延安革命纪念馆及其中国现代革命文物群等。

二、主要旅游文化胜地

（一）西岳华山

华山（Mount Hua），古称"西岳"，雅称"太华山"，为中国著名的五岳之一，位于陕西省渭南市华阴市，在省会西安以东 120 千米处。华山为秦岭支脉分水脊北侧的花岗岩石山，系一块完整硕大的花岗岩构成，其演化历史约为 27 亿年。由于花岗岩纵横节理发育及其容易受风化侵蚀的岩性特点，加上南北两大断层错动和东西两侧流水下切，造成华山倚天拔地、四面如削、断崖千尺、陡峭险峻的山势特点，被誉为"奇险天下第一山"。

华山共有五峰：东峰朝阳，西峰莲花，中峰玉女，南峰落雁，北峰云台。南峰（落雁峰）为太华极顶，海拔 2154.9 米；东峰（朝阳峰）是观日出最佳场所，西峰（莲花峰）山峰状如莲花，是华山风景最秀奇的山峰。全山景点多达 210 余处，著名的有玉泉院、华山峪、千尺幢、百尺峡、老君犁沟、苍龙岭、鹞子翻身、下棋亭、长空栈道、翠云宫、天下第一洞房等，其中位于东峰的"华岳仙掌"被列为关中八景之首。

华山是中华文明的发祥地。据清代著名学者章太炎考证，"中华"和"华夏"之"华"，就源于华山。华山也是道教全真派圣地，为道教"三十六洞天"中的"第四洞天"，有陈抟、郝大通、贺元希、孙思邈等著名的道教高人在此修行。巨灵神劈山助大禹治水、沉香"劈山救母"、萧史"吹箫引凤"等传说故事更是广为流传。

华山亦是留有无数名人足迹的文化名山。自隋唐以来，李白、杜甫等文人墨客咏华山的诗歌、碑记和游记不下千余篇，摩崖石刻多达上千处。自汉至清，不少学者曾隐居华山诸峪，开馆授徒。华山西岳庙是五岳中建制最早和面积最大的庙宇，有着"陕西故宫"和"五岳第一庙"之称誉，历史上有 56 位皇帝曾到此山巡游或举行祭祀活动。

（二）秦始皇陵

秦始皇陵（Mausoleum of the First Qin Emperor）是中国历史上第一位皇帝嬴政（公元前 259—前 210 年）的陵寝，位于陕西省西安市临潼区城东 5 千米处的骊山北麓。秦始皇陵是世界上规模最大、结构最奇特、内涵最丰富的帝王陵墓之一，充分展现了 2000 多年前中国古代汉族劳动人民的艺术才能，是中华民族的骄傲和宝贵财富。1987年 12 月，秦始皇陵及兵马俑坑被联合国教科文组织批准列入《世界遗产名录》。

秦始皇陵建于秦王政元年（公元前 247 年），秦二世二年（公元前 208 年）竣工，历时 39 年，动用人工达 70 余万人，是中国历史上第一座规模庞大、设计完善的帝王陵寝。皇陵有内外两重夯土城垣，象征着帝都咸阳的皇城和宫城。陵冢位于内城南部，呈覆斗形，现高 51 米，底边周长 1700 余米。据史料记载，秦陵中还建有各式宫殿，陈列着许多奇珍异宝。

秦陵四周分布着大量形制不同、内涵各异的陪葬坑和墓葬，已探明的有 400 多个，其中包括被誉为"世界第八大奇迹"的兵马俑坑。兵马俑坑位于秦陵陵园东侧 1500 米处。至今已发现三座，坐西向东，呈品字形排列。一号坑面积最大，达 14260 平方米；二号坑在一号坑的东北约 20 米；三号坑最小，位于二号坑西边。三座坑内有陶俑、陶马 8000 多件，还有 4 万多件青铜兵器。陶俑、陶马均按照真人马大小 1 : 1 制作，其面部神态、服饰、发型无一雷同，个个栩栩如生，形态逼真。陶俑刚出土时，其衣着、武器的颜色十分鲜艳，历经两千年威武不减，但出土后受空气氧化影响，数分钟内即渐渐剥落消失，只剩下一般大众印象中的陶土色。兵马俑陪葬坑堪称是世界最大的地下军事博物馆，由真人马大小陶俑组成的军队阵容齐整，装备完备，威风凛凛，气壮山河，是秦始皇当年浩荡大军的艺术再现，具有强烈的艺术感染力。

（三）大雁塔

大雁塔（Dayan Pagoda），位于陕西省西安市雁塔区大慈恩寺内，为一座七层方形佛塔，起初是唐代高僧玄奘为保存由天竺经丝绸之路带回长安的经卷佛像而建造的藏经砖塔，初称慈恩寺塔，后改称雁塔，后为与荐福寺内的小雁塔区别而改称大雁塔。

大雁塔通高 64.1 米，底层边长 25.5 米，以上各层逐渐收分，呈棱锥状。作为现存最早、规模最大的唐代四方楼阁式砖塔，是佛塔这种古印度佛寺的建筑形式随佛教传入中原地区，并融入华夏文化的典型物证，现已成为西安市内著名古迹及标志性建筑。除了保存从天竺取回的贝多罗树叶梵文经，大雁塔内还存有万余颗舍利子。唐代新科进士流行在塔壁签名留念，故"雁塔题名"一词也成为考取进士的别称。

2014 年 6 月，大雁塔连同小雁塔、兴教寺塔等作为由中国、哈萨克斯坦与吉尔吉斯斯坦跨国联合申报的"丝绸之路：长安—天山廊道的路网"项目遗址点，一同被列入《世界遗产名录》中。

【知识拓展】

小雁塔

小雁塔，位于陕西省西安市南郊荐福寺内，又称"荐福寺塔"，建于唐景龙年间，是为保存唐代高僧义净从天竺带回来的佛教经卷、佛图等而建，与大雁塔同为唐长安城保留至今的重要标志。小雁塔是中国早期方形密檐式砖塔的典型作品，原有 15 层，现存 13 层，高 43.4 米，塔形秀丽，是唐代佛教建筑艺术精品，也是佛教传入中原地区并融入汉族文化的标志性建筑。

小雁塔和荐福寺钟楼内金代铸造的古钟合称为"关中八景"之一的"雁塔晨钟"。

（四）西安碑林博物馆

西安碑林博物馆（Forest of Stone Steles Museum），位于陕西省西安市碑林区三学街文庙旧址，馆区由孔庙、碑林、石刻艺术室三部分组成，占地面积 31900 平方米，陈列面积 4900 平方米。是一座以收藏、研究和陈列历代碑石、墓志及石刻造像为主的地方专题性博物馆。因碑石丛立如林，故名"碑林"。

西安碑林始建于北宋哲宗元祐二年（1087 年），最初是漕运使吕大忠等人为保藏因唐末五代战乱而委弃市井的唐《石台孝经》《开成石经》及颜真卿、柳公权等所书的著名石碑而兴建的，经金、元、明、清、民国历代的维修及增建，规模不断扩大，藏石日益增多，1961 年被国务院列为全国第一批重点文物保护单位。截至 2019 年末，西安碑林博物馆藏品有 13568 件，其中珍贵文物 2281 件，数量为全国之最，藏品时代系列完整，时间跨度达 2000 多年。

碑林重要藏品包括唐《开成石经》、《石台孝经》、沙门怀仁集王羲之《大唐三藏圣教序碑》、颜真卿《多宝塔碑》、唐太宗"昭陵六骏"石刻、"天下第一名钟"景云钟等。

（五）延安革命纪念馆

延安革命纪念馆（Yan'an Revolutionary Memorial Hall）位于陕西省延安市延河之滨的王家坪，建成于 1950 年 7 月，是中华人民共和国成立后最早建成的革命纪念馆之一。2006 年 10 月，延安革命纪念馆拆除原馆，开始建设新馆。2009 年 8 月，新馆全面建成并免费对外开放。延安革命纪念馆新馆吸收了陕北民居的建筑元素，借鉴了杨家岭党的七大会址、陕甘宁边区大礼堂等革命旧址的建筑风格，融入了现代建筑理念，使延安特征和现代感巧妙结合，成为融纪念性、标志性、时代性和地域性为一体的精品工程。是全国爱国主义、革命传统和延安精神三大教育基地，全国廉政教育基地，国家一级博物馆，国家 5A 级旅游景区。

纪念馆占地面积 158665 平方米，建筑面积 29853 平方米，基本陈列面积为 10677 平方米。现拥有馆藏文物 3.6 万多件，历史照片 1 万余张，图书 3 万余册，调查访问资料百余卷，是一座集收藏、保护、展示、研究、宣传、教育于一体的革命纪念馆。

为了庆祝中国共产党成立 100 周年，延安革命纪念馆全面启动并顺利完成了第 10 次陈列提升改造工作，基本陈列《伟大历程——中共中央在延安十三年历史陈列》于 2021 年 6 月 30 日重新对外开放，以崭新风貌喜迎建党百年华诞。

该展览全面系统地展示了以毛泽东为核心的中共中央在延安和陕北十三年领导全国革命走向胜利的光辉历史。展览内容有红军长征胜利到陕北（雕塑）、整风学习、陕甘宁边区参议会、大生产、群星璀璨、干部学习、转战陕北（雕塑）、1973 周恩来回延安、组雕"旗帜"等场景 26 项，有直罗镇战役、瓦窑堡会议、红色电波、延安时期的对外交往、延安文艺座谈会、马兰纸动态制作流程等科技多媒体互动展项 40 余项。同时，延安革命纪念馆还设立了《铸魂——延安时期从严治党》《伟大长征 辉煌史诗》《强基——延安时期党的组织建设》《不忘来时路——庆祝中国共产党成立 100 周年特展》

四个大型专题展览。

70 多年来，延安革命纪念馆始终坚守初心，砥砺奋进，在宣传党中央在延安十三年的光辉历程、发扬革命传统、弘扬延安精神、传承红色基因等方面发挥了重要作用。

【知识拓展】

延安精神

延安精神是红色革命精神之一，是中国共产党创造的一种革命精神。因在革命圣地延安诞生，故名延安精神。主要内容包括：实事求是、理论联系实际的精神，全心全意为人民服务的精神和自力更生艰苦奋斗的精神。本质是解放思想、实事求是。延安是举世闻名的中国革命圣地。从 1935 年到 1948 年，中共中央和毛泽东同志在这里领导、指挥了抗日战争和解放战争，实现了马克思列宁主义同中国实际相结合的第一次历史性飞跃，诞生了毛泽东思想，奠定了中华人民共和国的基石。延安孕育的延安精神，是中国革命和建设的伟大的精神动力。2021 年 9 月，党中央批准了中央宣传部梳理的第一批纳入中国共产党人精神谱系的伟大精神，延安精神被纳入。

第三节　山西省

一、概况

山西，简称"晋"，别称"三晋"，省会太原市，位于黄河中游东岸。全省总面积 15.67 万平方千米，人口约为 3465.99 万人（截至 2023 年末）。

山西省地处黄土高原东翼，是典型的被黄土广泛覆盖的山地高原。地貌类型复杂多样，有山地、丘陵、高原、盆地、台地等，其中山地、丘陵面积占 80% 以上，境内东西两侧山峦叠嶂，丘陵起伏，中间则是盆地沉陷，沟壑纵横，总体呈现"两山夹一川"的"凹"字形态势。境内河流众多，达 1000 余条，分属黄河、海河两大水系，以季节性河流为主。著名的自然旅游资源有五台山、恒山、黄河壶口瀑布等。

山西亦是人类初曙起源地和华夏文明发祥地。早在 180 万年前的旧石器时代早期这里就有类人猿活动的遗迹，山西临汾陶寺遗址（帝尧都城）的发现，更是直接实证了中华上下五千年的文明史。悠久的历史在山西境内留下了丰富多彩的人文景观，如五台山佛教寺庙群、大同云冈石窟、恒山悬空寺、晋中平遥古城、应县木塔、解州关帝庙、晋城皇城相府、祁县乔家大院、太原晋祠等。

二、主要旅游文化胜地

（一）五台山

五台山（Mount Wutai）位于山西省忻州市五台县东北部，为中国佛教四大名山之首，有"金五台"之称。现为国家5A级旅游景区、国家重点风景名胜区、国家地质公园。2004年被评为中华十大名山，2009年6月被列入世界文化遗产。

五台山地质古老，地貌奇特，是一座由超过25亿年历史的古老地层构成的山脉。在漫长的地质演进过程中，形成了一系列奇特的古夷平面、冰川、冰缘地貌和独特的高山草甸景观，被誉为"中国地质博物馆"。五台山并非一座独立的山峰，而是由太行山系北端的一系列山峰群组成，景区总面积达2837平方千米。核心景区以台怀镇为中心，周围环绕着五座高峰：东台望海峰、西台挂月峰、南台锦绣峰、北台叶斗峰、中台翠岩峰。五峰高耸入云，海拔均在2000米以上，山顶多为草地所覆盖，并无林木，且地势平坦，远望宛如垒土之台，故称五台。其中北台叶斗峰海拔3058米，是华北地区最高峰，被称为"华北屋脊"。由于海拔较高，山中终年气候寒冷，全年平均气温在–5～10℃，故又有"清凉山"之称。

五台山是佛教中文殊菩萨的道场，也是中国唯一一个青庙（汉传佛教寺庙）黄庙（藏传佛教寺庙）交相辉映的佛教道场，汉蒙藏等各族信众在此和谐共处。五台山佛教信仰始于东汉汉明帝时期，印度僧人竺法兰、迦叶摩腾在这里建成了五台山的第一座寺院（也是中国最早的寺院之一）——大孚灵鹫寺，也是今天显通寺的前身。之后其逐渐发展成为中国佛教中心，全山佛寺最多时达到三百余所（唐代）。目前尚存宗教活动场所共86处，多为敕建寺院，历代多位帝王曾前来朝拜，著名的有显通寺、塔院寺、罗睺寺、殊像寺、菩萨顶、南山寺、黛螺顶、广济寺、万佛阁等，其中建于塔院寺内的高达75米的尼泊尔式大白塔已成为五台山的标志。

（二）云冈石窟

云冈石窟（Yungang Grottoes），位于山西省大同市西郊17千米处的武周山南麓，因武周山最高处称云冈，故名云冈石窟。石窟依山开凿，东西绵延约1千米。现存主要洞窟45个，大小窟龛252个，石雕造像51000余躯，雕刻面积达18000余平方米，为中国规模最大的古代石窟群之一，与敦煌莫高窟、洛阳龙门石窟和天水麦积山石窟并称为中国四大石窟艺术宝库，也是世界闻名的石雕艺术宝库之一。云冈石窟于2001年12月入选《世界遗产名录》。

云冈石窟开凿于北魏兴安二年（公元453年）到太和十九年（公元495年）间，是中国第一处由皇家主持开凿的大型石窟群。整个窟群按开凿时间顺序可分中、东、西三部分。中部"昙曜五窟"是云冈开凿最早、气魄最大的窟群；东部的石窟多以佛塔为主，又称塔洞；西部窟群时代较晚，大多是北魏孝文帝迁都洛阳后的作品。

早期石窟：又称"昙曜五窟"（今编号16—20窟），开凿于公元460—465年，是北魏文成帝令沙门统昙曜在五周山上开凿的云冈石窟第一期工程。洞窟平面呈椭圆形，窟内正中都雕刻有巨大的如来佛像，以此象征北魏初期的五代帝王。造像风格有着浓郁的犍陀罗艺术色彩，佛像形态也带有明显外来风格：斜披袈裟、高鼻深目、瘦骨清像等。"昙曜五窟"规模宏伟，雕饰瑰丽，技法熟练，堪称云冈艺术之精华。

中期石窟：这一时期的石窟开凿于公元465—494年，大约是文成帝死后到孝文帝迁都洛阳之前的时期，这期间佛教在北魏发展迅速，云冈石窟的开凿也一度达到了巅峰，表现为洞窟的结构更加复杂，造像内容也更加丰富，除了释迦、弥勒等主要佛像，还出现了本生、佛传、七佛和普贤菩萨以及供养天人等形象。佛像的形貌衣饰也较早期有了较大变化：脸型圆润，褒衣博带，反映出孝文帝时期提倡汉化的倾向。

　　晚期石窟：孝文帝迁都洛阳以后，云冈地区大型窟龛的开凿明显减少，但是中小型窟龛的数量却急剧增多，窟中还有世俗男女供养人排列于龛下，表明迁洛以后的北魏晚期，佛教在这一地区的中下阶层蔓延开来，石窟开凿的目的多是为了祈求平安及超度亡者。

（三）平遥古城

　　平遥古城（Ancient City of Ping Yao），位于山西省晋中市平遥县，始建于公元前827—前782年间的周宣王时期，明朝初年为防外族侵扰而扩建城墙，清康熙年间又四面加筑城楼，始成今日之规模。至今古城依然完好地保留着明清时期县城的基本格局，与安徽徽州古城、四川阆中古城、云南丽江古城并称为"中国四大古城"。1997年12月，平遥古城以及位于城郊的镇国寺和双林寺被联合国教科文组织列入世界文化遗产。

　　平遥古城是现今保存完整的汉民族城市的杰出范例。其整体布局严谨，设计科学，体现了明清时期城市规划理念和形制分布。古城外围被一条周长6162米、高10米的巨大砖石城墙包裹。城墙平面呈方形，共有六座城门：南北各一，东西各二，城门外又建瓮城，极大增强了城墙的防御能力。城门、城墙和城内阡陌纵横的街道组合起来，仿佛一只巨大的"乌龟"，坚不可摧又寿命久长，故又有"龟城"之称。

　　城市中，四大街、八小街、七十二条蚰蜒巷纵横交错，井然有序，组成了一个巨大便捷的交通网络。以南大街为中轴线，城隍庙、县衙、文庙、武庙、道观、佛寺等主要建筑对称分布于城市东西两侧。其中位于古城中心的平遥县衙距今已有六百多年的历史，是全国现存规模最大的县衙，中国四大古衙之一。

　　古城中有保存完整的各类民居建筑4000余座，其规模堪称国内之最。建筑布局严谨、中轴对称，庭院深深、主次分明，是封建社会时期儒家伦理纲常思想的直接体现。精巧的三雕（木雕、砖雕、石雕）和各色窗花剪纸装饰点缀其间，带有浓郁的生活气息。古城内商铺鳞次栉比，繁华依旧，展现出一幅明清时期古城人民安居乐业的生活画卷。

　　平遥古城还是清朝晚期中国的金融中心。位于古城西大街的日升昌票号，是中国最早的民营银行代表，鼎盛时期曾一度控制了整个清王朝的经济命脉，其分号遍布全国，号称"汇通天下"。

　　【知识拓展】

镇国寺与双林寺

　　镇国寺，位于山西省平遥县城东北15千米处，创建于距今一千多年前的五代时期。寺院占地面积10892平方米，由两进院落构成，其中位于前院正中的万佛殿是全寺的精华所在。此殿始建于五代时期，结构奇特，别具一格，庞大的单檐歇山式屋顶形如巨伞覆盖在正方形的殿宇主体上，造型夸张却能屹立千年不倒，是我国现存古老的木结构建筑之一。

双林寺，位于山西省平遥县西南 6 千米处，创建年代久远，难以确考，但至少也有 1400 余年的历史。寺中不乏唐槐、宋碑、明钟、壁画等珍贵历史遗迹，但最令人叹为观止的是寺内各殿中保存完好的 2000 余尊佛教彩塑作品。这些彩塑年代跨度大，表现手法多样，技艺精湛，生动传神，是中国元、明彩塑的精华所在。

1997 年 12 月，镇国寺和双林寺作为平遥古城历史遗迹的重要组成部分，被列入世界文化遗产。

（四）北岳恒山

恒山（Mountain Hengshan）位于山西省大同市浑源县城南 4 千米处，是五岳名山之北岳。恒山风景名胜区，是国务院首批公布的"国家级重点风景名胜区"之一。

恒山是历次地壳升降运动形成的一座断层山，岩层为古老的寒武纪奥陶系石灰岩，距今已有五亿年。恒山山脉东西绵延五百里，锦绣 108 峰，叠嶂拔峙，横亘塞上。主峰天峰岭海拔 2016.1 米，与翠屏峰东西对峙，自古为兵家必争之地。登上恒山，苍松翠柏、奇花异草、怪石幽洞构成了著名的恒山十八景。果老岭、姑嫂岩、飞石窟、虎风口、大字湾等处，充满了神奇色彩。悬根松、紫芝峪、苦甜井更是恒山自然景观中的奇迹。景区所在地浑源县四季分明，年平均温度为 6.1℃，7 月最热，平均 21.6℃，是避暑的理想之地。

悬空寺是恒山景区内的著名景点，全国重点文物保护单位。悬空寺始建于 1500 多年前的北魏王朝后期，距地面高约 90 米，处于深山峡谷的一个小盆地内，全身悬挂于石崖中间，石崖顶峰突出部分好像一把伞，使古寺免受雨水冲刷；山下的洪水泛滥时，也免于被淹。四周的大山也减少了阳光的照射时间。优越的地理位置是悬空寺能完好保存的重要原因之一。

【知识拓展】

"北岳"之争

关于"北岳"的位置，历史上一直存在不同的认识。事实上，从汉宣帝正式下诏书册封"五岳"之名直至明朝中后期，所谓北岳恒山指的是今河北曲阳县的大茂山。由于历史原因，直至明朝末年，嘉靖皇帝才决定改山西浑源恒山为"北岳"并沿用至今。

第四节　河南省

一、概况

河南省，简称"豫"，省会是郑州市，位于黄河中下游，因其大部分土地位于黄河中下游以南地区，故名"河南"。河南省区位优势明显，古时就号称"天地之中"，承东启西，衔北望南，是我国重要的综合交通枢纽和人流物流信息流中心。全省总面积16.7万平方千米，人口约9815万（截至2023年末）。

河南省地势西高东低，豫北、西、南均为山地，北部太行山、西部伏牛山、南部桐柏山和王屋山呈半环形分布，豫中、东部地区为大面积的冲积平原，西南部是南阳盆地。河南地跨长江、淮河、黄河、海河四大流域。境内河流虽多，但人均水资源相对匮乏。河南大部属大陆性季风气候，四季分明。著名的自然风景名胜有嵩山、王屋山、云台山、伏牛山等。

河南是中华民族和华夏文明的重要发祥地，历史悠久、文化灿烂。原始社会代表文化有裴李岗文化和龙山文化。中华民族的人文始祖黄帝诞生在今河南新郑，中华文明的起源、文字的发明、城市的形成和统一国家的建立，都与河南有着密不可分的关系。在上下5000年中华文明史中，河南作为国家的政治、经济、文化中心长达3000多年，先后有20多个朝代、200多个帝王在此建都执政。中国八大古都，河南就占了四个：十三朝古都洛阳、八朝古都开封、七朝古都安阳、夏商古都郑州。

二、主要旅游文化胜地

（一）龙门石窟

龙门石窟（Longmen Grottoes）位于河南省洛阳市南郊伊河两岸的龙门山与香山上，南北绵延约1千米。现存洞窟像龛2345个，造像11万余尊，是目前世界上造像最多、规模最大的佛教石刻艺术宝库，代表了中国石刻艺术的最高峰。石窟自北魏孝文帝迁都洛阳开始营建，历经北魏、东魏、西魏、北齐、隋、唐、五代、宋、明、清等10多个朝代，历时长达1400余年，堪称世界上营造时间最长的石窟。2000年，龙门石窟被列入世界文化遗产。

龙门石窟群在两山均有分布，以西山（龙门山）石窟规模更大，窟龛也更多。代表性石窟有开凿于北魏时期的古阳洞、宾阳中洞、莲花洞、火烧洞、慈香窑、路洞等，以及开凿于隋唐时期的大卢舍那像龛、潜溪寺、宾阳南洞和北洞、敬善寺、摩崖三佛龛、万佛洞等，其中又以奉先寺大卢舍那像龛为诸窟之最。

大卢舍那像龛开凿于唐高宗初年，共九尊佛造像。中间主佛为卢舍那大佛，据说是以武则天的容貌仪表为蓝本雕刻而成，通高17.14米，头高4米，耳朵长达1.9米，身着通肩式袈裟，面部丰满圆润，头顶为波状发纹，眉如新月，目视下方，鼻直口小，面露微笑，整体雍容大度、气宇非凡，极具艺术感染力。主佛两侧是其两大弟子迦叶和阿难，继而为文殊、普贤二菩萨，再外侧为二天王、二力士。这组造像是龙门石窟规模最大、技艺最精湛的一组摩崖群雕。无论是表现手法还是雕刻技艺都雄踞于中国石刻艺术的巅峰，展现了大唐帝国无与伦比的艺术成就和强大国力，令人叹为观止。

东山石窟则全是唐代窟龛，代表性窟龛如二莲花洞、看经寺洞、大万伍佛洞、高平郡王洞等。除窟龛外，龙门东山还有一著名寺院——香山寺，该寺始建于北魏516年，武周时期扩建并敕名为香山寺，并留下"香山赋诗夺锦袍"的一段佳话，故龙门东山也称"香山"。后经白居易捐资重修并撰写《修香山寺记》而名声大噪，白居易亦自号"香山居士"。清乾隆皇帝曾巡游至此并称颂其"龙门凡十寺，第一数香山"。

【知识拓展】

龙门石窟药方洞

药方洞位于龙门西山奉先寺和古阳洞之间，开凿于北魏晚期，是龙门石窟中唯一具有北齐风格的大型石窟。因窟门刻有 147 个唐代药方而得名。这些药方涉及内科、外科、妇科、儿科、五官科、神经科等，所用药物多达 120 余种，且大多是民间常见的植物、动物或矿物药，在很大程度上方便了老百姓。这是我国现存最早的石刻药方，是唐代初年我国中医药学的珍贵遗产。

（二）殷墟

殷墟（Yin Xu），位于河南省安阳市西北郊的洹河两岸，以小屯村为中心，面积约 30 平方千米。是中国商朝后期的都城遗址，因商王盘庚迁都于此，号之曰殷，后武王伐纣，逐渐沦为废墟，故名殷墟。殷墟是中国历史上第一个有文献可考、并为考古学和甲骨文所证实的都城遗址，是考古学和史学研究的一块重要基石，正是有了殷墟的发现，才使记载于《史记·殷本纪》的商王朝成为信史。2006 年 7 月，安阳殷墟遗址被联合国教科文组织列入《世界遗产名录》。

商代早期，统治者迁都频繁，自公元前 1300 年商王盘庚迁都至殷，商朝都城方才固定下来，直至帝辛（即纣王）亡国，故商朝亦称殷商。目前所探明的殷墟长宽约 6 千米，总面积约 36 平方千米，洹河从中间穿过。殷墟由宫殿宗庙遗址、王陵遗址、洹北商城遗址等三个部分构成，大致可分为宫殿区、王陵区、一般墓葬区、手工业作坊区、平民居住区和奴隶居住区。

自殷墟科学发掘以来，出土文物极多，其中已出土甲骨文 15 万片，陶器数万件，青铜礼器约 1500 件、青铜兵器约 3500 件，玉器约 2600 件，石器 6500 件以上，骨器 3 万多件。包括有"镇国之宝"之称的已知世界最大青铜器"后母戊鼎"、河南省博物院九大镇院之宝之一"妇好鸮尊"等。

【知识拓展】

殷墟与甲骨文

殷墟的发现与已知中国最早的文字——甲骨文的发现和考证密切相关。1899 年，清代金石学家王懿荣偶然发现北京一些中药店所售中药"龙骨"（古代大型哺乳类动物的骨骼化石）上刻有无法识别的古老文字，进而考证出这些正是商代文字"甲骨文"。后经学者罗振玉、王国维等进一步考证研究，最终证实安阳小屯村就是盘庚迁都的都城"殷"。

目前已发现的有字甲骨大约 15 万片，有不相重复的单字 4500 个左右，已考证识别出来的仅有 1700 多个。正是甲骨文的发现和研究，将中国有文字记载的可信历史提前到商朝。甲骨文堪称中国文字鼻祖，现代的汉字就是从甲骨文中演变而来的。对于甲骨的研究，也催生出一门新的学科——甲骨学。

（三）登封"天地之中"历史建筑群

登封"天地之中"历史建筑群（Historic Monuments of Dengfeng in "The Centre of Heaven and Earth"），是指在古人以中原为天地中心的理念下产生的，以中岳嵩山为背景的，分布在河南省登封市境内的 8 处 11 项优秀历史建筑。这些建筑营造时间历经汉、魏、唐、宋、元、明、清七个朝代，从不同角度诠释了中国佛、道、儒等主流思想对"天地之中"这一独特宇宙观和审美观的共同认知，构成了一部中原地区上下 2000 年建筑史，是中国跨度最长、建筑种类最多、文化内涵最丰富的古代建筑群。2010 年 8 月，登封"天地之中"历史建筑群被联合国世界遗产委员会评为世界文化遗产。

登封"天地之中"历史建筑群包括周公测景台和登封观星台、嵩岳寺塔、太室阙和中岳庙、少室阙、启母阙、嵩阳书院、会善寺、少林寺建筑群（包括常住院、塔林和初祖庵）等，共 8 处 11 项优秀历史建筑。

1. 周公测景台和登封观星台　周公测景台和登封观星台是"天地之中"宇宙观形成的最直接、最具说服力的证据。周公测景台最早是西周（约公元前 1037 年）为测日影定地中而建的土圭，唐代（公元 723 年）在其旧址仿旧制建成了留存现在的石圭测景台。观星台为元代（1276 年）天文学家郭守敬主持建造，由盘旋踏道环绕的台体和自台北壁凹槽内向北平铺的石圭两个部分组成，因其独特的设计而成为元代天文学高度发达的历史见证。登封观星台是当时 27 个天文观测站的中心观测点，见证了当时世界上最先进的历法——《授时历》的诞生，是中国现存最古老的天文台，也是世界上现存最早的观测天象的建筑之一。周公测景台和登封观星台充分验证了"天地之中"的信仰，是科学、宗教与政治相互作用的产物。

2. 嵩岳寺塔　嵩岳寺塔建于北魏正光年间（公元 520—525 年），是一座 15 层的密檐式砖塔，平面呈十二边形，通高 37 米，由基台、塔身、15 层叠涩砖檐和塔刹组成。作为密檐式塔的鼻祖，在佛塔的类型上有极大的开创性，是中国建筑艺术和西域建筑交流的见证，是中国现存年代最久的佛塔。它代表了东亚地区同类建筑的初创与典范，在世界建筑史上具有不可替代的地位，是佛教通过在"天地之中"传播而确保并扩大其影响力的建筑实物见证。

3. 少林寺常住院、塔林和初祖庵　少林寺常住院是少林寺的核心，始建于北魏太和十九年（公元 495 年），宽 160 米，长 360 余米，占地面积约 57600 平方米，共七进院落。寺内现存明、清建筑 30 余座。五百罗汉朝毗卢、少林拳谱、十三棍僧救秦王等壁画及 174 品碑碣等文物是极为珍贵的实物资料。作为佛教禅宗祖庭和少林武术的发源地，少林寺承载着中外文化的交流、融合、创新与发展。

少林寺塔林是少林寺历代和尚的墓地，保存了公元 689 年至 1803 年间的砖石墓塔 241 座和现代塔 2 座，种类繁多，制式多样且数量惊人，是中国现有古塔数量最多的墓塔林，是综合研究中国建筑发展史、雕刻艺术发展史和宗教发展史的实物资料宝库，被誉为"中国古塔艺术博物馆"。

少林寺初祖庵是为纪念佛教东方禅宗的创始人——南亚高僧达摩而建，除了它影响深远、广泛的宗教历史意义之外，其建筑还是国内屈指可数的完整的宋代（公元 960—1279 年）砖木建筑精品之一，更是中国砖木结构建筑宝典——宋代《营造法式》颁布后最初的珍贵实证。

少林寺建筑群（塔林、初祖庵、常住院）见证了佛教通过在"天地之中"的传播，加强、巩固其影响力，并由此形成了中国最大的禅宗教派。

4. 会善寺 会善寺始建于北魏孝文帝时期（公元 471—499 年），是古代嵩山地区僧人的授戒中心。现存二进二院，西院 11 座建筑，东院 7 座，多为元、明、清时期建筑，其中大雄宝殿创建于元代，其建筑出檐深远，斗栱硕大，是嵩山地区仅存的元代木结构建筑。

会善寺是唐代著名天文学家一行和尚的出家修行之所，是佛教参与天文活动、参与中国古代宇宙观演化史研究的见证。

5. 嵩阳书院 嵩阳书院前身为建于北魏太和八年（公元 484 年）的嵩阳寺，宋景祐二年重修太室书院时赐名嵩阳书院，并设院长掌理院务。是宋代程朱理学的策源地。嵩阳书院占地面积 10084.4 平方米，由南向北共分五进院落，现存清代建筑 26 座 108 间，规划布局和实物留存独具特色，对研究我国古代书院建筑、教育制度以及儒家文化具有重要意义。

6. 汉三阙 建于公元 2 世纪的汉三阙，又称东汉三阙，即太室阙、少室阙、启母阙，是中国现存最古老的国家级礼制建筑遗存。其中太室阙是中岳庙前的神道阙，少室阙为汉代少室山庙前的神道阙，启母阙是启母庙前的神道阙。汉三阙雕刻精美，线条流畅，体现出无可取代的艺术、建筑、历史价值，是研究建筑史、美术史和东汉社会史的珍贵资料。

汉三阙是建于"天地之中"的古代都城选址登封地区的遗迹证明，证实了早期人类对"天地之中"的信仰。

7. 中岳庙 中岳庙始建于秦（公元前 221—前 207 年），经清代皇家重修后，一跃成为中州祠宇之冠，总面积近 11 万平方米，共有 7 进 11 层建筑，有殿、宫、楼、阁等建筑 39 座近 400 间，规模宏大，布局严整。庙内还有古代碑刻 73 品，汉代至清代的古柏 330 多棵。是中国道教建筑最完整的代表作。庙内的建筑和碑石是研究魏书书法、道教历史和中岳庙宗教历史的重要实物资料。

（四）张仲景博物院（医圣祠）

张仲景博物院原名医圣祠，坐落在河南南阳城东温凉河畔，是我国东汉时期伟大的医学家、"医圣"张仲景的墓祠纪念地。

张仲景博物院坐北朝南，总占地面积 11429 平方米，是一组具有汉代艺术风格的建筑群，大门前一对汉风子母阙巍然耸立，阙上彩绘朱雀翩翩欲飞，大门上方"医圣祠"

三字为郭沫若先生题写，大门内十米许为张仲景墓；正院有山门、中殿、两庑；偏院有医圣井、医圣桥、素问亭、荷花池、历代名医塑像等，馆藏器具文物 104 件（套），古籍书刊文献 1 万余册。

2021 年 5 月 12 日，习近平总书记亲临医圣祠考察，在深入了解"医圣"张仲景生平及其对中医药发展作出的贡献后，他着重指出："我们要发展中医药，注重用现代科学解读中医药学原理，走中西医结合的道路。"为传承发展中医药理论、弘扬中医药文化指明了方向。

【知识拓展】

张仲景与《伤寒杂病论》

张仲景，名机，字仲景，东汉南阳郡涅阳人，东汉末年医学家。曾因举孝廉任长沙太守，故后人亦称其张长沙。

张仲景医德高尚，医术高超，据说其任长沙太守期间常在衙门大堂上为百姓看病，留下了"坐堂医"的美誉。他"勤求古训""博采众方"，写出了传世巨著《伤寒杂病论》。张仲景在《伤寒杂病论》中确立"六经辨伤寒、脏腑论杂病"的"辨证论治"治疗原则，是中医临床的基本原则，也是中医的特色和灵魂所在，被后世医家奉为圭臬。在方剂学方面，《伤寒杂病论》也作出了巨大贡献，创造了很多剂型，记载了大量有效的方剂。这些方剂以"简便廉验"著称于世，至今仍在世界范围内广泛应用，被后人奉为"经方"。

《伤寒杂病论》是中国第一部从理论到实践、理法方药具备的医学专著，是中国医学史上影响最大的著作之一，与《黄帝内经》《难经》《神农本草经》并称中医四大经典。是构成中医药理论体系的基石，一直受到历代医学家的推崇，是后学者研习中医的必读著作。

第五节　山东省

一、概况

山东省，简称"鲁"，别称"齐鲁"，省会济南市，位于中国东部沿海、黄河下游，全省陆域面积 15.58 万平方千米，人口约 10152.7 万（截至 2023 年末）。

山东地形中部山地突起，西南、西北低洼平坦，东部缓丘起伏，形成以山地丘陵为骨架、平原盆地交错环列其间的地形大势。山东水系发达，分属黄河、淮河、海河三大流域，但淡水资源总量不足且分布不均衡。山东半岛三面环海，大陆海岸线 3345 千米，约为全国的 1/6，海洋资源得天独厚，对虾、扇贝、鲍鱼、刺参、海胆等海珍品的产量均居全国首位。山东还是我国重要的海盐产地之一。山东省气候温和，雨量集中，四季分明，属于暖温带季风气候。

山东是中华民族古老文明发源地之一。原始社会末期的大汶口文化、龙山文化都是在山东首先发现的。山东地域文化为齐鲁文化，源于西周时期分封于此的齐、鲁两国，至春秋战国时期逐渐发展出的以孔孟思想为代表的儒家思想文化，成为后来中国社会框架与价值观的基石。山东旅游资源丰富，既有以青岛、烟台、威海为代表的海滨风光旅游，也有以济南、泰安、曲阜为特色的人文历史旅游。中国四大菜系之一的鲁菜，更以其选材广泛，精工细作成为北方菜系的代表，吸引着八方来客。

二、主要旅游文化胜地

（一）东岳泰山

泰山（Mount Tai）又名岱山、岱宗，位于山东省中部的泰安市，坐落在华北大平原东缘的齐鲁丘陵上，景区面积 400 多平方千米，主峰玉皇顶海拔 1532.7 米，为山东境内最高点。泰山为五岳之首，号称"五岳独尊"，被视为中华民族伟岸高大的象征，是中国人心目中的圣山。1987 年，泰山被联合国教科文组织评为世界文化与自然双重遗产。

泰山区域地层古老，主要由混合岩、混合花岗岩及各种片麻岩等几种古老岩石构成，距今 24 亿～25 亿年，属于太古代岩类。经历了漫长而又复杂的演化过程形成了今天层峦叠嶂、凌空高耸的巍峨之势，尤其南坡，山势陡峻，主峰突兀，气势磅礴，被古人视为"直通帝座"的天堂。泰山动植物资源丰富，植被覆盖率 78%，百年以上的古树名木就有 1 万多株，药用植物有 448 种，何首乌、黄精、四叶参和紫草被誉为泰山四大名药。

泰山不仅是风景名山，更是一座人文历史悠久的文化圣山，早在原始社会时期，泰山附近就已经出现了以北辛文化（约 7300 年前）、大汶口文化（6300—4400 年前）和龙山文化（4400—3900 年前）等为代表的早期人类文明的曙光，并出现了一种名为"柴望"的祭祀天地山川仪式，即后来封建帝王封禅泰山活动的雏形。自秦始皇开始到清代，先后有 13 代帝王亲登泰山封禅或祭祀，另有 24 代帝王遣官祭祀 72 次。历代文人雅士和佛道信众更是在泰山上留下了 20 余处宫观庙宇建筑群和 2200 余处碑碣石刻。这些人文景观集中分布在帝王封禅的轴线上，即从泰安西南祭地的社首山、蒿里山至泰山脚下泰安城中的岱庙，再到登山的主线路一天门、中天门、南天门，直至帝王告天的玉皇顶，形成"地府""人间""天堂"三重层层递进的空间。

历经数千年的积淀，泰山自然景观与帝王封禅、宗教神话、书画意境、诗文渲染、工匠艺术及科学考察等人文因素深度融合，构成了庞大的泰山美学文化。"泰山安，四海皆安"，作为五岳之首的泰山俨然已成为中华民族的符号和象征。

（二）曲阜三孔

三孔（Temple and cemetery of Confucius and residence of the Kong family at Qufu）是指位于山东曲阜市内的孔庙、孔府、孔林。孔庙，是祭祀孔子的庙宇；孔府，是孔子嫡裔子孙世代居住的官邸；孔林，是孔子及其家族的专用墓地。三孔是中国封建社会统治阶级为纪念中国古代伟大的思想家、政治家、教育家，儒家学派创始人孔子，并借此推崇和弘扬儒学思想而建造的一组宏大的古代建筑群，以丰厚的文化积淀、悠久的历史、宏大的规模、丰富的文物珍藏，以及科学艺术价值而著称。1994 年被联合国世界遗产委员会列入《世界遗产名录》。

1. 孔庙　位于山东曲阜市中心鼓楼西侧 300 米处，是祭祀孔子的庙宇，始建于鲁哀公十七年（前 478 年），即孔子死后第二年，最初是孔子生前的故所居堂。后经历代统治者大小数百次重修扩建，始成今日之规模。

今孔庙占地 14 万平方米，坐北朝南，仿明清皇宫建制，前后共九进院落，主要建筑贯穿在一条长达 0.7 千米的南北中轴线上，左右对称，布局严谨。共有五殿、一祠、一阁、一坛、两堂、十七碑亭、五十三门坊，计有殿庑 466 间。孔庙最著名建筑有棂星门、圣时门、弘道门、大中门、奎文阁、十三碑亭、大成门、杏坛、大成殿及两庑、寝殿和圣迹殿等。

大成殿是孔庙的主体建筑，是祭祀孔子的中心场所。大殿建在高 2 米，面积约 1836 平方米的巨型须弥座台基上，面阔九间，进深五间，高 32 米，黄瓦飞檐、雕梁画栋、巍峨壮观。特别是大殿前檐下十根深浮雕盘龙石柱，每根石柱上均雕刻二龙戏珠纹饰，栩栩如生，似欲脱柱飞腾，精美绝伦。殿内高悬清朝乾隆皇帝手书"万世师表""斯文在兹"等十方巨匾及三副楹联，殿内正中供奉着孔子的塑像，两旁是其弟子"四配""十二哲"等像。大成殿其规格之高，建筑之精美，世所罕有，与故宫太和殿、岱庙天贶殿并称为东方三大殿。

2. 孔府　又称衍圣公府，位于山东曲阜市孔庙的东侧，是孔子直系后裔、世袭衍圣公居住的府第。洪武十年（1377 年）始建，弘治十六年（1503 年）重修，占地约 240 亩。

孔子死后，其后裔在孔子故宅中奉祀孔子，依庙建宅。随着儒家思想在封建社会地位的日益提升，孔子后裔亦受到历代统治阶级的重视和礼遇，不断加官晋爵、赐宅封地。至宋仁宗时，封孔子嫡系后裔为"世袭衍圣公"，另建新第，称衍圣公府。明洪武十年（1377 年），明太祖朱元璋特命在阙里故宅以东重建衍圣公府，奠定了今日孔府之基础。

现今的孔府基本上保留了明、清两代的建筑，包括厅、堂、楼、轩等 463 间，共九进院落，保留着中国封建社会典型的官衙与内宅合一的建筑格局，是一座典型的中国贵族府邸，号称"天下第一人家"。建筑可分为前堂和后宅，前堂即官衙，是衍圣公处理公务的地方。历代衍圣公均为正一品官阶，列文官首，享有较大特权；后府即内宅，是衍圣公及其眷属居住生活的地方，内宅后还有一座花园，名铁山园。

孔府内保存有大量珍贵的历史文物，比较著名的有清乾隆皇帝赏赐的"商周十供"，元代七梁冠等。此外孔府还藏有自明嘉靖十三年（1534 年）至民国三十七年（1948 年）的文书档案，是目前中国保存最完整，时间跨度最长的私家档案，在世界范围内也是绝无仅有的，具有珍贵的历史研究价值。

3. 孔林　又称至圣林，位于山东曲阜市城北 1.5 千米处，是孔子及其后裔的家族墓地，也是世界上延续时间最长的家族墓地。孔林占地面积近 200 万平方米，计 10 万余座坟冢，仅林墙周长就达 7 千米。据说孔子死后，其弟子从四面八方带来全国各地树种种植于此，经过历代扩建，目前孔林内有各种树木十万余株，成为我国最大的一座人工园林。

孔子墓位于孔林中部，东西 30 米，南北 28 米，高 5 米。墓前石碑二通，前碑上有明人黄养正篆书"大成至圣文宣王墓"，后碑上有孔子五十一代孙孔元措篆书"宣圣墓"，四周为砖砌花楔围墙。孔子墓东边为其子孔鲤墓；前为其孙孔伋（子思）墓。此种特殊墓穴布局称为"携子抱孙"。时至今日，每天来孔子墓前祭拜追思之人仍络绎不绝。

【知识拓展】

孔子

孔子（公元前 551—前 479 年），名丘，字仲尼，春秋时期鲁国（今山东省曲阜市）人，中国古代伟大的思想家、政治家、教育家，儒家学派创始人。

孔子出身贵族，但出生时已家道中落，加之早年丧父，自小便随母亲过着清贫的生活。孔子少年便立志于学问，并逐渐构建起以"仁"为核心的道德学说，以"礼乐"与"仁"为核心政治的学说，以"重义轻利"与"富民"思想为核心的经济学说。这些思想虽然在当时未受到统治者的重视，但在他死后却逐渐形成了影响整个中国思想、政治和社会体系的儒家学说，成为中国文化的基石。

孔子还是一个伟大的教育家，他提倡"有教无类"的全民教育，"因材施教"的个性化教学，"敏而好学不耻下问""温故而知新""举一反三"及学习与思考相结合的学习方法，"知之为知之"的学习态度，"学而优则仕""学以致用"的教育目的。通过言传身教，他一生中培养出"三千弟子，七十二贤人"，成为传承他儒家思想衣钵的重要力量。

孔子晚年曾修订《诗》《书》《礼》《乐》《易》《春秋》。他去世后，其弟子及再传弟子把他和他弟子的言行记录下来，编纂成《论语》。这些著作都成为历代文人必读的儒家经典。

正是由于孔子及其儒家思想对中国社会各方面的深刻影响，使得他被尊奉为"天纵之圣""大成至圣先师""万世师表"，为每一个中国人所铭记。

【本章小结】

黄河沃土华夏文明旅游区名山众多，河海兼具，自然景观雄奇壮丽。作为华夏文明的发祥地，悠久的历史和灿烂的文化在本区遗留下不胜枚举的文物古迹和历史名胜，成为最具特色且得天独厚的人文旅游资源，适宜开展多种形式的文化旅游，如以陕西蓝田猿人遗址、河南仰韶文化遗址、山东大汶口文化遗址为代表的遗址文化旅游；以西安、开封、洛阳、安阳、平遥、曲阜等为代表的古都古城旅游，以陕西秦始皇陵、茂陵、河南宋陵和关林、山东孔林为代表的名人陵墓旅游；以山西五台山、云冈石窟、河南龙门石窟、少林寺、白马寺等为代表的宗教文化旅游；以河南和陕西的黄帝祭（拜）祖大典、山西洪洞大槐树寻根祭祖节、山东曲阜祭孔大典为代表的寻根祭祖游等，是探寻华夏文明，感悟中华优秀传统文化的首选之地。

课堂互动

1.请根据本旅游区的自然地理环境和人文地理环境，分析归纳本区旅游资源的特点。

2.查找资料，从建筑学的角度，说一说"天上寺院"悬空寺为何1500多年仍然保存完好，体现了哪些古人的智慧？

3.请在系统学习"天地之中"历史建筑群的基础上，谈一下"天地之中"思想对中国传统文化构建的影响。

4.请在学习"三孔"的基础上，结合你的认识，说一说儒家思想的内涵及其对中国传统文化的影响。

探研思辨

1.中原地区是中华民族的主要发祥地之一，是中华文明的摇篮。经过几千年文明的洗礼，这里逐渐形成了光辉灿烂的中原特色文化。千百年来"中原文化"始终代表着华夏文明的核心精髓，而"华夏文明"又是世界四大文明体系中唯一没有中断的文明。今天中原依旧保持着华夏文明的原始生态遗存，那些丰富的地上和地下文物，以及中原人口耳相传的地方俚语和特有生活习俗给我们研究中原文化乃至华夏文明提供了宝贵的物质和精神财富。

（1）请概括中原文化的特征。

（2）请分析阐述如何利用中原特有文化发展本区的特色旅游？

2.河南是中医药文化和中医药资源大省，中医药文物和遗迹不胜枚举，中医药文化和名人灿若群星。从河图洛书的传说到扁鹊仲景的实践，从甲骨文字的起源到伤寒金匮的成熟，可以说中医理、法、方、药自成一体的理论和实践体系就是在以河南为中心的这片中原大地上孕育成长起来的。

（1）请系统梳理河南地区的中医药文化遗迹、以PPT的形式展示出来并总结其特征。

（2）请结合你的专业，谈谈如何传承发展好中医药理论和文化。

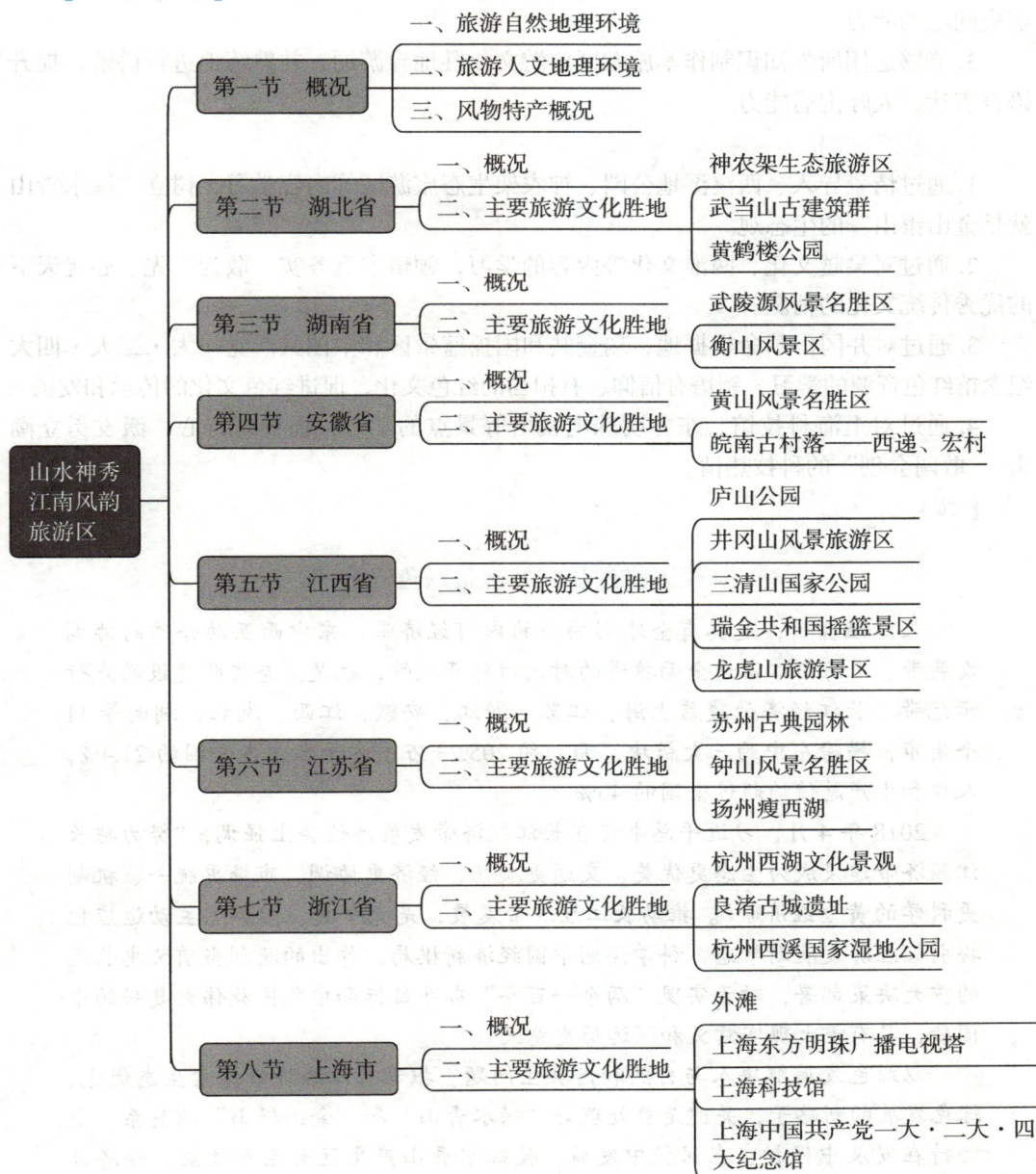

第七章　山水神秀江南风韵旅游区 ▷▷▷

【思维导图】

```
                        ┌─ 一、旅游自然地理环境
            ┌ 第一节 概况 ┼─ 二、旅游人文地理环境
            │             └─ 三、风物特产概况
            │                            ┌─ 神农架生态旅游区
            │             ┌─ 一、概况      │
            ┤ 第二节 湖北省 ┼─ 二、主要旅游文化胜地 ┼─ 武当山古建筑群
            │                            └─ 黄鹤楼公园
            │             ┌─ 一、概况      ┌─ 武陵源风景名胜区
            ┤ 第三节 湖南省 ┼─ 二、主要旅游文化胜地 ┤
            │                            └─ 衡山风景区
            │             ┌─ 一、概况      ┌─ 黄山风景名胜区
            ┤ 第四节 安徽省 ┼─ 二、主要旅游文化胜地 ┤
            │                            └─ 皖南古村落——西递、宏村
  山水神秀                              ┌─ 庐山公园
  江南风韵                              │─ 井冈山风景旅游区
  旅游区                 ┌─ 一、概况      ┤
            ┤ 第五节 江西省 ┼─ 二、主要旅游文化胜地 ┼─ 三清山国家公园
            │                            │─ 瑞金共和国摇篮景区
            │                            └─ 龙虎山旅游景区
            │             ┌─ 一、概况      ┌─ 苏州古典园林
            ┤ 第六节 江苏省 ┼─ 二、主要旅游文化胜地 ┼─ 钟山风景名胜区
            │                            └─ 扬州瘦西湖
            │             ┌─ 一、概况      ┌─ 杭州西湖文化景观
            ┤ 第七节 浙江省 ┼─ 二、主要旅游文化胜地 ┼─ 良渚古城遗址
            │                            └─ 杭州西溪国家湿地公园
            │                            ┌─ 外滩
            │             ┌─ 一、概况      │─ 上海东方明珠广播电视塔
            └ 第八节 上海市 ┼─ 二、主要旅游文化胜地 ┼─ 上海科技馆
                                         └─ 上海中国共产党一大·二大·四
                                            大纪念馆
```

【知识目标】

1.掌握：本旅游区的自然地理环境和人文地理环境特征。

2.熟悉：本旅游区的主要旅游文化胜地。

3.理解：本旅游区概况及风物特产。

【能力目标】

1.能够根据本旅游区自然地理环境及人文地理环境，分析本旅游区旅游资源特点，提高分析问题、总结归纳能力。

2.能够根据本旅游区旅游资源的特点与分布，进行旅游线路设计，增强自主学习、解决问题的能力。

3.能够运用所学知识制作本旅游区旅游文化胜地导游词，并熟练地进行讲解，提升语言表达、人际沟通能力。

【思政目标】

1.通过情景导入、西溪湿地公园、神农架生态旅游区等内容学习，树立"绿水青山就是金山银山"的生态观。

2.通过对吴越文化、两淮文化等内容的学习，领悟求真务实、敢为人先、心忧天下的优秀传统文化的精髓。

3.通过对井冈山革命根据地、瑞金共和国摇篮景区和中国共产党一大·二大·四大纪念馆红色资源的学习，领悟有信仰、有担当的红色文化，促进红色文化的传承和发扬。

4.通过对上海科技馆、东方明珠电视塔等景点的学习，播种好奇心，激发勇立潮头、"敢闯会创"的科技热情。

【情境导入】

深入推进长江经济带绿色发展

长江经济带，是具有全球影响力的内河经济带、东中西互动合作的协调发展带、沿海沿江沿边全面推进的对内对外开放带，也是生态文明建设的先行示范带。长江经济带覆盖上海、江苏、浙江、安徽、江西、湖北、湖南等11个省市，横跨东中西三大板块，面积约205.23万平方千米，占全国的21.4%，人口和生产总值均超过全国的40%。

2018年4月，习近平总书记在长江经济带发展座谈会上强调，"努力把长江经济带建设成为生态更优美、交通更顺畅、经济更协调、市场更统一、机制更科学的黄金经济带"。推动长江经济带发展，是党中央、国务院主动适应把握引领经济发展新常态，科学谋划中国经济新棋局，作出的既利当前又惠长远的重大决策部署，对于实现"两个一百年"奋斗目标和中华民族伟大复兴的中国梦，具有重大现实意义和深远历史意义。

以绿色发展解决人与自然和谐共生问题。推动长江经济带探索生态优先、绿色发展的新路子，关键是要处理好"绿水青山"和"金山银山"的关系。要坚持在发展中保护、在保护中发展，使绿水青山产生巨大生态效益、经济效益、社会效益，把长江经济带打造成生态文明建设的先行示范带。

——摘编自《新时代党员干部学习关键词（2020版）》，党建读物出版社
2020年2月出版

"绿水青山就是金山银山"，长江流域沟通东西、连接南北，生态功能区连片成带，是我国极其重要的战略性生态屏障，发挥着保障全国总体生态功能格局安全稳定的重要作用。习近平总书记强调，要把保护生态环境摆在更加突出的位置，推动长江经济带经济社会高质量发展、可持续发展。

本旅游区地处长江中下游，含众多"名山""秀水""佳园""古镇"特色旅游资源，基础条件优越，组合优势显著，在全国旅游业中占有重要地位。以绿色发展理念推动长江经济带建设，推进长江历史文化、山水文化与城乡发展相融合，将极大促进本区旅游业高质量发展、可持续发展，绘就山水人城和谐相融的新画卷。

第一节　概　况

山水神秀江南风韵旅游区包括江苏、浙江、安徽、湖南、湖北、江西、上海六省一市，本区居于中国中部，自古便有"九省通衢"之称。总面积约91.634万平方千米，人口约4.0683亿（截至2023年）。民族以汉族为主，少数民族以回、满、土家族为主。本旅游区文化底蕴丰厚，其中荆楚（特指湖北）文化、两淮（淮河南北）文化、吴（南京、镇江）越（太湖流域）文化，是中华文明的重要组成部分。该区地处长江中下游、淮河下游和钱塘江流域，东濒黄海和东海，经济开放程度高，工商业发达，是我国自然条件最优越、经济最发达和人口最稠密的地区之一。

本旅游区旅游资源极其丰富。至2021年7月，已有安徽黄山、皖南古村落，湖南武陵源、中国丹霞之湖南崀山、中国土司遗址之湖南永顺老司城遗址，江西庐山、三清山、中国丹霞之龙虎山（包括龟峰），湖北武当山古建筑群、明清皇家陵寝之明显陵、中国土司遗址之湖北恩施唐崖土司城遗址、湖北神农架，江苏苏州古典园林、明清皇家陵寝之明孝陵、中国黄（渤）海候鸟栖息地（第一期），中国丹霞之浙江江郎山、杭州西湖文化景观、良渚古城遗址，中国大运河（在本区的分布：安徽、江苏、浙江）等名胜，被联合国教科文组织列入《世界遗产名录》。

一、旅游自然地理环境

（一）平原丘陵广布

本旅游区地形以平原、丘陵为主，平原与丘陵相间分布。根据不同的地貌结构，分为长江中游平原、长江下游及三角洲平原、江南丘陵和浙皖丘陵、黄淮平原和淮南山地等几个地貌单元。长江中下游旅游区风景名山众多，不仅景色优美，生态完整，而且人文景观荟萃，大多是著名的避暑旅游胜地。新"三山五岳"中的三山（安徽黄山、江西

庐山、浙江雁荡山）和五岳中的南岳衡山均位于本旅游区。我国宗教名山中也有很多位于本区，如四大佛教名山中的普陀山和九华山及四大道教名山中的武当山、龙虎山及齐云山。此外，本区的风景名山和宗教名山还包括莫干山、张家界、天柱山、天台山、三清山等。

（二）河湖水系纵横

本旅游区水资源丰富，河网密布，湖泊众多。该区水源分属淮河、长江和钱塘江三大水系，主要河流有长江、淮河、钱塘江、京杭大运河等。我国五大淡水湖均在本区，即鄱阳湖、太湖、洪泽湖、巢湖、洞庭湖。本区有众多较高旅游价值的湖泊，如杭州西湖、南京玄武湖、扬州瘦西湖、嘉兴南湖、淳安千岛湖和绍兴东湖等。本区的瀑布、泉水资源也毫不逊色。著名的瀑布有黄山的人字瀑、九龙瀑，雁荡山的大、小龙湫瀑布，庐山的三叠泉瀑布。本区的名泉有镇江冷泉、无锡惠山泉、苏州虎丘泉、杭州的虎跑泉及南京汤山温泉等。本区东部濒临海洋，亦具有发展海洋旅游业的良好条件。

（三）气候温暖湿润四季分明

本旅游区气候温暖湿润，适宜旅游。除淮河以北属暖温带外，其余均为亚热带湿润性季风气候，具有四季分明、冬温夏热、雨量充沛且较均匀、热量资源丰富的气候特征，四季皆可游赏，每年 3 至 11 月为旅游旺季。春秋两季气候温和，春季无大风沙，秋季降水较少，多晴日，是旅游活动的黄金季节。盛夏各地普遍高温，南昌、九江、南京等城市成为全国夏季高温中心，有江南"火炉"之称。但本区的山地气温仍凉爽宜人，是避暑度假的最佳去处。冬季气温较低，但由于许多盛大的传统节日正值冬季，使本区成为冬季城市旅游的旺盛地区。温暖湿润的气候使本区长江以南的植被发育为常绿阔叶林，长江以北发育为常绿阔叶和落叶阔叶混交林。植物种类繁多，森林覆盖率高，形成山清水秀的明媚景色。

二、旅游人文地理环境

（一）区域文化特色鲜明

本旅游区区域文化特色包括吴越文化、楚文化和两淮文化。

1. 吴越文化　又称江浙文化、江南文化，是汉文化重要组成部分。它以太湖流域为中心，其范围大致包括今日的苏南、江西东北的上饶地区、皖南、浙江省及上海市，基本与整个吴语方言区相吻合。典雅秀丽的江南园林，吴侬软语的方言特色，婉转动听的越剧，精细富丽的锦绣丝织，巧夺天工的紫砂陶器等构成了吴越文化特色。其深刻内涵与精神特质可概括为海纳百川、兼容并蓄；聪慧机敏、灵动睿智；经世致用、务实求真；敢为人先、超越自我。

2. 楚文化　是先秦时代一种历史悠久的区域文化，现今湖北省大部为早期楚文化的中心地区。楚地玄妙的老庄哲理，瑰丽神奇的楚辞文学，巧夺天工的工艺制品（青铜冶炼制品、木竹漆器、丝织刺绣等），超凡脱俗的音乐（如编钟乐舞）、美术，尊凤崇巫、尚武爱国的民风习俗，构成了源远流长、神奇浪漫的荆楚文化，原始文化的味道甚浓。

3. 两淮文化　又叫江淮文化，主要是以巢湖为中心，范围大致包括今天的长江以北的江苏与安徽的境内。两淮文化处在长江文化和黄河文化交流的过渡地带，北与黄河地区的齐鲁文化、中原文化接壤，南与隔着长江的两湖文化、吴越文化互望，是中国南北文化的走廊与南北文化连接的桥梁。两淮文化具有"南北交融，过渡色彩鲜明"的特点，比江南豪放，比中原精细。如江淮音乐外刚内柔，豪爽中透着一丝婉约，听众遍布南北各地域。

（二）"鱼米之乡"物产丰富经济发达

本旅游区土壤肥沃、河网密布、气候适宜、人口众多，开发历史悠久，自然条件极为优越，是我国重要的农耕区，素有"鱼米之乡"的美誉。本区物产丰富，粮、棉、麻、蚕丝、茶叶等产品在全国均占有十分重要的地位。粮食作物以水稻为主，其次是小麦。长江三角洲平原、鄱阳湖平原、洞庭湖平原等都是我国重要的商品粮基地，两湖平原是我国重要的棉产区之一。太湖流域植桑养蚕历史悠久，自唐宋以来，已发展成为我国三大蚕丝产地之一。本区水资源丰富，淡水鱼种类繁多，产量大。沿海盛产各种海洋鱼类和其他海产。本区民族工业发展较早，基础雄厚，部门齐全，发展水平较高，许多产品畅销海内外。机电、纺织、化工、电子等部门的生产占全国首位，上海是全国最大的工商业中心。

（三）交通极度便捷

本区拥有以铁路、水运为主，公路和航空为辅的旅游交通网，是我国交通最发达的地区之一。以上海为中心向外辐射的京沪、沪杭、浙赣和京广等铁路线骨干，与各省的主要旅游城市及风景名胜区直线联系，为区内和区际旅游提供了有利条件。水运也是以上海为中心，通往连云港、宁波、温州和区外沿海港口。长江横贯东西，是我国的一条黄金水道。大运河连贯南北，沿线风景优美，是一条极受国内外游客欢迎的旅游线路。本区航空交通也很发达，区内主要城市上海、武汉、长沙、合肥、南昌、杭州和南京等都有航班相通。本区公路密度较大，省际公路线和公路旅游专线为本区旅游业的开展提供了极为便利的条件。

（四）天人合一的特色民居古村落

本区特色民居是以徽派建筑为代表的中国传统民居。徽派建筑主要分布于安徽黄山、江西婺源及浙江金华等地区。其特点可以用"山为骨架、水为血脉、天人合一、淳朴自然"来概括。大部分的徽派建筑都是跟山、林、水和谐一体的，一般都背靠山地，面向水系。在建筑上有统一的风格：黑瓦白墙，飞檐翘角的屋宇，随山形地势高低错落，层叠有序。这里现存较好的徽派建筑古村落有100多座、古民居8000多处，其中古村落西递村和宏村被列入世界文化遗产名录。

三、风物特产概况

本区的工艺品种类繁多，历史悠久，具有浓厚的地方风格，有很高的艺术价值。本区的土特产品以丝绸和茶叶最为著名，太湖流域是我国三大桑蚕基地之一，江浙号称"丝绸之府"，主要的丝织品有杭州织锦、南京云锦、苏州宋锦和苏绣、湘绣等。本区的主要茶叶有安徽的"祁门红茶""六安瓜片""黄山毛峰"，江苏的太湖"碧螺春"，苏州的"茉莉花茶"，浙江的"西湖龙井"，江西的"庐山云雾茶""宁红""婺绿"，湖南洞庭湖的"君山银针茶"，湖北"宣红"等。本区陶瓷业堪称全国之最，江西景德镇史称"瓷都"，江苏宜兴"陶都"的紫砂陶器名扬中外。此外，无锡惠山泥人、上海玉雕、扬州漆器、湖州湖笔、嘉定草编、安徽文房四宝等都很有名。桃、李、梅、橘等亚热带水果是本区的主要特产。

第二节　湖北省

一、概况

湖北省简称"鄂"，位于长江中游，洞庭湖以北，故名湖北，省会是武汉。湖北古称荆楚，战国时期为楚国辖地，具有 800 年历史的楚国在此创造了辉煌灿烂的楚文化，湖北亦成为楚文化的发源地，面积为 18.59 万平方千米，人口约 5838 万（截至 2023 年）。

湖北处于中国地势第二级阶梯向第三级阶梯过渡的地带，地貌类型多样，最高处为神农架最高峰——神农顶，海拔达 3105 米。全省西、北、东三面山地环绕，丘陵广布，中南部为江汉平原，与湖南洞庭湖平原连成一片。长江自西向东贯穿全省。汉江是长江的最大支流，自西北向东南汇入长江，在湖北中部形成江汉平原。湖北境内湖泊密布、江河纵横，素有"千湖之省"之称。

湖北的旅游资源非常丰富。自然景观有长江三峡、武当山、丹江口水库、九宫山、闯王陵、隐水洞、神农架等。湖北具有光荣的革命传统，1911 年在这里发生了具有划时代意义的武昌起义，成为辛亥革命的开端，吹响了共和国诞生的号角。湖北人杰地灵，孕育了爱国诗人屈原、民族友好使者王昭君、山水诗人孟浩然、药圣李时珍、民主战士闻一多等杰出人物代表。文物古迹与革命胜迹遍布全省，主要有秭归的屈原故里、随州炎帝庙、宜昌的三游洞、纪南故城、昭君故里、明显陵、黄冈东坡赤壁、襄阳古隆中、襄阳城、马跃檀溪、武汉古琴台、黄鹤楼、三国赤壁、武昌起义军政府旧址、京汉铁路工人运动"二七"纪念馆和武汉民国政府旧址等。

二、主要旅游文化胜地

（一）神农架生态旅游区

神农架（Hubei Shennongjia）位于湖北省西北部，因华夏始祖炎帝神农氏在此架木为梯、尝遍百草、救民济世、教民稼穑而得名。神农架是中国首个获得联合国教科文组织人和生物圈保护区、世界地质公园、世界遗产三大保护制度共同录入的"三冠王"名录遗产地，也是国家 5A 级旅游景区。其境内的神农顶海拔 3106.2 米，是华中第一峰，因此神农架也被誉为"华中屋脊"。特殊的地质背景、复杂的地质构造运动、漫长的地壳变迁历史，在这里留下了类型多样的地质遗迹，不仅有壮丽的喀斯特石林、气势恢宏的飞瀑，还保存有数十种珍稀的前寒武纪动植物化石，可谓一座天然地质博物馆。

1."华中第一峰"——神农顶　神农顶是神农架地区的最高峰，经喜马拉雅运动（约 0.66 亿年前至今）抬升改造后形成并保留下来的地貌形态。山体的上部地层为玄质凝灰角砾岩，下部出露沉积白云岩，山脊上零星出露有风化崩塌后残存的呈岛状分布的凝灰角砾岩石柱群，这些类型丰富的构造和岩石地质遗迹，记录了神农架地区地貌发展及其演化历史。

神农顶的美，体现在时空和季节的起承转合。春天，姹紫嫣红，争奇斗艳，万亩高山杜鹃绘就了一幅美丽的画卷；夏日，蝉鸣鸟语，一片清凉，蓝天白云下青山绿水更显幽澹；秋季，万山红遍，层林尽染，五彩斑斓勾勒出一幅世外桃源；冬寒，银装素裹，玉洁冰清，置身其中感受千里冰封的清寒。登高神农顶，极目小天下，远方厚实的高山草甸之间，蓬勃地生长着成片冷杉林、高山杜鹃、箭竹，层次分明，赏心悦目，具有极高的观赏价值。

2."神农第一景"——神农谷　神农谷位于神农顶风景区，海拔 2820 米，总体呈近南北向，峡谷四周为脊状山体围绕，顶部陡峻，山体下部逐渐变缓，呈"V"形谷状。新构造运动以来，神农顶风景区表现为间歇性抬升，地表的河流也随之抬高，加大了水流对岩层的侵蚀作用。

由于白云岩广泛分布，降雨沿裂隙淋滤、溶蚀，再经过千万年来的风刀霜剑，岩溶作用不断加强，最终下切形成深达千米的峡谷。在此过程中，峡谷核心地带的白云岩在地表水的溶蚀作用下，岩层失稳发生崩塌，形成如今的石林。

3.中元古代完整的层序地层——神农架群　神农架群是一套以白云岩为主的岩石组合，此外还有砂岩、粉砂岩、砾岩、火山岩、铁矿层等，其中可见有多次基性、中性火山岩活动。该地层系统的岩性变化反映了 10 亿年的地质记录，可与我国著名的长江三峡峡东地层剖面和天津蓟州区的中上元古界剖面对比。

4.代表着地球上古老生命活动证据——叠层石　叠层石是前寒武纪未变质的碳酸盐岩沉积中最常见的一种"准化石"，是由蓝藻等低等微生物的生命活动所引起的周期性矿物沉淀、沉积物的捕获和胶结作用所形成的叠层状有机沉积构造。它既受生物因素的影响，又受环境因素的控制，水体的深浅和存在与否对叠层石的生长与形态有着重要影响。

神农架叠层石类型丰富多样，形态各异，保留有较多地质历史时期生物、沉积、古生态等方面的信息，时间跨度达 4 亿年，是中国南方元古代叠层石的典型地区，为研究前寒武纪地球生命演化与环境提供了良好的科学素材。

5.华中地区面积最大、海拔最高的湿地——大九湖　大九湖高山湿地位于湖北省神农架林区大九湖镇，海拔约 1700 米，核心湿地面积 13.84 平方千米，由 9 个从南东至北西不相连、大小不等、形态各异的小湖组成，是华中地区面积最大、海拔最高的湿地。

　　湿地内有丰富的高山草甸和湿地蕨类植物，湿地蕨类植物包括泥炭藓、菖蒲和睡菜。其中，泥炭藓有很好的保湿作用，常用作植物的长途运输包装材料。泥炭藓最深处达 3.5 米，丰富的泥炭沼泽记录了神农架地区 1 万余年以来的气候变化状况，被誉为"华中气候的自然档案馆"，是古气候和环境方面研究的重要基地，对于研究自然气候变化特征具有指标性意义，大九湖也因此被《中国生物多样性保护行动计划》列为中国生物多样性关键地区，是具有国际重要意义的保护区之一。

　　6. 新元古代晚期"雪球事件"的"见证者"——南沱组冰碛岩　南沱组冰碛岩是世界上稀有的石种之一，在神农顶景区东门口、神农顶景区三省台与相思岭、官门山景区入口处均有分布。

　　南沱组冰碛岩是冰川作用的产物，形成于距今 7 亿～6 亿年前的全球性冰盖气候的"雪球地球"时期。当时，地球表面从两极到赤道全部结成冰，地球变成了一个大雪球。可是，这些冰川早已消融，怎么才能找到冰川曾经存在的证据呢？

　　冰川在重力作用下可由雪源区向外长期缓慢运动，一路上冰会将基岩压碎为砾石并挖掘带走。通常河流中的砾石会相互碰撞磨圆成卵石，并且会在流水作用下发生分选，大的和大的在一起，小的和小的在一堆。而这些被冰川压碎的基岩所形成的砾石没有经过流水分选，磨圆度差、排列杂乱、大小不一的砾石在冰川融化后沉积在一起，形成独具特色的冰碛岩。这些砾石往往表面具有擦痕或丁字形凹坑，是其随冰川移动时与基岩磨蚀所留下的。南沱组冰碛岩作为古老的冰川遗迹，有力证明了新元古代雪球事件时期神农架地区存在大规模冰川，反映了数亿年来沧海桑田的变迁，对于研究神农架地区当时的古地理环境具有重要的意义。

　　7. 世界中纬度地带生态保护完好的唯一"宝地"　神农架气候类型复杂多样，顶峰终年雾霭茫茫，动植物资源十分丰富。山腰上分布着箭竹林带、冷杉林带和高山杜鹃林带，植物垂直分布特征明显。动物则有金丝猴、白熊、苏门羚羊出没，目前已发现物种 5000 余种，其中国家重点保护物种 106 种，是名副其实的"物种基因库"。其完好的森林自然生态系统，不仅具有重要的物种生态学研究意义，也使之成为中国最迷人、最具代表性的自然景观区，被联合国专家称为"不可替代的世界级垄断性生态旅游资源"。

【知识拓展】

《神农本草经》

　　神农氏是中国传说中农业和医药的发明者，所处时代为新石器时代晚期，《淮南子·修务训》曰："神农乃始教民，尝百草之滋味，识水泉之甘苦……当此之时，一日而遇七十毒，由是医方兴焉。"《帝王世纪》称："炎帝神农氏……尝味草木，宣药疗疾，救夭伤人命，百姓日用而不知，著本草四卷。"

　　《神农本草经》，简称《本经》或《本草经》，大约成书于西汉以前，是我国现存最早的药物学专著。以"本草"名之，是因书中所述药物以植物药为主，冠以"神农"之名，既是基于"神农尝百草"而发现药物的传说，也是托古遗风的表现，非一人一时所能完成，是诸多医家不断加工整理而成。该书共三卷，收载药物 365 种，按照药物来源分，有植物药 252 种，动物药 67 种，矿物药 46 种，其中植物药占比极高。书的总论部分提出了按照药效性质分类的方法。药物各论部分叙述药物的名称、性味、主治、功效、加工、别名、生长之地、炮制方法等。书中所述绝大部分是常用药，对药物性质的定位和功能主治的描述比较准确，系统地总结了成书之前医家和民间的用药经验，为中药学的发展奠定了初步基础，书中所述药物学理论，包括药物性能、功效及加工炮制方法等，至今仍有相当一部分内容是值得继承和发扬的。

(二) 武当山古建筑群

武当山古建筑群（Ancient Building Complex in the Wudang Mountains）位于湖北省丹江口市，修建于唐贞观年间（公元 627—649 年），明代时达到鼎盛。武当山遗存古建筑 53 处，建筑面积 2.7 万平方米，建筑遗址 9 处，各类文物 5035 件。山区建筑群布局周密巧妙，在艺术手法上有点群结合、遥相呼应的特征，犹如长幅画卷，构图意境高超，当时的建筑者充分利用地形特点，每座宫观都建在峰、峦、坡、坨、岩、洞之间，巧妙融于自然之中，各具特色又相得益彰，从整体上看，可称是疏密相宜，庄严雄奇，形成了"仙山琼阁"的意境，绵延 140 里，体现了道教"天人合一"的思想，堪称中国古代建筑史上的奇观，被誉为"中国古代建筑成就的博物馆"和"挂在悬崖峭壁上的故宫"。

位于武当山主峰天柱峰顶端的金顶建于明永乐十四年（1416），为武当山最著名的建筑。金殿下为花岗石高台基，四周绕以精美的汉白玉石栏杆。金殿通体以铜冶铸，表面镏金。各构件榫接或焊接，互相搭联成为整体。其结构形制、细部构件和装饰纹样都严格模仿木构建筑，外观庄严凝重。殿身共有 12 根柱，用宝莲花柱础。面阔 3 间，进深 3 间，重檐圆殿顶，总高 5.5 米，在柱头、枋额和天花等部位，镌刻的花纹图案均模仿木构建筑中的彩绘和雕饰，线条流畅。殿顶的正吻、垂兽、戗兽、小走兽以及勾头、滴水等雕饰部件的工艺水平，比木构建筑中的琉璃作更为精细，殿内一组神像和供桌也是铜铸镏金。主像为真武大帝，两侧侍立金童玉女以及天罡、太乙、护法神，其衣着和纹饰都是明代形制。

武当古建筑群对中国的宗教、公共艺术和建筑的发展产生了巨大的影响。1982 年，武当山古建筑群被列入第一批全国重点风景名胜区，1994 年，被列入《世界遗产名录》。

(三) 黄鹤楼公园

黄鹤楼（Yellow Crane Tower）位于湖北武汉武昌长江南岸蛇山峰岭之上，始建于三国时期吴黄武二年（公元 223 年），以清代"同治楼"为原型设计。楼高 5 层，总高度 51.4 米，建筑面积 3219 平方米。黄鹤楼内部由 72 根圆柱支撑，外部有 60 个翘角向外伸展，外观好似黄鹤腾飞，屋面用 10 多万块黄色琉璃瓦覆盖构建而成。黄鹤楼与蓝天白云，四周建筑相映成趣，展现出一幅壮观的古建筑图景。黄鹤楼是武汉的地标建筑之一，因唐代诗人崔颢"昔人已乘黄鹤去，此地空余黄鹤楼"的诗句而名扬天下。古往今来，登临黄鹤楼的诗人不仅有崔颢，还有李白、王维、孟浩然、贾岛、顾况、宋之问、白居易、刘禹锡、杜牧、岳飞、陆游、范成大、李商隐、辛弃疾、黄庭坚等众多大家。黄鹤楼因为他们的绝妙诗篇而变得更为精彩，成为与湖南岳阳的岳阳楼、江西南昌滕王阁齐名的"江南三大名楼"之一，享有"天下绝景"之称，是国家 5A 级旅游景点。

除了主楼，黄鹤楼公园内还有造型各异的牌坊、轩廊、亭阁和精巧优美的绿植花景等各色美景。黄鹤楼公园的另一制高点白云阁坐落黄鹤楼以东 274 米处，共四层，高 41.7 米，仅比黄鹤楼低 10 米。白云阁是祈福宝地，也是观赏山景、江景、城景，特别是楼景和云景的最佳视角。

第三节　湖南省

一、概况

湖南省位于我国中部、长江中游，因大部分区域处于洞庭湖以南而得名"湖南"，因省内最大河流湘江流贯南北而简称"湘"，省会是长沙。全省土地面积 21.18 万平方千米，人口约 6568 万（截至 2023 年）。

湖南省的地貌轮廓是东、南、西三面环山，中部丘岗起伏，北部平原、湖泊展布，沃野千里，形成了朝北开口的不对称马蹄形地形。"三湘四水"是湖南的又一称谓，"三湘"因湘江流经永州时与"潇水"、流经衡阳时与"蒸水"和入洞庭湖时与"沅水"相汇而得名，分别称"潇湘""蒸湘""沅湘"。四水则指湘江、资江、沅江和澧水。湖南雨水充沛、空气湿润、物产富饶，俗有"湖广熟，天下足"之谓，是著名的"鱼米之乡"。

湖南人杰地灵，有着丰富的旅游资源，既有鬼斧神工的自然风光，又有巧夺天工的人文景观，还有独具神韵的民俗风情。湖南自古有"古道圣土""屈贾之乡""潇湘洙泗"的美誉，以"心忧天下、敢为人先、经世致用、兼收并蓄"为精神特质的湖湘文化薪火相传，孕育了"睁眼看世界第一人"启蒙思想家魏源，清代中兴名臣曾国藩、左宗棠，维新志士谭嗣同，辛亥元勋黄兴、蔡锷、宋教仁，无产阶级革命家毛泽东、刘少奇、任弼时、彭德怀等一大批彪炳史册、光照寰宇的杰出人物，故有"革命圣地""红色摇篮"之称。

境内主要景点有世界遗产武陵源风景名胜区、老司城遗址、中国丹霞崀山，以及炎帝陵、岳麓书院、岳阳楼、衡山、凤凰古城、桃花源风景名胜区等。

二、主要旅游文化胜地

(一) 武陵源风景名胜区

武陵源风景名胜区（Wulingyuan Scenic and Historic Interest Area）位于湖南省西北部的张家界市境内，是张家界核心景区，由张家界国家森林公园、慈利县的索溪峪自然保护区和桑植县的天子山自然保护区、杨家界四大自然保护区组成，总面积397.58平方千米。它以世界最大的石英砂岩峰林集群，成为张家界旅游的龙头和湖南旅游的名片，引领带动天门山、大峡谷、茅岩河构成了张家界"三星拱月"全域旅游的格局。

武陵源堪称"峰林王国"，放眼望去，数不清的石峰石柱，嶙峋挺拔，密集广布，形成浩瀚的峰林，是好莱坞科幻大片《阿凡达》主要取景地，直立如林的峰石组成一幅幅活灵活现的天然雕塑画，被誉为"扩大的盆景，缩小的仙境"。武陵源核心景区旅游景点有十里画廊、袁家界、黄石寨、杨家界、天子山、黄龙洞和宝峰湖，已成为游人必去景点。

从1982年开发至今，武陵源先后摘得了中国第一个国家森林公园、国家首批5A景区、全国文明风景旅游区、首批国家全域旅游示范区、世界自然遗产名录、世界地质公园等多块金字招牌。它于1992年被列入《世界遗产名录》，遗产区内有构造溶蚀地貌、石英砂岩地貌、剥蚀构造地貌、河谷地貌、地质遗迹景观等多种地貌类型，还包括壮观的锯齿状石柱林、繁茂的植被和清澈的湖泊溪流。该地区还拥有许多濒临灭绝的植物和动物物种。

(二) 衡山风景区

衡山（Mount hengshan），又名南岳、寿岳，为中国"五岳"之一，主体部分位于湖南省衡阳市南岳区。衡山是中国著名的道教、佛教圣地，环山有寺、庙、庵、观200多处。衡山景区悬崖峭壁，流泉飞瀑，山水奇异，别有洞天，是国家级重点风景名胜区、国家级自然保护区和国家5A级旅游景区。

1. 南岳大庙　位于南岳古镇北端，赤帝峰下，是一座集国家祭祀、民间朝圣、道教宫观、佛教寺院于一体的我国南方地区最大的宫殿式古建筑群之一。南岳大庙有九进四重院落，占地面积12万平方米，布局严谨，气势恢宏。现存建筑于清光绪八年（1882年）由平江举人李元度重修。

南岳大庙中轴线上的建筑为皇家的建筑风格，是历朝帝王祭祀与民间朝圣（南岳圣帝）的重要场所。主体建筑依次由棂星门、奎星阁、正南门、御碑亭、嘉应门、御书楼、正殿（圣帝殿）、寝宫和北后门九进四重院落组成。东面由前至后依次有玉虚宫、万寿宫、清和宫、仁寿宫、三元宫、寿宁宫、纯阳宫、铨德观八个道宫，西面由前至后依次有化城寺、崇宁寺、云峰寺、观音阁、老南台寺、忠靖王殿、天堂寺、金龙寺八个佛寺，体现了南岳道、佛共存一山，共融一庙的独特宗教文化特色。南岳大庙现为全国重点文物保护单位。

2. 忠烈祠　坐落在香炉峰下，是我国最大的国家级抗战烈士纪念陵园之一。祠宇共五进，依次为牌坊、七七纪念碑、纪念堂、纪念亭和享堂，均坐落在同一中轴线上，由花岗岩大道和台阶连成一体，全长320米，宽70米。在祠宇周围的青山绿岭中，长眠着抗日阵亡将士。1996年忠烈祠被国务院列为全国重点文物保护单位，2009年被中宣部公布为全国爱国主义教育示范基地，2011年被列入全国重点红色经典旅游景区名录。

3. 磨镜台　位于掷钵峰下，是一个集宗教文化、人文历史和自然风光于一体的景点，是中国佛教史上著名的佛教遗址之一，是人们追溯抗战历史、拜谒南禅"祖源"的地方。它既是中国佛教史上一块圣地，也是南中国的抗战圣地。"南禅祖源，传法圣地"，指的就是磨镜台。这里森林茂密，风景秀丽，古木参天，年最高气温在25℃左右，是天然氧吧、避暑胜地。

4. 祝融峰　是南岳衡山的最高峰。"祝融峰之高"为南岳风光"四绝"之首，蠹立于湘南盆地之中，显得峻极天穹。古语中"祝"是持久永远之意，"融"是光明之意，"祝融"是永远光明。唐代大文豪韩愈在《游祝融峰》诗中赞道"祝融万丈拔地起，欲见不见轻烟里"。北宋黄庭坚写道："万丈祝融插紫霄，路当穷处架仙桥。上观碧落星辰近，下视红尘世界遥。"唐代李白《与诸公送陈郎将归衡阳》曰："衡山苍苍入紫冥，下看南极老人星。回飙吹散五峰雪，往往飞花落洞庭。"祝融峰有祝融殿、望月坛、"南山"古石刻等景观，此处为揽群峰，看日出，观云海，赏雪景的最佳去处。

5. 藏经殿　位于祥光峰下，始建于南朝陈光大二年（公元568年），是南岳佛教开山祖师慧思和尚所建，原名叫小般若禅林。后因明太祖朱元璋颁赐《大藏经》一部于该寺，遂改名为藏经殿。藏经殿是单檐、歇山顶宫殿式建筑，殿体由26根花岗岩石柱支撑，气势宏伟。殿中供奉毗卢遮那佛，来自"千佛之国"的泰国。殿中花岗岩石柱上刻有一副对联：我佛所宗，真如贝叶；众经之长，妙法莲花。

6. 方广寺　位于莲花峰下，以"山深、林深、寺深，文化渊源深"而闻名于世，是南岳"四绝"之一的"方广寺之深"。方广寺是由南岳高僧惠海创建于南朝梁天监二年（公元503年），唐代称为"方广圣寿寺"，宋代赐名"方广崇寿禅寺"。莲花峰由八座山峰组成，宛如青莲花瓣，傲然开放，正如古诗所说："山似莲花开朵朵，僧家住在藕花心"。方广寺就在莲花蕊的空旷平地之中。寺庙旁有为纪念朱熹、张栻而建的二贤祠，明末清初伟大的思想家、著名学者王夫之曾在此隐居十余年。方广寺景区主要景点有方广寺、二贤祠、补衲台、洗衲池、续梦庵、狮子山、十方紫盖寺、黑沙潭等。

7. 水帘洞　位于南岳衡山72峰之一的紫盖峰下，是著名的道教洞天福地。古籍载，水帘洞为朱陵大帝所居，是道教第三洞天——"朱陵太虚洞天""第二十六福地——洞灵源福地"，古称朱陵洞天。这里山奇、水奇、瀑布奇、摩崖石刻奇、名人故事奇，"水帘洞之奇"自古即被誉为南岳"四绝"之一。水帘洞还是书法艺术宝库，至今完整保存着"天下第一泉""镇岳飞天法轮""朱陵太虚洞天""夏雪晴雷"等摩崖石刻42处，堪称"南岳天然碑林"。现在的水帘洞景区由朱陵宫、龙口湖、雪浪桥、金龙潭、醉眠湖、绝壁奇观、瀑布石刻、天下第一泉、风雨桥廊、福寿湖、弥陀台、还丹赋石刻等景点组成。

第四节　安徽省

一、概况

安徽简称"皖"，省会是合肥，建省于清康熙初年，取安庆、徽州两府的首字而得名。安徽地处长江、淮河中下游，位于长江三角洲腹地，世称江淮大地。土地面积13.94万平方千米，人口约为6121万（截至2023年）。长江、淮河横贯东西，将全省分为淮北平原、江淮丘陵、皖南山区三大自然区域。境内巢湖是全国五大淡水湖之一，面积800平方千米。

安徽大地锦绣多姿，名胜古迹甚多，是中国旅游资源最丰富的省份之一。黄山、西递和宏村古民居群等为世界文化遗产。拥有"天下第一奇山"黄山、佛教名山九华山、道教圣地齐云山、汉武帝封为"南岳"的天柱山、以宋欧阳修《醉翁亭记》名扬天下的琅琊山等10处国家级重点风景名胜区，以及歙县、寿县、亳州、安庆和绩溪5座国家级历史文化名城。拥有淮河文化、庐州文化、皖江文化、徽文化等特色文化。地方文艺底蕴深厚，这里是戏曲之乡，"戏曲活化石"傩戏、黄梅戏等都发源于此。

二、主要旅游文化胜地

（一）黄山风景名胜区

黄山风景名胜区（Yellow Mountain）占地面积160.6平方千米，景区内有著名的"36大峰""36小峰"，有88座海拔在1000米以上的高峰（主峰莲花峰海拔1864米），峰林地貌构成36条大峡谷，景区列入技术档案管理的古树名木137株，其中名松、古松（松科松属）47株。景区内共有自然景点400余处，摩崖石刻300余处，自然与人文景观共有1019处。1990年，黄山被联合国教科文组织列入《世界遗产名录》，成为中国第二个世界文化与自然双遗产。

黄山以奇松、怪石、云海、温泉、冬雪"五绝"著称于世，黄山的松、石、云、峰独具美感又互相衬托，有机组合成壮美和谐的画面，无不体现着中国传统美学哲理和美学法则。峻峭秀拔的山峰构成有节奏旋律的美感，高低错落，群峰叠翠，与古松和云海组合成一幅幅波澜起伏、气势磅礴的立体画面。此外，它们还因时间、地点的不同及季节气候的变化呈现出万千仪态，提供给游客无限美感，触发美好情思。黄山独特的峰林地貌，配以变幻莫测的烟云，构成奇、伟、幻、险的自然景观，素有"人间仙境"之誉。400多年前，明代旅行家、地理学家徐霞客曾两次登临黄山，在黄山美景前，他叹"生平奇览"，称赞"薄海内外，无如徽之黄山，登黄山天下无山，观止矣！"所谓"五岳归来不看山，黄山归来不看岳"。黄山以奇特的美景，被誉为"震旦国中第一奇山"。

黄山不仅自然景观奇特，而且文化底蕴深厚。黄山遗留有近百座佛教、道教寺庙，所有寺庵都建在风景绝胜处，建筑年代自唐至民国均有所建。寺庙保存较为完好的有祥符寺、翠微寺、慈光寺、掷钵禅院，被称为黄山"四大丛林"。唐、宋、元各代均有大量著名文人来到黄山，无不为黄山景色所陶醉，或赋诗高歌，或描绘胜景，留下了大量的文艺作品。以诗文为例，自盛唐至晚清，描绘黄山的散文有几百篇，诗词二万余首。这些文艺作品不仅有鲜明的艺术特色，而且丰富了中华文艺宝库，在绚丽的中华民族文化之林中，出现了"黄山文化"。黄山亦是黄山画派的发祥地。明末清初，石涛、渐江、梅清创立了以画黄山为主的山水画派，按照黄山的奇险风姿，经过笔墨锤炼，抽象出山水画典型。此后，黄山画派不尽其人。现代名家有黄宾虹、汪采白、张大千、傅抱石、刘海粟、李可染等，他们笔下的黄山，具有很高的艺术价值，为中国画宝库留下了珍贵的遗产。黄山画派对中国传统山水画的发展产生了积极而深远的影响，至今仍在传承。

（二）皖南古村落——西递、宏村

皖南古村落——西递、宏村（Ancient villages in Southern Anhui–Xidi and Hongcun）古民居位于安徽省黟县境内，是安徽南部民居中最具有代表性的两座古村落，它们以世外桃源般的田园风光、保存完好的村落形态、工艺精湛的徽派民居和丰富多彩的历史文化内涵而闻名天下，2011 年被评为国家 5A 级旅游景区。2000 年 11 月，宏村与西递村一起被联合国教科文组织列入了《世界遗产名录》。

1. 西递村　西递距黟县县城 8 千米，坐落于黄山南麓，素有"桃花源里人家"之称，始建于北宋皇祐年间（1049—1054 年），距今已有近千年的历史。西递村是一处以宗族血缘关系为纽带、胡姓聚族而居的古村落。村落原始形态保存完好，始终保持着历史发展的真实性和完整性。现保存有完整的古民居 122 幢，古建筑多为木结构、砖墙维护，木雕、石雕、砖雕丰富多彩，巷道和建筑的设计布局协调，登陆空间变化灵活，建筑色彩朴素淡雅，从整体上保留下明清村落的基本面貌和特征，是中国徽派建筑艺术的典型代表，被誉为"中国传统文化的缩影""中国明清民居博物馆"。

2. 宏村　宏村位于黟县县城东北 10 千米处，始建于南宋绍兴元年（1131 年），也有近千年历史。村落面积约 19 公顷，现存明清时期古建筑 137 幢，由于这里地势较高，因此常常被云雾笼罩，被誉为"中国画里的乡村"。宏村的古建筑均为粉墙青瓦，分列规整。承志堂是其中最为宏大、最为精美的代表作，被誉为"民间故宫"。它堪称一所徽派木雕工艺陈列馆，各种木雕层次丰富，繁复生动，经过百余年时光的消磨，至今仍金碧辉煌。

宏村是一座"牛形村"，整个村庄从高处看，宛若一头斜卧山前溪边的青牛。村中半月形的池塘称为"牛胃"，一条 400 余米长的溪水盘绕在"牛腹"内，被称作"牛肠"。村西溪水上架起四座木桥，作为"牛脚"，这种别出心裁的村落水系设计，不仅为村民生产、生活用水和消防用水提供了方便，而且调节了气温和环境，成为当今"建筑史上一大奇观"。

第五节　江西省

一、概况

江西简称"赣"，因公元733年唐玄宗设江南西道而得省名，又因为江西最大河流为赣江而得简称，古称"吴头楚尾，粤户闽庭"，省会是南昌市。全省面积16.69万平方千米，人口约为4515万（截至2023年）。

境内除北部较为平坦外，东西南部三面环山，中部丘陵起伏，成为一个整体向鄱阳湖倾斜而往北开口的巨大盆地。全境有大小河流2400余条，赣江、抚河、信江、修河和饶河为江西五大河流。鄱阳湖为中国最大的淡水湖，同时也是世界上最大的候鸟栖息地，还有风景如画的柘林湖、浓淡相宜的仙女湖等。

江西是红色文化发源地。其中，井冈山是中国革命的摇篮，南昌是中国人民解放军的诞生地，瑞金是苏维埃中央政府成立的地方，安源是中国工人运动的策源地。中国革命红色旅游资源非常丰富，仅"红都"瑞金就有红井等180多处革命遗址。

江西历史悠久，风景秀丽，名胜古迹众多，有庐山、龙虎山、三清山等著名风景名胜区，还有南昌、景德镇、赣州等国家级历史文化名城。其中九江庐山风景名胜区、吉安井冈山风景旅游区、上饶三清山旅游景区、鹰潭市贵溪龙虎山旅游景区、上饶市婺源江湾景区、景德镇古窑民俗博览区、瑞金市共和国摇篮旅游区、宜春市明月山旅游区、庐山西海景区等为我国的5A级景区。截至2021年7月，江西省入选《世界遗产名录》的景区有庐山、三清山、龙虎山。

二、主要旅游文化胜地

（一）庐山公园

庐山公园（Lushan National Park）位于江西省北部，九江市南部，北依长江，濒临鄱阳湖西岸。相传，殷周年间，有匡氏七兄弟到这里结庐隐居，故名"庐山"，又称"匡山""匡庐"。庐山是著名的旅游、疗养和避暑胜地。

庐山有90多座山峰，奇峰峻岭，形态不一。最高峰为大汉阳峰，可观日出日落。五老峰峰峦叠嶂，仰视像五个不同姿态的老人并坐，因而得名。庐山到处飞泉泻瀑。著名的三叠泉位于五老峰东侧，上下三折，落差共约600米，是庐山瀑布中气魄最雄伟、姿态最诱人的奇景，号称"庐山第一奇观"，有"未到三叠泉，不算庐山客"之说。庐山云雾缥缈，变幻莫测。因地形封闭，水蒸气在此凝结成水雾，年平均雾日达190多天，置身其中，犹入仙境。

庐山地势高峻，江湖环抱，气候十分宜人，是全国著名的避暑胜地、著名的天然疗养区。自古以来，在庐山修建的别墅有887幢。这些别墅风格各异，欣赏价值极高。目前庐山部分别墅开放，每年接待大批游客。

　　庐山除"奇秀甲天下"的自然风光之外，还是我国著名的佛教圣地。这里碑刻如林，庙宇遍山。其中，位于庐山西北麓的东林寺最为有名，是我国佛教净土宗的发源地。庐山还留下了陶渊明、李白、杜甫、白居易、苏轼、陆游等赋诗填词的碑刻；有宋代"四大书院"之一的白鹿洞书院；有晋代诗人陶渊明的故里、陶渊明墓等历史古迹。

　　深厚的文化底蕴、奇特的地质地貌、变幻的自然气候现象、丰富的生态资源，构成了庐山旅游的特色，形成了"春如梦、夏如滴、秋如醉、冬如玉"之美景。宋代诗人苏轼曾发出"不识庐山真面目，只缘身在此山中"的感慨。1996年12月，庐山作为"世界文化景观"列入《世界遗产名录》。2004年，成为首批世界地质公园。2007年5月，入选首批国家5A级旅游景区。

（二）井冈山风景旅游区

　　井冈山（Jinggang Mountain）位于江西省西南部，湘赣边界、罗霄山脉中段，山势高大，地形复杂，主要山峰海拔多在千米以上，最南端的南风屏海拔2120米，是井冈山地区的最高峰。井冈山气候宜人，夏无酷暑，冬无严寒，为避暑疗养回归大自然的理想之地。风景区分为茨坪、黄洋界、龙潭、主峰、桐木岭、湘洲、笔架山、仙口八大景区。景观分为八大类，即峰峦、山石、瀑布、气象、溶洞、温泉、珍稀动植物及高山田园风光。

　　1927年10月，毛泽东、朱德、陈毅、彭德怀、滕代远等老一辈无产阶级革命家率领中国工农红军来到井冈山，创建了中国第一个农村革命根据地，开辟了"以农村包围城市，武装夺取政权"的具有中国特色的革命道路，中国革命从这里走向胜利。从此鲜为人知的井冈山被载入了中国革命历史的光辉史册，被誉为"中华人民共和国的奠基石"。目前，景区建有井冈山革命博物馆革命烈士纪念馆、烈士墓等，还较好地保存着29处革命遗址。

　　景区先后入选国家级重点风景名胜区、全国百家爱国主义教育示范基地和全国十佳优秀社会教育基地，2007年5月，井冈山风景旅游区被国家旅游局正式批准为国家5A级旅游景区。

（三）三清山国家公园

　　三清山国家公园（Mount Sanqing National Park）又名少华山，位于江西省德兴、玉山两县交界处。因玉京、玉虚、玉华三座山峰峻峭挺拔，宛如道教玉清、上清、太清三仙境而得名。主峰玉京峰海拔1819.9米。三清山集奇特的自然景观和神秘的道教文化于一身，素有"江南第一仙峰、天下无双福地"的美誉。

　　三清山以自然山岳风光称绝，现有西华台、三清宫、玉京峰、三洞口、梯云岭、玉灵观、石鼓岭七个分景区，已开发的奇峰有48座、怪石52处，景物景观400余处，植物1088种。区内奇峰异石、泉瀑溶洞、云海佛光、名贵动植物、第四纪冰川遗迹等构成丰富的自然景观，被誉为"黄山姊妹山"，其中"巨蟒出山""神女峰""观音听琵琶"为三大奇景，著名作家秦牧先生曾赞之为"云雾的家乡，松石的画廊"。景区内植被垂直分布明显，其中包括珍贵稀有植物黄山松、华东黄杉、华东铁杉等。

三清山以道教人文景观为特色，是一座具有 1600 余年历史的道教名山，素有"江南第一仙峰"之名，为历代道家修炼场所，自晋朝葛云、葛洪来山以后，便渐为信奉道学的名家所向往，现仍完好保存着三清宫道观及古建石刻 220 余处，有"露天道教博物馆"之称。

三清山是国家重点风景名胜区、国家 5A 级旅游景区、国家地质公园，在 2008 年 7 月 8 日世界遗产大会上成为世界自然遗产。

（四）瑞金共和国摇篮景区

瑞金共和国摇篮景区（PRC Cradle Scenic）位于江西省瑞金市沙洲坝村，1933 年 4 月，毛泽东随临时中央政府从叶坪迁来沙洲坝后，发现这个地方的群众饮水非常困难，毛泽东为避免群众长期饮用脏塘水，便实地勘察并寻找地下水源。9 月的一天，他带领干部、红军官兵与当地群众一道开了这口井。红军主力长征后，国民党军一次次用砂石填塞这口水井，沙洲坝人民为护井与之进行了顽强的斗争。1950 年，为迎接中央南方老根据地慰问团的到来，瑞金人民重修了这口井，并取名为"红井"，同时还在井边立了一块石碑，上书"吃水不忘挖井人，时刻想念毛主席"。现为全国重点文物保护单位，国家 5A 级旅游景区。

（五）龙虎山旅游景区

龙虎山风景名胜区（Mount Longhu）位于江西省鹰潭市区西南，离市区 20 千米，在贵溪、余江两县交界处。龙虎山自古以"神仙都所""人间福地"而闻名天下。源远流长的道教文化、奇绝秀美的丹山碧水和千古未解的崖墓之谜，构成了龙虎山风景名胜区自然和人文景观完美结合的惊世奇观，是世界自然遗产、世界地质公园、国家 5A 级旅游景区、中国道教祖庭。

龙虎山风景名胜区规划面积为 262 平方千米，现由七大景区、一个外围独立景点组成。其中，仙水岩景区、正一观景区、上清宫景区、马祖岩景区、应天山景区、天门山景区、圣井山景区为风景区的主体景观，鬼谷洞为风景区的外围独立景点。风景区共有 52 个景点、230 处景物景观。

龙虎山的山水自然天成。泸溪河（流经上清镇、龙虎山一带俗称上清溪）发源于福建光泽和江西资溪的崇山峻岭之中，似一条逶迤的玉带，把龙虎山的奇峰怪石、茂林修竹串联在两岸。龙虎山的丹霞地貌，奇峰秀出，造型惟妙惟肖，集"雄、奇、险、秀、幽"于一身，由红色砂砾岩构成的丹霞地貌与泸溪河相伴，构成了"一条涧水琉璃合，万叠云山紫翠堆"的奇丽景观。

第六节　江苏省

一、概况

江苏简称"苏"，于清康熙年间取"江宁府"与"苏州府"之首字而得名，省会南京市。全省面积 10.26 万平方千米，人口约 8526 万（截至 2023 年）。

江苏跨江滨海，平原辽阔，水网密布，湖泊众多。海岸线 954 千米，长江横贯东西，京杭大运河纵贯南北。全国五大淡水湖中，江苏的太湖和洪泽湖分别居第三和第四位。江苏地势平坦，地形以平原为主。平原、水域面积分别占 69% 和 17%，比率之高居全国首位。低山丘陵面积占 14%，集中分布在西南和北部。连云港云台山玉女峰是全省最高峰，海拔 625 米。

江苏历史悠久，是我国古代文明的发祥地之一，是中国历史文化名城最多的省份，有"鱼米之乡"的美誉，经济、文化发达，旅游资源极为丰富。江苏境内自然景观有太湖、瘦西湖、苏州古典园林、明孝陵、京杭大运河等。人文景观有南京的"石头城"、明孝陵、中山陵，徐州的汉代兵马俑，常州的"东南第一丛林"天宁禅寺，苏州的虎丘塔、寒山寺等，更有与长城齐名的古运河。江苏多有名山秀水，形成了诸多风景园林名城，苏州、扬州、无锡等皆以园林闻名世界。

二、主要旅游文化胜地

（一）苏州古典园林

苏州古典园林（Classical Gardens of Suzhou）位于江苏省苏州市，起始于春秋，发展于唐宋，全盛于明清，被誉为"人与自然和谐统一"的经典之作。苏州园林以拙政园、网师园、留园、沧浪亭、狮子林、环秀山庄等为代表，集中了江南园林建筑的精华，分别代表了宋、元、明、清不同时代的建筑风格，巧妙地运用了对比、衬托、对景、借景以及尺度变换，层次配合和小中见大、以少胜多等造园技巧和手法，将亭、台、楼、阁、泉、石、花、木组合在一起，在都市中创造出人与自然和谐共处的居住环境。江苏苏州的古典园林以其古、秀、精、雅、多而享有"江南园林甲天下，苏州园林甲江南"之誉。

1. 拙政园　建造于苏州私家园林发展的鼎盛时期，以其意境深远、构筑精致、艺术高雅、文化内涵丰富而成为苏州众多古典园林的典型代表。拙政园内山水交相辉映，中部现有水面面积近六亩，约占园林面积的三分之一，保持了明代"池广林茂"的特点。池中垒土石构筑成东、西两个岛山，把水池划为南、北两个空间。西山较大，山顶建长方形的"雪香云蔚亭"，东山较小，山后建六方形的"待霜亭"藏而不露。拙政园成为世界文化遗产，不仅因其有叠山傍水、移步换景的园林景观，还因其具备传承历史、融情于景的文化内涵。

2. 留园　位于曹雪芹笔下"红尘中一二等富贵风流之地"的苏州阊门之外，始建于明代万历年间（1593 年），已有四百多年历史，集住宅、祠堂、家庵、园林于一身，是中国现存规模较大的私家园林。

留园占地面积 30 余亩，园内以厅堂、走廊、花墙、洞门等划分空间，布局紧凑，同时巧妙地运用假山、水、石、花木等组成数十个大小不等的庭院景区。留园分东、中、西、北四个区域，东部以庭院建筑取胜，中部以山水见长，西部具山林野趣，北部呈田园风光，是浓缩的自然景观，有"不出城廓而获山林之怡，身居闹市而有林泉之趣"。

3. 狮子林　元代至正二年（1342 年），高僧维则来苏州的第二年，信众为其建造禅林，狮子为佛教用语，林指寺庙丛林。园内石峰奇巧，园林狮子林由此发端。

狮子林花园以假山、水池为中心，水池东南叠石为山，西岸垒土成丘，建筑多分布于东、北两面，以长廊贯通四周，为典型的建筑围绕山池的通式。狮子林假山，是中国古典园林现存大型叠山最曲折、最复杂的实例，假山群面积占全园五分之一，全部用"瘦、皱、漏、透"的太湖石堆叠，布局巧妙，蕴含禅意，有"人道我居城市里，我疑身在万山中"之妙。

两百多年前，乾隆皇帝从第二次南巡起，每次必游狮子林，共游历六次，他有感于山林清幽，假山奇幻，欣然题匾"真趣"二字，赋诗数十首，赞叹"城中佳处是狮林，细雨清风此首寻"。返京后，他分别在圆明园、避暑山庄仿建了两座狮子林，把江南造园艺术带到了北方，丰富了皇家园林的造园手法。

4. 沧浪亭　为苏州现存历史最久的园林，原为唐末五代吴越国中吴军节度使孙承祐之池馆。北宋庆历五年（1045 年），诗人苏舜钦购得，傍水建亭，以"沧浪濯缨"之典故取名，后归章、龚两氏。南宋韩世忠曾居此，时称韩园。元时改为妙隐庵、大云庵。明嘉靖廿五年（1546 年），僧人文瑛复建。清康熙三十五年（1696 年），江苏巡抚宋荦移亭土阜之上，道光、同治年间又经修葺、重建，遂成现状。

沧浪亭占地约 15 亩。园中布局打破了以水为主的惯例，将假山作为主体。入门迎面即见黄石为主、土石相间的假山，山上古木参天，山下凿有水池，四周环列明道堂、翠玲珑等建筑，一条蜿蜒的复廊环绕亭山，景色典雅、古韵悠长。

苏州古典园林在世界园林发展史上占有无可替代的重要地位。这些建于 11 至 19 世纪的园林，以其精雕细琢的设计，形成了独特而系统的景观形式，"咫尺之内再造乾坤"，其规划、设计、施工技术以及艺术效果对中国乃至世界的园林绿化发展产生了重大影响，折射出中国文化中取法自然而又超越自然的深邃意境。1997 年和 2000 年，苏州先后有两批共九座园林列入世界文化遗产名录。联合国教科文组织世界遗产委员会评价道，没有任何地方比历史名城苏州的九大园林更能体现中国古典园林设计的理想品质。

（二）钟山风景名胜区

钟山风景名胜区（Zhong shan Mountain National Park）位于江苏南京紫金山东麓，是国家 5A 级旅游景区，风景区自然景观优美，文化底蕴深厚，分布着各类名胜古迹

200 多处，其中全国重点文物保护单位 16 处，包括中国 20 世纪首批建筑遗产中山陵、世界文化遗产明孝陵、国家森林公园灵谷景区。

1. 中山陵　是民主革命先行者孙中山先生的陵墓。中山陵占地两千亩，依山而筑，气势磅礴，平面呈"自由钟"形。陵寝建筑中轴对称，从牌坊、墓道、陵门、碑亭到祭堂、墓室高差 70 米，有 392 级石阶，全部用白色花岗岩和钢筋水泥构筑，覆以蓝色琉璃瓦。中山陵被列为全国第一批重点文物保护单位，并入选"首批中国 20 世纪建筑遗产"名录。

2. 明孝陵　坐落在钟山南麓，是明朝开国皇帝朱元璋与皇后马氏的陵寝，始建于 1381 年，1413 年建成"大明孝陵神功圣德碑"，历经 32 年之久，1398 年朱元璋安葬于此。今天的明孝陵景区以明孝陵陵宫区为主，包括大金门、四方城、神道等景观。2003 年 7 月 3 日，经联合国教科文组织世界遗产委员会第 27 届会议审议通过，明孝陵作为明清皇家陵寝扩展项目列入《世界遗产名录》。

3. 梅花山　原名孙陵岗，因东吴大帝孙权葬此而得名。梅花山位于世界文化遗产明孝陵景区内，是国内唯一位于世界文化遗产内的赏梅胜地，无论植梅历史、规模、数量、品种，还是自然与文化积淀，在我国众多赏梅胜地中均位居前列，加之自然起伏的山形地势，被誉为"天下第一梅山"。

南京人植梅赏梅之风历代相沿。20 世纪 30 年代初，为纪念孙中山先生，将孙陵岗一带辟为纪念性植物园区，开始大规模的植梅。1944 年孙陵岗正式改名为"梅花山"，2005 年中山陵园管理局又将梅花种植面积扩大到 1533 亩，植梅 35000 多株，梅花盆景 6000 余盆。经过多年的精心培育，目前，梅花山梅花涵盖 11 个品种群，共计 360 多个品种。

4. 灵谷景区　位于中山陵东约一千米处，内有开善寺、灵谷寺等名胜古迹。

5. 音乐台　是中山陵重要的附属建筑，位于中山陵的东南面，由关颂声、杨廷宝设计，1933 年建成。整个音乐台为钢筋混凝土结构，场地平面布局呈半圆形，圆中心是舞台，台后建有大壁，以汇集音浪。台前有月牙形莲花池，可以增强乐坛的音响效果，池前是扇形草坪，可容纳三千观众。音乐台建筑风格为中西合璧，在平面布局和立面造型上，充分吸收古希腊建筑特点，而在照壁、乐坛等建筑物的细节处理上，则采用中国江南古典园林的表现形式，从而创造出既有开阔宏大的空间效果，又有精湛雕饰的艺术风格，达到了自然与建筑的和谐统一。

6. 美龄宫　位于钟山风景区四方城以东，是一座中西合璧的宫殿式建筑，古典的歇山式屋面覆盖绿色琉璃瓦，挑角飞檐，雕梁画栋，彰显着民族气韵。墙面和门窗则采用现代结构形式，尤其大面积的竖条形落地式钢门钢窗，在引进充沛光线的同时，也注入了西洋建筑韵味。中国传统建筑风格与西方现代建筑工艺的结合，使这座官邸达到中国近代建筑史上的近乎完美境界，2001 年被国家文物局列为国家级重点文物保护单位。

（三）扬州瘦西湖

瘦西湖（Slender West Lake in Yangzhou），位于江苏省扬州市城西北郊，是国家 5A 级旅游景区，此外，它还有一个响亮的头衔——大运河遗产点。瘦西湖本名保障湖，清代，扬州盐商和地方官员为迎接康熙、乾隆南巡，在沿湖两岸叠石置景，使景观得到了全面提升。乾隆年间，杭州诗人汪沆慕名来到扬州，饱览美景后，他把保障湖与家乡的西湖作比较，赋诗道："垂杨不断接残芜，雁齿虹桥俨画图。也是销金一锅子，故应唤作瘦西湖。"瘦西湖因此得名，并从清代至今一直有着"园林之盛、甲于天下"的美誉。

瘦西湖是扬州运河文化的重要组成部分，实际上是扬州不同时代的城壕，在清代的时候把它连缀起来，形成一个集群式的园林，是扬州城市水系的重要组成部分，也是运河系统的一部分。

五亭桥建于乾隆二十二年（1757 年），也叫莲花桥，由扬州的巡盐御史高恒仿北京北海的五龙亭和十七孔桥而建。"上建五亭、下列四翼，桥洞正侧凡十有五"，五亭桥的建筑风格既有南方之秀，也有北方之雄。中国桥梁专家茅以升曾评价说："中国最古老的桥是赵州桥，最壮美的桥是卢沟桥，最秀美的、最富艺术代表性的桥，就是扬州的五亭桥了。"白塔同样是瘦西湖内的标志景点，也称观音寺白塔，它高 27.5 米，塔座为八角四面，每面三龛，龛内有砖雕的十二生肖像。和北京北海白塔的厚重稳健不同，这里的白塔比例匀称、轮廓秀美。

除了五亭桥和白塔，瘦西湖内还有二十四桥、熙春台、钓鱼台、徐园、小金山等诸多知名景点。这座湖上园林，融南方之秀和北方之雄，碧水如镜，两岸花柳，一路楼台，像一幅徐徐展开的工笔长卷。

第七节　浙江省

一、概况

浙江省简称"浙"，境内最大的河流钱塘江因水流曲折，称之江，又称浙江，省以江名，省会杭州市。浙江地处中国东南沿海长江三角洲南翼，东临东海。全省陆域面积 10.55 万平方千米，海域面积 26 万平方千米。人口约 6627 万（截至 2023 年）。浙江地形复杂，有"七山一水两分田"之说。地势由西南向东北倾斜，省内有钱塘江、瓯江、京杭大运河（浙江段）等八条水系，有杭州西湖、绍兴东湖、嘉兴南湖、宁波东钱湖四大名湖及人工湖泊千岛湖。

浙江素有"鱼米之乡""丝绸之府"的美誉，是吴越文化、江南文化的发源地，享有"文化之邦"的盛名。远古时代"建德人"在此繁衍生息。春秋时的越国、三国的孙吴和五代十国的吴越均以浙江为发端。南宋以临安为都，杭州一度成为南宋的政治和文化中心。

浙江旅游景点数量众多，类型丰富，主要包括以杭州西湖、普陀山、天台山、灵隐寺、钱塘潮等为代表的风景名胜区，以乌镇、西塘、南浔等为代表的水乡古镇，以西溪国家湿地公园、南麂列岛、清凉峰、天目山等为代表的自然保护区，以千岛湖、溪口、安吉竹乡、钱江源等为代表的国家森林公园，以及雁荡山世界地质公园和临海、常山两处国家地质公园。名胜古迹有西湖、大运河、江郎山、雁荡山、良渚古城遗址等。

二、主要旅游文化胜地

（一）杭州西湖文化景观

杭州西湖文化景观（West Lake Cultural Landscape of Hangzhou）肇始于 9 世纪、成形于 13 世纪、兴盛于 18 世纪并传承发展至今，包括 5 大类景观：秀美的自然山水、独特的"两堤三岛""三面云山一面城"的景观整体格局、著名的系列题名景观"西湖十景"、内涵丰富的 10 处相关重要文化遗存、历史悠久的西湖龙井茶园，具有丰富的历史文化内涵、独特的审美特征以及突出的精神价值，于 2011 年被列入《世界遗产名录》。

杭州西湖文化景观遗产区面积约 43.3 平方千米。自 9 世纪以来，西湖的湖光山色引得无数文人骚客、艺术大师吟咏兴叹、泼墨挥毫。景区内遍布庙宇、亭台、宝塔、园林，其间点缀着奇花异木、岸堤岛屿。西湖承载着悠久的历史，积淀着深厚的文化，传承着数千年的文化精髓。白居易、苏东坡疏浚西湖，造就美丽长堤；林逋隐居孤山，以梅为妻，以鹤为子；岳飞精忠报国，长眠于湖畔；秋瑾巾帼不让须眉，革命一生，埋骨西泠。

西湖十景是指西湖的十处经典景观。名为苏堤春晓、曲院风荷、平湖秋月、断桥残雪、花港观鱼、柳浪闻莺、三潭印月、双峰插云、雷峰夕照和南屏晚钟。西湖十景涉及了春夏秋冬、晨昏昏夜、晴雾风雪、花鸟虫鱼等关于季节、时段、气象、动植物的景观特色，以及堤、岛、桥、园林、亭、台、楼、阁等极为丰富的景观元素，并各有侧重地表现出或生动，或静谧，或隐逸等审美主题。该十景形成于南宋时期，主要分布于杭州西湖水域内或周边。十景各擅其胜，组合在一起又能代表西湖胜景精华。

（二）良渚古城遗址

良渚古城遗址（Archaeological Ruins of Liangzhu City）因发现于浙江省杭州市余杭区良渚镇而得名，是长江下游地区首次发现的新石器时代城址，也是中国长江下游环太湖地区的一个区域性早期国家的权力与信仰中心。

良渚古城遗址总占地面积 3 平方千米，被誉为"中华第一城"，包含公元前 3300 年至前 2300 年的城址、功能复杂的外围水利系统、分等级墓地（含祭坛）等系列遗址、体现用玉制度的精致极致的良渚玉器等 4 类主要人工遗存，其外围水利系统是迄今所知中国最早的大型水利工程，也是世界最早的水坝。

位于浙江省杭州市余杭区，是太湖流域一个早期区域性国家的权力与信仰中心。遗产构成要素包括公元前 3300 年至前 2300 年的城址、功能复杂的外围水利工程和同时期分等级墓地（含祭坛）等。一系列以象征其信仰体系的玉器为代表的出土文物，也为其内涵及价值提供了有力佐证。

良渚古城遗址展现了一个存在于中国新石器时代晚期的以稻作农业为经济支撑，并存在社会分化和统一信仰体系的早期区域性国家形态，印证了长江流域对中国文明起源的杰出贡献。良渚古城遗址真实、完整地保存至今，显示出距今 5000 年前中国长江流域史前社会稻作农业发展的高度成就。良渚文化对其后五千年的中华文明发展产生广泛而深远的影响，可实证中华文明的发展特征。该遗址于 2019 年被列入《世界遗产名录》。

（三）杭州西溪国家湿地公园

杭州西溪国家湿地公园（Hangzhou Xixi National Wetland Park）位于浙江省杭州市西部，距西湖仅 5 千米，总面积为 11.5 平方千米，是中国十大魅力湿地、国家 5A 级旅游景区。

西溪湿地蕴含"梵、隐、闲、俗、野"五大主题文化元素，有"秋芦飞雪、火柿映波、龙舟胜会、莲滩鹭影、洪园余韵、蒹葭泛月、渔村烟雨、曲水寻梅、高庄宸迹、河渚听曲"十景，"福堤、绿堤、寿堤"三堤，是全国首个也是国内唯一一个集城市湿地、农耕湿地和文化湿地于一体的国家湿地公园。其自然景观和人文风情体现在以下 3 个方面。

1. 西溪之胜，独在于水　水是西溪的灵魂，园内河道总长 100 多千米，约 68% 的面积为河港、池塘、湖漾、沼泽等水域，水体库容量约 500 万立方米。西溪水道如巷、鱼塘栉比，从空中鸟瞰犹如片片鱼鳞，更有"万塘揽胜"之称。现今保留鱼塘 1066 个，串联成独特的水上游线。游客不论乘坐电瓶船或是摇橹船，都可尽享西溪质朴的自然景观、深厚的人文风情，品味都市里的慢生活。

2. 西溪之美，美在生态　湿地内芦白柿红、桑青水碧、竹翠梅香、鹭舞燕翔，动植物资源极其丰富，鸟类品种有 181 种，占杭州鸟类总数的 50% 以上；植物 700 多种；陆地绿化率在 85% 以上，是杭州绿地生态系统的重要组成部分，发挥着重要的科研科普教育功能，被誉为"杭城绿肾"。

3. 西溪之重，重在文化　西溪经历了汉晋始发、唐宋发展、明清全盛、民国衰落、当代复兴 5 个历史阶段。西溪自古就有隐逸之美名，被文人墨客视为世外桃源和休闲、养生、隐居、吟诗作画的理想佳境。苏东坡、董其昌、郁达夫等一大批名人，在此创作了大量的诗文、碑文、游记等。清代康熙、乾隆两位皇帝也曾游历西溪，并留下了若干诗作。

国家级非遗蒋村龙舟胜会、省级非遗西溪船拳，还有西溪越剧、西溪小花篮、西溪水乡人家习俗等民俗文化，在西溪湿地不断被挖掘、保护，并融入旅游活动中，得到了活态的传承。此外，西溪还保留了"水上婚礼""干塘捕鱼"等诸多传统民俗，再现当地淳朴的民风。

第八节　上海市

一、概况

上海简称"沪"，别称"申"，是中国第一大城市，国家中心城市，地处长江三角洲前缘。全市土地面积为 6340.5 平方千米，人口约 2487.5 万（截至 2023 年）。上海河网大多属黄浦江水系，黄浦江流经市区，是上海的水上交通要道。上海市的著名景点有外滩、南京路、人民广场、豫园、静安寺、新天地、上海迪士尼度假区、陆家嘴、崇明岛、滴水湖、淀山湖、朱家角、枫泾古镇等。上海博物馆、上海城市规划展示馆、东方明珠广播电视塔、上海大剧院、上海豫园、豫园商城、上海外滩风景区、上海新天地娱乐休闲街、陆家嘴金融贸易区等为上海市国际文化交流基地。东方明珠广播电视塔、野生动物园、上海科技馆、中国共产党一大·二大·四大纪念馆景区为我国 5A 级景区。

二、主要旅游文化胜地

（一）外滩

外滩（The Bund）又名中山一路，是为了纪念中国民主革命的先驱孙中山先生而命名的。外滩是上海的标志，是最具上海特征的景观。

在近代史上，外滩曾是西方列强在上海的政治、金融、商务和文化中心，浦西外滩集中了罗马、希腊、西班牙等各式洋楼，堪称"万国建筑博物馆"；浦东陆家嘴一带新楼林立而成为浦东新外滩。乘游艇游览黄浦江，可饱览港口及其两岸迷人景色。

外滩观光隧道是位于南京东路外滩与陆家嘴东方明珠之间的越江观光隧道，全长646.70 米。两岸出入口由自动扶梯输送旅客；隧道内采用现代国际先进的全自动、牵引式封闭车厢输送旅客，过江时间只需 2.5 ～ 5 分钟。运用现代高科技手段，在隧道内演示各种图案及背景音乐，使过江过程带有极强的趣味性、娱乐性和刺激性，是最具有特征的上海景观。

（二）上海东方明珠广播电视塔

上海东方明珠广播电视塔（The Oriental Pearl Radio）（简称"东方明珠"）位于浦东新区陆家嘴，于 1991 年 7 月动工兴建，1995 年 5 月投入使用。其造型由 11 个大小不一、高低错落的球体营造出"大珠小珠落玉盘"的东方韵味。

东方明珠集都市观光、时尚餐饮、购物娱乐、历史陈列、浦江游览、会展演出等多功能于一体，已成为上海的标志性建筑和旅游热门景点之一。作为上海标志性建筑，其独特的造型已成为上海市的一张名片，被列入上海十大新景观，是全国首批 5A 级旅游景区。

（三）上海科技馆

上海科技馆（Shanghai Science and Technology Museum）以"自然、人文、科技"为主题，以提高公众科技素养为宗旨，是上海重要的科普教育和休闲旅游基地，位于花木行政文化中心区。上海科技馆设有地壳探秘、生物万象、智慧之光、设计师摇篮、彩虹乐园、自然博物馆、蜘蛛展等八个展区和巨幕影院、球幕影院、四维影院、太空影院及会馆等配套设施。上海科技馆融展示与参与、教育与科研、合作与交流、收藏与制作、休闲与旅游于一体，以学科综合的手段及寓教于乐的方式，使游客在赏心悦目的活动中接受现代科技知识的教育和科学精神的熏陶。上海科技馆于 2010 年被评为国家 5A 级旅游景区。

（四）上海中国共产党一大·二大·四大纪念馆

中国共产党第一次全国代表大会纪念馆（The Memorial Site of the 1st National Congress of the Communist Party of China）由中国共产党第一次全国代表大会会址、宣誓大厅、新建展馆等组成。其中，《伟大的开端》基本陈列展厅的展览以"初心使命"贯穿全篇，综合采用多种展示手段，全面系统地展示中国共产党的诞生历程。

中国共产党第二次全国代表大会纪念馆（The Memorial Site of the 2nd National Congress of the Communist Party of China）由序厅、中共二大展厅、中共二大会议旧址、党章历程厅、平民女校旧址展厅等组成，通过人机互动的展陈方式和多媒体展示等交互手段，真实再现中国共产党创建初期的峥嵘岁月。

中国共产党第四次全国代表大会纪念馆（The Memorial Site of the 4th National Congress of the Communist Party of China）全面地讲述中共四大会议通知、14 份大会文件、会址的考证等相关内容，并融入多媒体互动技术，完整再现 1925 年中共四大在上海召开的历史。

上海是党的诞生地、初心始发地和伟大建党精神孕育地。中国共产党从这里诞生，从这里出征，从这里走向全国执政，留下了丰富的红色资源，中共一大、二大、四大纪念馆是极为宝贵的革命纪念地，填补了上海市红色 5A 级旅游景区的空白。

【本章小结】

山水神秀江南风韵旅游区包括长江中下游的六省一市，即湖北省、湖南省、安徽省、江西省、江苏省、浙江省和上海市。本区地形以平原、丘陵为主，河流、湖泊众多，气候温和，雨量充沛，植被茂密，山明水秀，自然景观优美，四季皆可游赏。旅游资源神奇秀丽，以都市风光、古镇古村、名山秀水、古典园林等最为著名。

课堂互动

1. 请根据本旅游区的自然地理环境和人文地理环境，分析归纳本区旅游资源的特点。

2. 请查阅资料，从地形地势的历史变迁角度谈一谈，神农顶作为华中第一高峰，它的形成过程。

探研思辨

1. 黄山是以什么标准，成为世界文化与自然双遗产呢？它的价值体现在哪些方面？请查阅资料，尝试从黄山丰富的自然遗产资源、黄山的美学价值和黄山厚重的文化底蕴方面进行分析，分小组讨论。

2. 随着长江经济带发展、长三角区域一体化发展等国家战略的实施，长三角城市群融合发展正翻开新的篇章。从江苏省苏州市吴江区黎里出发，分别开至上海市青浦区、浙江省嘉兴市嘉善县西塘——两条跨省公交专线的正式开行,意味着长三角区域一体化省际互联互通正迈向"无缝衔接"。发展规划对接、交通网络谋划、信息设施互联、产业分工协作、生态环境共保、社会资源共享……目前,"长三角"旅游城市群正在全面推进旅游国际化进程,大力推动旅游业与现代服务业融合发展,建设一批高品质的旅游度假区、都市休闲区和乡村度假区,形成面向全球引领全国的世界级旅游城市群。

　　请查找资料,从旅游规划管理角度,谈一谈"长三角"旅游城市群采取了哪些有效的措施促进旅游业的发展?

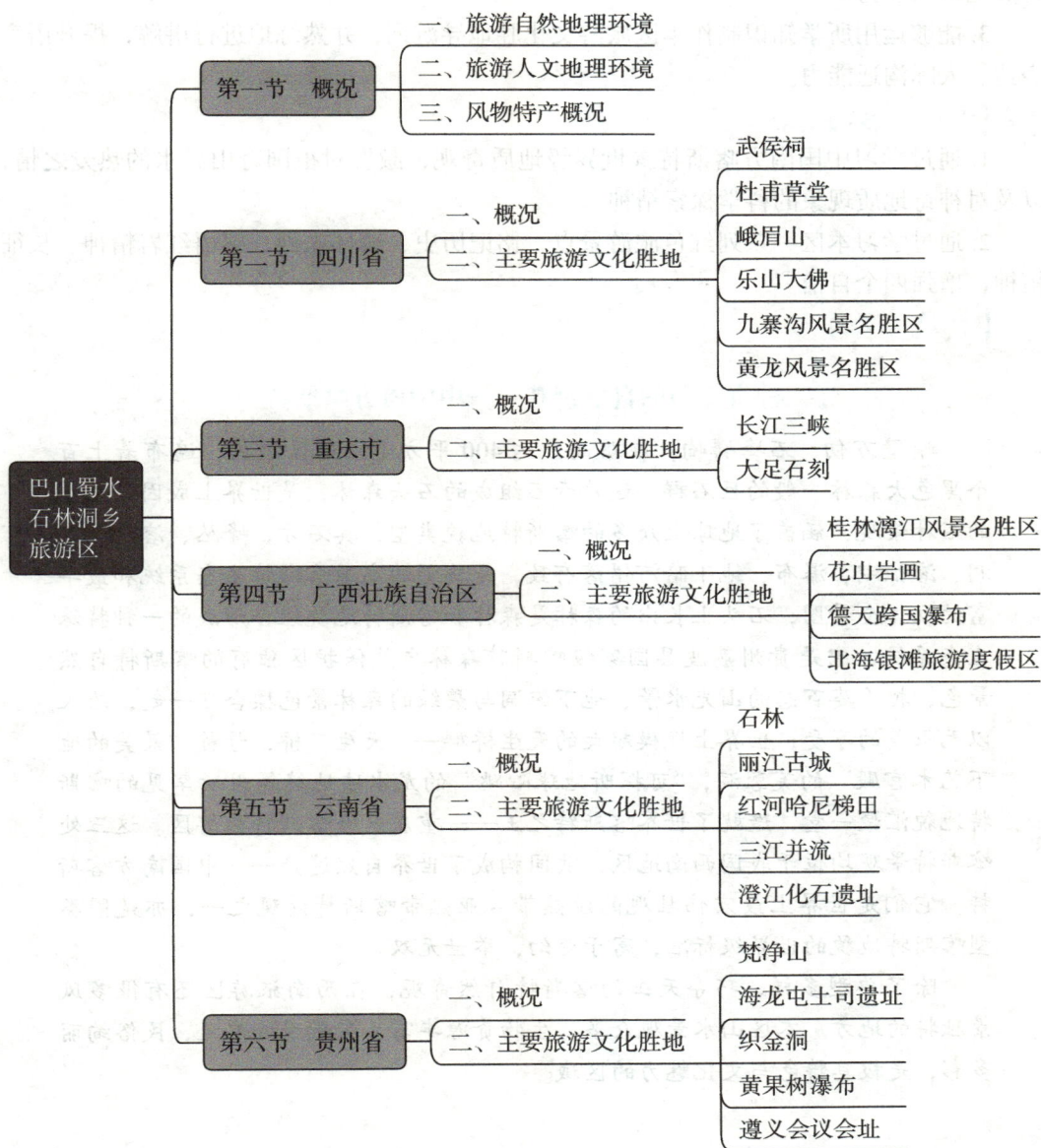

第八章　巴山蜀水石林洞乡旅游区　▷▷▷▷

【思维导图】

```
                              ┌─ 一、旅游自然地理环境
                  ┌ 第一节　概况 ┼─ 二、旅游人文地理环境
                  │            └─ 三、风物特产概况
                  │                                    ┌─ 武侯祠
                  │                                    ├─ 杜甫草堂
                  │            ┌─ 一、概况              ├─ 峨眉山
                  ├ 第二节　四川省 ┤                   ├─ 乐山大佛
                  │            └─ 二、主要旅游文化胜地 ┼─ 九寨沟风景名胜区
                  │                                    └─ 黄龙风景名胜区
                  │            ┌─ 一、概况
巴山蜀水          ├ 第三节　重庆市 ┤                   ┌─ 长江三峡
石林洞乡 ─────────┤            └─ 二、主要旅游文化胜地 ┴─ 大足石刻
旅游区            │                                    ┌─ 桂林漓江风景名胜区
                  │            ┌─ 一、概况              ├─ 花山岩画
                  ├ 第四节　广西壮族自治区 ┤           ├─ 德天跨国瀑布
                  │            └─ 二、主要旅游文化胜地 └─ 北海银滩旅游度假区
                  │                                    ┌─ 石林
                  │                                    ├─ 丽江古城
                  │            ┌─ 一、概况              ├─ 红河哈尼梯田
                  ├ 第五节　云南省 ┤                   ├─ 三江并流
                  │            └─ 二、主要旅游文化胜地 └─ 澄江化石遗址
                  │                                    ┌─ 梵净山
                  │            ┌─ 一、概况              ├─ 海龙屯土司遗址
                  └ 第六节　贵州省 ┤                   ├─ 织金洞
                               └─ 二、主要旅游文化胜地 ├─ 黄果树瀑布
                                                        └─ 遵义会议会址
```

【知识目标】

1. 掌握：本旅游区的自然地理环境和人文地理环境特征。

2. 熟悉：本旅游区的主要旅游文化胜地。

3. 理解：本旅游区概况及风物特产。

【能力目标】

1. 能够根据本旅游区自然地理环境及人文地理环境，分析该区旅游资源特点，提高分析问题、总结归纳能力。

2. 能够根据本旅游区旅游资源的特点与分布，进行旅游线路设计，增强自主学习、解决问题的能力。

3. 能够运用所学知识制作本区旅游文化胜地导游词，并熟练地进行讲解，提升语言表达、人际沟通能力。

【思政目标】

1. 通过学习中国南方喀斯特等世界级地质奇观，激发对祖国奇山异水的热爱之情，以及对神奇地质现象的科学探索精神。

2. 通过学习本区一系列红色旅游景点，铭记历史，缅怀先烈，感悟红岩精神、长征精神，增强四个自信。

【情境导入】

神奇变幻的自然奇观——中国南方喀斯特

　　峭壁万仞、石峰嶙峋，在路南广达 400 平方千米的区域内，遍布着上百个黑色大森林一般的巨石群，这片奇石组成的石头森林，是世界上成因最复杂的石林景观，涵盖了地球上众多的喀斯特地貌类型，其石牙、峰丛、溶丘、溶洞、溶蚀湖、瀑布、地下暗河错落有致，是典型的高原喀斯特生态系统和最丰富的立体全景图；石头上长出的森林是森林和喀斯特地貌组合形成的一种特殊生态系统，它是贵州荔波县国家级喀斯特森林自然保护区独有的喀斯特自然景色，把千姿百态的山光水景、地下溶洞与碧绿的森林景色揉合在一起，给人以无限美的享受；世界上规模超大的天生桥群——天生三桥，号称"最美的地下艺术宫殿"的芙蓉洞，"可探听地球心跳"的龙水峡地缝等世所罕见的喀斯特地貌汇聚一堂，造就了世界喀斯特之王——重庆武隆喀斯特旅游区。这三处喀斯特景观均位于我国西南地区，共同构成了世界自然遗产——中国南方喀斯特。它们是世界上最宏伟壮观的湿热带 – 亚热带喀斯特景观之一，亦是同类型喀斯特地貌的世界级标准，富于变幻，举世无双。

　　除了典型多样、巧夺天工的喀斯特自然奇观，在西南旅游区还有很多风景独特的地方。本区山水景观众多、生物资源丰富、宗教遗迹广泛、民俗绚丽多彩，是极具特色与文化魅力的区域。

第一节　概　况

巴山蜀水石林洞乡旅游区位于我国的西南地区，包括重庆市、四川省、云南省、贵州省和广西壮族自治区共五个省、自治区、直辖市，总面积 114.2 万平方千米，总人口约 2.0148 亿（截至 2023 年）。本区地貌复杂多样，地形以山地、高原、盆地为主，岩溶地貌发育典型。区域以温和湿润亚热带季风气候为主，因地势反差大亦具有明显地域差异。生物垂直分布明显，种群类型丰富多彩，自然旅游资源独具特色。本旅游区是我国最大的少数民族聚居区，蕴育了绚烂多姿的民族风情文化。巴蜀遗址、宗教古迹、革命纪念地众多，构成了其特有的人文旅游资源。本区旅游资源丰富且充满独特魅力，旅游业已成为各省市的龙头产业或支柱产业。

一、旅游自然地理环境

（一）地形地貌丰富多样，岩溶地貌广泛典型

本区地理结构复杂、地貌丰富多样，包括四川盆地、广西丘陵盆地、云贵高原和横断山区四个差异较大的地理单元。

四川盆地是中国著名红层盆地（堆积了厚达数千米的紫色或红色页岩而得名），囊括四川省中东部和重庆大部，位于长江上游，海拔 500 米左右。该盆地聚居着四川、重庆的大部分人口，是中国和世界上人口最稠密的区域之一，也是巴蜀文化的摇篮。其中的成都平原被称为"天府之国"，土壤肥沃，河渠稠密，有著名的都江堰自流灌溉，蜀相诸葛亮曾赞其为"沃野千里，天府之土"。盆地中部方山丘陵南部边缘山地石灰岩分布广泛，兴文石林、巫山十二峰和金佛山等名山都是由岩溶地貌发育而成。

广西盆地四周群山环绕，盆地中部为低丘平原，受西江水系切割，多呈海拔 200 米左右的红色丘陵。盆地周边在湿润多雨气候条件下，多为石灰岩岩溶、河流冲积共同作用形成的峰林、密集如林的岩溶山峰彼此分离，清澈见底的河水环绕岩溶山峰静静流淌，山清水秀、石美洞奇，岩溶地形发育良好，桂林—阳朔山水是其典型代表。

横断山脉山高谷深、高差悬殊，在本区主要分布在四川西部和云南西部。山脉之间穿行着许多河流，形成许多峡谷。金沙江、澜沧江和怒江相距最近处在北纬 27°30′ 附近，直线距离仅 76 千米，形成了三江并行奔流 170 多千米而不交汇的自然奇观。位于云南丽江市境内的虎跳峡，是世界最雄伟的峡谷之一。谷深 3000 多米，最窄处仅 30 多米，相传老虎可一跃而过而得名。横断山脉成为印度洋的暖湿气流进入中国的通道，增加了降雨，在北部地区形成了大面积的沼泽，即著名的若尔盖湿地，并形成了久负盛名的石灰岩钙化梯田黄龙和九寨沟。

云贵高原由云南高原和贵州高原组成，地势十分崎岖。其西北部为云贵高原地势最高带，海拔一般在 3000～4000 米，有许多终年积雪的高山，如玉龙雪山、梅里雪山、哈巴雪山等，自北向南，山脉的高度逐渐降低，山脉及河流间的间距在拉大，峡谷深度

也在加大，形成了著名的纵向峰谷区。云贵高原地区沉积了大量的石灰岩，逐渐被流水溶蚀，从而形成了石林、溶洞、暗河、峰林和天坑等景观，是我国"岩溶地貌"最为典型和广布的地区。岩溶地质公园——云南石林、著名的织金洞、黄果树瀑布溶洞群及其周围的笔架状群峰即其典型代表。

(二) 气候类型复杂，四季皆宜旅游

本区纬度较低，距海洋相对较近，大部分地区属亚热带季风气候，冬无严寒、夏无酷暑、温暖湿润，舒适宜人，一年四季皆宜旅游。但因地域辽阔，地势高低悬殊以及距海远近不同，区内气候也有明显差异。

四川盆地属亚热带湿润季风气候，其特点是冬暖、春早、夏热、无霜期长。由于盆地四周高山环绕，盆地内水网发育，风力微弱，故而盆地内湿度大、云雾多、日照少，重庆就是闻名天下的中国雾都。广西丘陵盆地气候主要是中亚热带、南亚热带湿润季风气候，气候温暖、热量丰富，降水丰沛、干湿分明，日照适中，"五岭皆炎热、宜人独桂林"是其典型代表。云贵高原属低纬高原，是生产四季如春气候的绝佳温床，四季如春气候的代表城市有昆明、大理等；横断山脉气候受地形影响，冬干夏雨，干湿季非常明显，气候有明显的垂直变化。"一山有四季，十里不同天"是横断山最大的气候特点，山麓河谷为亚热带，随地势的升高，逐渐变为暖温带、温带、寒温带、高山寒带和终年积雪等垂直分布的非地带性气候类型。

(三) 天然动植物王国，自然保护区众多

西南区域地质构造复杂，地貌千差万别，加之南北跨度大，地理纬度较低，气候垂直变化明显，使本区植被茂盛，生物多样性极其丰富，拥有大量的特有动植物物种。其中云南是中国植物类型最丰富的省份，其国土面积仅占4.1%，却拥有中国一半以上的植物种类，号称"植物王国"，并已发现哺乳动物300余种，鸟类686种，包括本地特有物种和珍稀濒危物种，如大熊猫、川金丝猴、雪豹、羚牛、四川梅花鹿、滇金丝猴、白唇鹿、孟加拉虎以及27种雉类等，是世界公认的生物多样性保护热点地区。

为保护原始的自然生态环境和种类众多的野生动植物，本区建有中国最具特色的多个自然保护区。如保护黔金丝猴、珙桐和梵净山冷杉等珍稀濒危野生动植物及其原始森林生态系统的贵州梵净山自然保护区；保护热带森林生态系统和珍稀野生动植物的云南西双版纳国家级自然保护区；保护珍稀孑遗树种银杉和其他珍稀濒危野生动植物资源及典型常绿阔叶林带森林生态系统的广西花坪国家级自然保护区；保护西南高山林区自然生态系统及大熊猫等珍稀动物的四川卧龙自然保护区等。这些国家级自然保护区为开展生态旅游活动提供了良好条件，是极具吸引力的旅游资源。

二、旅游人文地理环境

(一) 少数民族众多，民族风情浓郁

我国众多的少数民族主要分布在东北、西北和西南地区，并以云贵高原为中心的西南地区的民族种类最为众多，有壮、藏、彝、苗、傣、白、布依、哈尼等多个少数民族。这些少数民族都有着悠久的历史、淳朴的民风、独特的地域文化，诸如农耕、游牧、节庆、服饰、饮食起居、婚丧、建筑、语言文字、宗教信仰等，构成了一幅浓郁而又色彩斑斓的中国民俗风情图画。例如，节庆活动中，壮族的歌圩节、彝族的火把节、苗族的芦笙节、白族的三月节、傣族的泼水节、傈僳族的刀杆节、瑶族的盘王节等，都热烈隆重。通过不同的节庆活动，展示民族服饰文化、饮食文化、民族风情、歌舞艺术等，对旅游者具有强大的吸引力。

(二) 宗教名山古迹遍布、遗址古城闻名于世

本区宗教文化名山和古迹分布较广，四川西南部的峨眉山是我国著名四大佛教名山之一，相传是普贤菩萨的道场，它与云南鸡足山以及贵州阳宝山并称为西南三大佛教圣地；位于乐山市东、凌云山西壁，岷江、大渡河和青衣江交汇处的乐山大佛举世闻名，是世界上最大的弥勒佛坐像，还有潼南大佛、荣县大佛、资阳半月山大佛、阆中大佛等一批石刻佛像；在重庆市西 120 千米的大足区境内，有著名的大足石刻，是中国晚期石窟艺术的代表杰作；位于云南省大理古城北约 1000 米处的崇胜寺三塔，东对洱海，西靠苍山，以悠久的历史、丰富的文化内涵及其独特的美学价值，成为云南古代历史文化的象征；此外位于四川省都江堰市西南 10 千米处的青城山，是我国道教发源地之一，居于中国四大道教名山之首。

巴蜀古国等遗址、遗迹也很丰富。三星堆古遗址位于四川省广汉市西北的鸭子河南岸，分布面积 12 平方千米，距今已有 3000 ～ 5000 年历史，是迄今在西南地区发现的范围最大、延续时间最长、文化内涵最丰富的古城、古国、古蜀文化遗址。三星堆遗址被称为 20 世纪人类最伟大的考古发现之一，昭示了长江流域与黄河流域一样，同属中华文明的母体，被誉为"长江文明之源"。四川省还遍布三国遗迹，如成都的武侯祠、剑阁县的剑门关等，张飞庙等。延续了 1000 多年的西南茶马古道，不仅促进了众多民族的经济文化往来，也孕育形成了许多闻名于世的历史名城，如丽江古城、大理古城等历史文化古城。

【知识拓展】

茶马古道

茶马古道，是指唐代以来为顺应当地人民需求，在中国西南和西北地区，以茶叶和马匹为主要交易内容、以马帮为主要运输工具的商品贸易通道，是中国西南民族经济文化交流的走廊，也是中国统一的历史见证和民族团结的象征。

　　茶马古道以川藏道、滇藏道与青藏道（甘青道）三条大道为主线，辅以众多的支线、附线，构成的一个庞大的交通网络。地跨陕、甘、贵、川、滇、青、藏，外延达南亚、西亚、中亚和东南亚各国。古道延续了一千多年之久，从隋唐时期设立互市开始，宋榷茶马，元修驿路，明开碉门，清兴滇茶，各族人民共同书写了悠久而辉煌的古道历史。

　　西南茶马古道是经济贸易之路，更是文化交流之路。西南各民族共同创造的灿烂的茶马文化，为古道注入了饮茶爱茶、开拓进取、包容互鉴、和平共处等文化内涵，塑造了它的鲜明特色和独特魅力。

（三）革命纪念地集中分布，红色文化内涵丰富

　　本区作为我国重要的革命老区，红色历史悠久，是红军长征战役战斗最多、持续时间最长的地区，也是一代伟人邓小平和众多将帅的故乡，现存的革命遗址、战斗遗迹、纪念场馆众多，具有开展爱国主义教育、革命传统教育和发展红色旅游经济的丰富资源。其中最为知名的有重庆红岩革命历史博物馆、歌乐山烈士陵园陈列馆、红军飞夺泸定桥纪念馆、广安邓小平同志故居、仪陇县朱德同志故居纪念馆、贵州省遵义会议遗址、广西壮族自治区百色起义纪念馆、云南省扎西会议会址等。

　　每一个红色文化旅游景点都蕴含着丰富的政治智慧和道德滋养，本区众多革命纪念地形成了"长征精神""红岩精神"等红色精神，"长征精神"是中国人民攻坚克难的强大精神动力，"红岩精神"是铸造崇高思想境界（新时代干事创业）的不竭力量源泉。这些精神是红色文化的精髓，内涵丰富，从中能够汲取奋进的智慧和力量，因此，红色文化旅游资源是宝贵的精神财富，本旅游区成为我国重要的红色旅游目的地。

三、风物特产概况

　　本区物产十分丰富，四川省的药材、蜀锦、漆器、牛肉干、泸州老窖、五粮液、剑南春；重庆市的荣昌折扇、沱茶、涪陵榨菜、合川桃片、江津米花糖；贵州的茅台酒、董酒、苗家蜡染；云南的普洱茶、云烟、云药；广西的壮锦、铜鼓、钦州坭兴陶、北海贝雕、合浦珍珠等，均闻名中外，深受游客的喜爱。

　　名菜和风味小吃中以川菜为首，是中国四大传统菜系之一，以用料广泛、味型丰富（尤其善用麻辣）、变化多样著称。川菜菜系由筵席菜、大众便餐菜、家常菜、火锅、风味小吃五大类组成。此外还有五胖鸭、元宝鸡、白市驿板鸭、汽锅鸡、过桥米线、府州桂花鱼、桂林烧乳猪、尚稽豆腐皮、都匀太师饼等各色风味小吃，皆为广大游客津津乐道。

第二节　四川省

一、概况

　　四川省简称"川"或"蜀"，其名称源于宋朝在此地设置的"川峡四路"（成都益

州路、广元利州路、奉节夔州路、三台梓州路），省会成都市。四川位于中国西南腹地，长江上游。全省总面积48.6万平方千米，人口约8368万（截至2023年）。

四川省位于中国地形三大阶梯中的第一阶梯青藏高原和第三阶梯长江中下游平原的过渡地带，东西地势相差悬殊，整体呈西高东低分布：川西北属青藏高原，以寒温带气候为主；川西南属云贵高原，以亚热带半湿润气候为主；川东是四川盆地，以中亚热带湿润气候为主。省内河流众多，大多属长江水系。复杂的地貌类型造就了这里星罗棋布的山水胜境，自古便有"天下山水之观在蜀"之说。

四川的古蜀文明是中华文明的源头之一，此后形成的巴蜀文化更以其神秘独特的魅力，与中原文化交相辉映，成为中华优秀传统文化的重要组成部分。

四川省是一个多民族聚居的大省，除汉族外，彝族、藏族、羌族、苗族、土家族等11个少数民族世居于此，是全国唯一的羌族聚居区、最大的彝族聚居区和第二大藏区。多姿多彩的少数民族风情吸引了无数中外游客。

二、主要旅游文化胜地

（一）武侯祠

武侯祠（Wuhou Shrine），位于四川省成都市武侯区，占地面积约15万平方米，始建于蜀汉章武元年（公元221年），原本是纪念三国时期蜀汉丞相诸葛亮的专祠，明洪武二十四年（1391年）被移入其东侧的汉昭烈庙（即刘备庙）内，成为中国唯一一座君臣合祀的祠庙。至1998年，当地政府又将三义庙搬迁至武侯祠内，奠定了今日之格局。

武侯祠是三国遗迹之源，由汉昭烈庙、武侯祠、惠陵、三义庙四部分组成。汉昭烈庙是祭祀三国时期蜀国统治者刘备的庙宇，由刘备殿及殿前东西两侧的文臣武将廊构成。正殿内供奉着整个庙宇中最为高大的刘备坐像，左右偏殿是关羽和张飞塑像，文臣武将廊内塑有三国蜀汉文臣武将像各14尊；其后是武侯祠，主殿诸葛亮殿无论高度还是形制都略逊于刘备殿，体现了严格的君尊臣卑观念，殿内正中便是羽扇纶巾、温文尔雅的一代名相诸葛亮塑像；再后是三义庙，按《三国演义》描写塑有刘、关、张三人年轻时塑像，以纪念他们桃园结义之情。最后是刘备及其二夫人的合葬墓——惠陵，墓冢高12米，周长约180米，在帝王陵寝中算是规模较小的一座。

武侯祠中较为著名的文物有唐代《蜀丞相诸葛武侯祠堂碑》，因碑文（裴度撰文）、书法（柳公绰书写）、镌刻（鲁建镌刻）的造诣都很高超，俗称"三绝碑"，还有清代赵藩撰写的名联《攻心联》，上联：能攻心则反侧自消，从古知兵非好战；下联：不审势即宽严皆误，后来治蜀要深思。对仗工整、立意深远，为中国名联之一。

【知识拓展】

锦里

锦里属于成都武侯祠博物馆的一部分，与武侯祠仅一墙之隔，是一段以明清时期四川民居建筑风格为特色，以三国文化和四川传统民俗文化为内涵的步行街，全长 550 米。锦里历史悠久，商业气息浓郁，早在秦汉、三国时期便已闻名中国，号称"西蜀第一街"。主要景点有锦里古街、古戏台、九品小吃街、诸葛井、西蜀第一牌坊等，现已成为成都文化旅游的一张名片。

（二）杜甫草堂

杜甫草堂（Du fu thatched），位于四川省成都市青羊区，占地面积近 300 亩，原是中国唐代诗人杜甫流寓成都时的故居，后经历代修葺扩建，已成为一处集纪念祠堂和诗人旧居为一体，兼具凭吊怀古和游览赏玩功能于一体的古典园林和文化圣地。

杜甫是唐代伟大的现实主义诗人，其诗篇大多反映当时社会矛盾、人民疾苦和时代巨变，被誉为"诗史"，他本人也被后人尊为"诗圣"。杜甫在蜀中漂泊期间创作了大量脍炙人口的诗歌，代表作有《登高》《春望》《茅屋为秋风所破歌》等，一句"安得广厦千万间，大庇天下寒士俱欢颜"道出了其忧国忧民的高尚情怀。

杜甫草堂按功能可划分为文物景点游览区（草堂旧址）、园林景点游览区（梅园）和服务区（草堂寺）三个区域。草堂旧址内，照壁、正门、大廨、诗史堂、柴门、工部祠等主要建筑排列在一条中轴线上，其间陈列着自明清至今数尊杜甫石刻塑像和名家楹联。工部祠东侧有一座"少陵草堂"碑亭，是清雍正十二年（1734 年）果亲王进藏，经过成都并拜谒草堂时所建。工部祠后是依据杜诗描写并参照明清格局恢复重建的"茅屋景区"，充满诗意的田园风貌。草堂旧址中，流水萦回，小桥勾连，竹树掩映，显得既庄严肃穆、古朴典雅而又幽深静谧、秀丽清朗。

梅园位于草堂西北角，原是一处占地数十亩的私家花园，新中国成立后成为草堂景区的一部分，是一处秀丽别致的古典园林。

草堂寺位于草堂旧址东侧，原是一处佛教寺庙，后亦被划为杜甫草堂的一部分，寺中大雄宝殿现已辟为"大雅堂"，陈列着迄今为止国内最大面积（64 平方米）的大型彩釉镶嵌磨漆壁画和 12 尊历代著名诗人雕塑，形象地展示了杜甫生平和中国古典诗歌的发展史。

（三）峨眉山

峨眉山（Mount Emei），中国四大佛教名山之一。位于四川省峨眉山市西南部，四川盆地西南边缘，属邛崃山脉余脉。《峨眉郡志》云："云鬟凝翠，鬓黛遥妆，真如蟠首峨眉，细而长，美而艳也，故名峨眉山。"山体自峨眉平原拔地而起，南北延伸，绵延超过 23 千米。景区面积约 154 平方千米。主要山峰为大峨山、二峨山、三峨山、四峨山，其中大峨山最高，主峰万佛顶海拔 3099 米，大峨、二峨两山相对，远远望去，双峰缥缈，犹如画眉。1996 年 12 月 6 日峨眉山作为世界文化与自然遗产被联合国世界遗产委员会列入《世界遗产名录》。

峨眉山自然景观绮丽多姿，素有"峨眉天下秀"之美誉。全山峰峦叠嶂，含烟凝翠，飞瀑流泉，鸟语花香，草木茂而风光秀，具有"雄、秀、奇、险、幽"的特色，尤其以云海、日出、佛光、圣灯四大奇观著称于世，为峨眉景观精华所在。峨眉山景区云雾多，日照少，雨量充沛，气候带垂直分布明显，加之地质构造复杂，河流纵横交错，造就了这里丰富的动植物资源。景区森林覆盖率达87%，拥有各种植物近5000种、野生动物3200余种，其丰富程度全国罕见，特别是药用植物占到全山植物总数的33%，堪称"仙山药园"。

峨眉山文化底蕴深厚。佛教、道教、武术、山茶文化在峨眉山蓬勃发展。作为中国佛教四大名山之一，佛教中普贤菩萨的道场，峨眉山地区普贤信仰浓厚，全山佛寺众多且历史悠久，比较著名的有万年寺、伏虎寺、报国寺、洪椿坪、洗象池、清音阁等，"洪椿晓雨""象池夜月""双桥清音"等景观名胜更为其增添了几分"仙山佛国"的意境。位于峨眉金顶的铜铸鎏金十方普贤像，通高48米，总重660吨，是峨眉山上最大的普贤圣像和全山标志性建筑。

（四）乐山大佛

乐山大佛（Leshan Giant Buddha），又名凌云大佛，位于峨眉山东麓的凌云山栖鸾峰，濒大渡河、青衣江和岷江三江汇流处。大佛开凿于唐代开元元年（公元713年），完成于贞元十九年（公元803年），历时约90年，为一尊依山而坐的巨型弥勒佛坐像，通高71米，是我国现存最大的一尊摩崖石刻造像。乐山大佛景区约2.5平方千米，山水交融，独具特色，人工元素与自然美景巧妙结合，是世界文化与自然双重遗产峨眉山—乐山大佛的重要组成部分。

凌云山处于三江汇流之处，岷江、青衣江、大渡河三江之水汇聚于凌云山麓，水势凶猛无匹，古时舟楫行至此处常常造成船毁人亡的悲剧。因此，唐朝著名禅师海通和尚为减杀水势，发宏愿在凌云山上开凿大佛，以佛力镇水，甚至不惜自剜双目保护募集的工程款。最终经过三代工匠的不懈努力，前后历经90年方才完工。

乐山大佛坐东面西，面相端庄，头与山齐，足踏大江，通高71米，头高14.7米，耳长7米，发髻1051个（以单个石块逐一镶嵌而成），肩宽24米，手指长8.3米，从膝盖到脚背28米，脚背宽8.5米，脚面可围坐百人以上，正所谓"山是一尊佛，佛是一座山"。在大佛左右两侧沿江崖壁上，还有两尊身高超过16米的护法天王石刻，与大佛一起形成了一佛二天王的格局。大佛初建成时，遍身彩绘、璎珞披肩，外建有木质阁楼保护，但屡建屡毁，最终废毁殆尽。尽管大佛裸露在外，栉风沐雨，但依靠其头部和身上一套巧妙设计、隐而不见的排水、隔湿和通风系统，防止大佛遭受侵蚀性风化，使大佛屹立千年而不倒。

（五）九寨沟风景名胜区

九寨沟风景名胜区（Jiuzhaigou Valley Scenic and Historic Interest Area），位于四川省西北部阿坝藏族羌族自治州九寨沟县境内，是一条纵深50余千米的山沟谷地，因沟内坐落着树正寨、荷叶寨、则查洼寨等九个藏族村寨而得名。景色主体由沟内108个大小不一的高山湖泊和瀑布、滩流构成，号称"水景之王"，景区总面积约6.4万公顷。

九寨沟地处青藏高原向四川盆地过渡地带，山谷深切，高差悬殊，中部峰岭均在

4000 米以上，且地质背景复杂，碳酸盐分布广泛，发育了大规模喀斯特作用的钙华沉积，形成了九寨沟连绵起伏的雪峰，深邃静谧的丛林，色彩艳丽的湖泊，以及湍急飞溅的溪流和瀑布。翠海、叠瀑、彩林、雪峰、藏情、蓝冰，被称为九寨沟"六绝"。特别是分布其间的 108 个海子（高山湖泊），会随着周围景色变化和阳光照射角度变化变幻出五彩的颜色，置身其中，仿佛进入童话世界。这些湖泊最小的（五彩池）仅半亩，大的（长海）达千亩以上，湖泊周围被茂密的原始森林所覆盖，并随季节的变化，呈现出种种绮丽的风貌。沟谷中还分布着 17 处大型瀑布，如诺日朗瀑布、珍珠滩瀑布等，跌宕起伏、雄浑壮丽，给原本静谧幽深的九寨沟平添了几分活泼生动的氛围。

九寨沟动植物资源异常丰富，拥有许多珍稀物种，具有极高的科学研究和生态保护价值，为全国生物多样性保护的核心地带和国家地质公园，是我国第一个以保护自然风景为主要目的的自然保护区。1992 年，九寨沟作为世界自然遗产被联合国教科文组织世界遗产委员会列入《世界遗产名录》。

（六）黄龙风景名胜区

黄龙风景名胜区（Huanglong Scenic and Historic Interest Area），位于四川省阿坝藏族羌族自治州松潘县，与九寨沟相距 100 千米，由黄龙主景区、牟尼沟景区、红星岩景区、雪宝鼎景区、四沟景区、丹云峡景区、红军长征纪念碑碑园等部分组成。主要景观集中于一条长约 3.6 千米的黄龙沟内，并拥有丰富的动植物资源，是世界自然遗产九寨沟—黄龙景区的重要组成部分。

黄龙沟内遍布乳黄色的碳酸钙华沉积，3400 余个钙化彩池，8 万平方米的钙化流滩似一条黄色巨龙俯卧于密林之中。从顶峰流下的雪水汇聚成溪，在黄龙沟形成层层叠叠的梯状湖泊、池沼。其中五彩池是沟内最大的一组彩池群，也是当今世界上规模最大、海拔最高的露天钙华彩池群。五彩池池堤低矮，错落有致，汪汪池水漫溢，远看块块彩池宛如片片碧色玉盘，水色因水底沉积物和树木、山色的变化而呈现黄、绿、浅蓝、蔚蓝等颜色，五彩缤纷，美不胜收。人行其间，似入画中，有"人间瑶池"的美誉。

【知识拓展】

重走长征路·奋进新征程

四川是红色资源热土，是中国工农红军长征经过的主要地区，是川陕革命根据地中心区域。四渡赤水、巧渡金沙江、彝海结盟、飞夺泸定桥、爬雪山过草地等经典战役和革命奇迹都在四川境内发生，绘就了一幅幅波澜壮阔、气势恢宏的历史画卷，谱写了一曲曲感天动地、气壮山河的壮丽诗篇，为四川留下了宝贵的红色文化积淀，也为四川厚植了得天独厚的红色资源优势。

四川境内以长征为主题的红色旅游景点分布非常广泛，根据四川省发布的红色旅游精品线路，可分为八大部分，包括以皎平渡、彝海、两河口会议纪念地等 19 个景区为主的"长征四川段"线路；以"鸡鸣三省"石厢子会议旧址、太平古镇、二郎古镇等 6 个景区为主的"四渡赤水"线路；以会理会议纪念地、礼州古镇、邛海等 9 个景区为主的"巧渡金沙江"线路；以安顺场、海螺沟、泸定桥等 8 个景区为主的"强渡大渡河"线路；以夹金山、硗碛藏寨、达维会师遗址、四姑娘山等 8 个景区为主的"翻越夹金山"线路；以红军长征纪念碑、毛尔盖会议旧址等 15 个景区为主的"过雪山草地"线路；以邓小平故里、朱德故里、陈毅故里及华蓥山等 8 处景区为主的"伟人故里"线路；以红三十三军纪念馆、王坪旅游景区、恩阳古镇、苍溪红军渡等 13 个景区为主的"川陕苏区"线路等。

这些密布于巴山蜀水间的红色文化旅游资源讲述着一个个令人动容的红色故事，激励着到此参观游览的国人弘扬长征精神、传承红色基因、坚定伟大信仰。

第三节　重庆市

一、概况

重庆市，简称"渝"，别称山城、江城，其名称来源于宋光宗，因其先封恭王再即帝位，于是升恭州为重庆府。重庆市地处中国西南部，是长江上游地区经济、金融、科创、航运和商贸物流中心。1997 年划为直辖市，是国家中心城市、超大城市。总面积 8.24 万平方千米，人口约 3191.4 万（截至 2023 年）。

重庆市西北部和中部以丘陵、低山为主，东南部靠大巴山和武陵山两座大山脉，坡地较多，地势起伏大，地貌结构复杂，因此有"山城"之称。重庆市属亚热带季风性湿润气候，冬暖春早，夏热秋凉，空气湿润，降水丰沛，日照少，云雾多，故有"巴山夜雨""雾都重庆"之说。境内河流众多，主要河流有长江、嘉陵江、乌江、涪江等。长江干流自西向东横贯全境，流程长达 665 千米，形成了举世闻名的"长江三峡"。

重庆市是国家历史文化名城、巴渝文化发祥地，有 3000 余年建城史，夏商时期巴国在此建都，元末大夏在此建国，因近代国民政府迁都重庆，使重庆成为近代中国大后方政治军事经济文化中心，并孕育出著名的"红岩精神"。境内主要旅游资源除长江三峡外，还有世界文化遗产大足石刻、世界自然遗产武隆喀斯特等。

二、主要旅游文化胜地

（一）长江三峡

长江三峡（Three Gorges of the Yangtze River）位于长江上游，西起重庆奉节白帝城，东至湖北宜昌南津关，全长 193 千米。自西向东依次为瞿塘峡、巫峡和西陵峡。三峡是全球罕见的游船可以穿行的大峡谷，两岸高峰夹峙、险峻雄伟、层峦叠嶂、奇石峥嵘；江水深切、迂曲回环、惊涛裂岸、烟笼雾锁；沿途更有千载文明遗迹、万古风流文章和无数动人传说，令人无限神往，是一处集游览观光、科考怀古、艺术鉴赏、文化研究、民俗采风等为一体的旅游风景名胜区和国家地质公园。

1.瞿塘峡　又名夔峡，西起重庆奉节白帝城，东至巫山县大溪镇，全长约8千米，是长江三峡中最窄且距离最短的一个峡。虽然长度最短，但却以雄伟险峻而著称。

白帝城是东汉初年公孙述筑城，易守难攻，三国时蜀汉刘备兵败至此，临死前托孤于诸葛亮。白帝城是瞿塘峡峡口，江水入峡处，白盐、赤甲两山对峙，仿佛两扇大门洞开，即为"夔门"。右岸峭壁上刻有"夔门天下雄"五个苍劲大字。船行至此，顿生"峰与天关接，舟从地窟行"之感。峡谷两岸石壁上奇石众多，"孟良梯""凤凰饮泉""倒吊和尚""犀牛望月"等形似非似，引人遐想。峡谷内还有一小峡"风箱峡"，岸壁悬有许多棺木，是古代巴人悬棺葬遗址。

石宝寨位于重庆忠县境内长江北岸，因三峡工程蓄水成为长江上一处大型江中"盆景"，享有长江"小蓬莱"美称。寨楼依山而建，飞檐展翼，极为壮观。寨楼共12层，通高56米，结构独具匠心，采用穿斗式木构架，整个塔楼无一铁钉，世所罕见。

此外，该峡区还有天坑地缝、丰都鬼城、云阳张飞庙等自然和人文旅游胜地。

2.巫峡　又名大峡，位于重庆巫山县和湖北巴东县两县境内，西起巫山县城东面的大宁河口，东至巴东县官渡口，绵延45千米，以幽深秀丽著称。整个峡区奇峰突兀，怪石嶙峋，峭壁屏列，绵延不断，是三峡中最可观的一段，宛如一条迂回曲折的画廊，充满诗情画意，处处有景，景景相连。

"放舟下巫峡，心在十二峰"。巫峡以巫山得名，巫山十二峰千姿百态，像一串翠绿的宝石，镶嵌在江畔。其中最为著名的当数第四峰神女峰，峰上有一挺秀的石柱，形似亭亭玉立的少女。她每天最早迎来朝霞，又最后送走晚霞，故又称"望霞峰"。

小三峡是巫峡的支流大宁河风景的精华所在，分龙门峡、巴雾峡、滴翠峡三个小峡谷，可谓汇集了所有烟笼雾锁的幽深之美，令人流连忘返。

3.西陵峡　在湖北宜昌市秭归县境内，秭归是爱国诗人屈原的故里，江北岸香溪河上游便是王昭君故里。这里是西陵峡的开端，东至湖北省宜昌南津关，全长120千米，是长江三峡中最长、以滩多水急闻名的山峡。整个峡区由高山峡谷和险滩礁石组成，峡中有峡，大峡套小峡；滩中有滩，大滩含小滩。自西向东依次是兵书宝剑峡、牛肝马肺峡、崆岭峡、灯影峡四个峡区，以及青滩、泄滩、崆岭滩、腰叉河等险滩。

【知识拓展】

世界第一水利工程——三峡大坝

三峡大坝位于西陵峡中段的湖北省宜昌市境内的三斗坪，距下游葛洲坝水利枢纽工程38千米。三峡大坝始建于1994年，是世界上规模最大的混凝土重力坝，集防洪、发电、航运、水资源利用等功能为一体。

三峡工程是迄今世界上综合效益最大的水利枢纽，在发挥巨大的防洪效益和航运效益外，其1820万千瓦的装机容量和847亿千瓦时的年发电量均居世界第一。坛子岭观景点是整个三峡大坝的最高点和最佳观景点。在这里，可以俯瞰整个三峡大坝，还能看到船过五级船闸的景象。

（二）大足石刻

大足石刻（Dazu Rock Carvings）位于重庆市大足区境内，距重庆市 167 千米，有 74 处 5 万余尊宗教石刻造像，以佛教题材为主，儒、道教造像并陈，主要分布于该县西南、西北和东北的山区，共 23 处，较集中的有宝顶山、北山等 19 处。大足石刻代表了公元 9—13 世纪世界石窟艺术的最高水平，足以与云冈、龙门、莫高、麦积山等四大石窟相媲美，是人类石窟艺术史上最后的丰碑。它从不同侧面展示了唐、宋时期中国石窟艺术风格的重大发展和变化，具有前期石窟不可替代的历史、艺术、科学价值。大足石刻以规模宏大、雕刻精美、题材多样、内涵丰富、保存完好而著称于世。1999 年 12 月，联合国教科文组织世界遗产委员会将大足石刻中的北山、宝顶山、南山、石篆山、石门山（简称"五山"）五处摩崖造像列入《世界遗产名录》。

宝顶山石刻包括以圣寿寺为中心的大佛湾、小佛湾造像，由号称"第六代祖师传密印"的赵智凤历时 70 余年，总体构思组织开凿而成，是一座造像近万尊的大型佛教密宗道场，全部造像图文并茂，无一龛重复。巨型雕刻达 360 余幅，其中又以千手观音像、佛涅槃像、华严三圣像、牧牛图、圆觉洞、三品九生图、六道轮回等最为著名。

北山石刻位于大足区城北 2 千米的北山上，有造像近万尊，始刻于唐末，直至南宋完成，历时 250 余年。北山摩崖造像主要为世俗祈佛出资雕刻，造像题材以佛教密宗为主，其次有三阶教、净土宗等。造像以雕刻细腻、艺精技绝、精美典雅而著称于世，展示了公元 9 世纪末至 12 世纪中叶（晚唐、五代、两宋）中国民间佛教信仰及石窟艺术风格的发展变化。其中晚唐代表作有观无量寿佛经变相、毗沙门天王龛、三世佛龛等，五代时期代表作有东方药师净土变相、陀罗尼经幢等，宋代代表作如转轮经藏窟、数珠观音等。

【知识拓展】

红岩精神，永放光芒

重庆是一座有着光荣革命斗争传统的历史文化名城，抗日战争时期和解放战争时期，留下了许多革命前辈活动的遗踪胜迹。特别是位于主城区及其周边的渝中红岩革命文化旅游区，集中反映了以周恩来为代表的南方局老一辈无产阶级革命家、共产党人和革命志士，在抗日战争时期到解放战争初期（1939 年 1 月—1946 年 5 月），在国民党统治区进行艰苦卓绝斗争的历程。形成了著名的"红岩精神"。

红岩革命文化旅游区因为罗广斌、杨益言创作的长篇小说《红岩》而家喻户晓，其中江姐、许云峰、小萝卜头、华子良、双枪老太婆等艺术形象深入人心，对游客有极大的吸引力。主要包括红岩革命纪念馆、曾家岩 50 号"周公馆"、新华日报总馆旧址、新华日报营业部旧址、重庆谈判和《双十协定》签订地址——桂园、中共代表团驻地旧址和歌乐山红岩魂革命纪念馆、白公馆、渣滓洞、松林坡、梅园、红炉厂、狼犬室等重要红色旅游景点，是一组独具重庆特色的红色文化资源。

"红岩精神"集中体现为坚如磐石的理想信念、和衷共济的爱国情怀、艰苦卓绝的凛然斗志和百折不挠的浩然正气。习近平总书记高度肯定"红岩精神"，他以更加深邃的历史眼光、更加宽广的时代视野和更加厚重的历史史实，先后四次对红岩精神进行了重要论述。他表示"重庆的光荣革命传统，熔铸了崇高的红岩精神，是激发和凝聚全市干部群众团结奋进的强大精神力量。"这些深刻阐述，更加彰显了红岩精神在新时代的重要地位和独特价值。

第四节　广西壮族自治区

一、概况

广西壮族自治区，简称"桂"，首府为南宁市，由宋朝在此建制的行政单位——"广南西路"而得名，又因秦代属桂林郡辖地，故简称桂。全省总面积 23.76 平方千米，人口约 5027 万（截至 2023 年）。广西位于中国南部，南濒北部湾，面向东南亚，是中国西南最便捷的出海通道，也是中国唯一具有沿海、沿江和沿边优势的少数民族自治区。它是中国与东盟之间唯一既有陆地接壤又有海上通道的省区，成为双向连接中国与东盟市场的重要枢纽。

广西位于云贵高原向东南沿海丘陵的过渡地带，具有周高中低、形似盆地、山地多、平原少的地形特点。地质构造复杂，经过漫长的历史发展，孕育了极其丰富的地貌旅游资源，既有以桂林漓江为典型的喀斯特地貌旅游区，又有以资源资江为代表的丹霞地貌旅游区，既有桂平西山的花岗岩地貌旅游区，又有以北海银滩、涠洲岛的海滨地貌旅游区。此外，还有金秀大瑶山的砂岩旅游地貌区。

广西属亚热带季风性温润气候。气温较高，雨量充沛，干湿分明、冬短夏长，年均温在 16～23℃之间，一年四季皆可旅游。

广西是多民族聚居的自治区，世居民族有壮、汉、瑶、苗、侗、仫佬、毛南、回、京、彝、水、仡佬 12 个，另有满、蒙古、朝鲜、白、藏、黎、土家等 44 个其他民族。少数民族人口 2004 万，占自治区常住人口的 42.5%，是全国少数民族人口最多的省（区）。其中以壮族人口最多，为 1698 万，占自治区常住人口的 36%。众多民族各自的语言、服饰、建筑、生活习惯、风土人情、喜庆节日、民间艺术、工艺特产、风味饮食等，构成了多姿多彩的民族风情，为民族风情旅游提供了良好的条件。

独特的自然风光、宜人的气候条件和优越的地理区位为广西旅游业发展奠定了良好基础。山水景观、滨海风光、边境风貌、民族风情和红色旅游构成广西的特色旅游资源。

二、主要旅游文化胜地

(一) 桂林漓江风景名胜区

漓江风景名胜区 (Lijiang River) 位于桂林市漓江流域的西南面区域，由漓江和漓江沿岸喀斯特地貌共同构成，是喀斯特地形发育最典型的地段，是岩溶风景之大成、桂林山水之精华，曾被明代旅行家徐霞客誉为"碧莲玉笋世界"，素有"山水甲天下"之美誉。漓江属珠江水系的桂江上游河段，全长 214 千米，其中由桂林至阳朔 84 千米的漓江，像一条青绸绿带，盘绕在万座峰之间，风光旖旎，犹如一幅百里画卷，故有"百里漓江画廊"之称。沿途主要景点有漓江蓝湾、南洲岛、象鼻山、穿山、斗鸡山、"净瓶卧江"、"奇峰林立"、"父子岩"、"龙门"古榕、大圩古镇、磨盘山、冠山、绣山、"仙人推磨"、"鲤鱼挂壁"、画山、"浪石风光"、"青峰倒影"、"兴坪佳境"、黄山倒影、螺蛳山、碧连峰、书童山等。漓江的水，蜿蜒曲折，明洁如镜，清澈见底，游鱼可数，夹岸青峰，平地拔起，奇异峻美，千姿百态，山多有洞，洞幽景奇，瑰丽壮观，洞中怪石，鬼斧神工，琳琅满目，形成了"山青、水秀、洞奇、石美"的变幻莫测的四绝景观。和着江面渔舟红帆，从山峰倒影的画面上流过，令人有"船在水中游，人在画中游"之感。

漓江精华段的每一处景致，都是一幅典型的中国水墨画。古往今来，漓江的山山水水，浸透了无数诗人墨客的诗情画意。"江作青罗带，山如碧玉簪"（韩愈）"分明看见青山顶，船在青山顶上行"（袁枚）"玉带蜿蜒画卷雄，漓江秀丽复深宏"（郭沫若），无数名人在悠悠漓江水上，留下了永恒的诗篇。漓江风景名胜区是漓江流域喀斯特地貌最大最集中的区域，世界喀斯特专家学者公认桂林喀斯特是世界喀斯特皇冠上的明珠。2014 年 6 月，漓江风景名胜区的 700 平方千米喀斯特区域成功申报世界自然遗产。

(二) 花山岩画

花山位于崇左市宁明县城西北 25 千米的明江河畔，以其古老神奇的岩画而闻名于海内外。据专家考证，花山岩画 (Huashan Rock Art Cultural Landscape) 创作始于春秋时期，延至后汉，距今已有 2500 多年的历史。花山石灰岩悬崖峭壁上有一高约 40 米、长约 170 米的庞大画面，有各种人物图像 3100 余幅，并有各种鸟兽和圆形图案。人像最高的有 3 米，最小的只有 30 厘米。这些崖壁画，或三五为组，或千百为群，多画在下临深渊、上难攀援的河道拐弯绝壁之上。全部画像是用赭红色单线条勾勒，线条粗犷，神态各异，形象传神，场面热烈而富有诡秘色彩，构成了一幅气势恢宏的古骆越民族历史画卷，是研究壮族历史文化及民族学、考古学、民俗学的珍贵史料。

花山岩画是左江流域岩画中的代表，也是世界同类岩画中面积最大、画面最集中，内容最丰富、保存最完好的一处岩画，被誉为壮族文化的瑰宝和世界岩画的极品。其图像之多、分布之广密、作画地点之陡峭、作画条件之艰险，都被公认为世所罕见。花山岩画因岩画与中国南方壮族先民骆越人生动而丰富的社会生活融合在一起所显示的独特性，于 2016 年 7 月成功入选《世界遗产名录》，填补了中国岩画类世遗项目的空白。

【知识拓展】

岩画

　　岩画是指在岩穴、石崖壁面和独立岩石上的彩画、线刻、浮雕的总称，是一种石刻文化。古人在岩石上磨刻和涂画，来描绘人类的生活，以及他们的想象和愿望，岩画中的各种图像，构成了文字发明以前，原始人类最早的"文献"，是描绘在崖石上的史书。岩画不仅涉及原始人类的经济、社会和生活，还作为人类的精神产品，以艺术语言打动人心。

　　中国岩画分布广泛，地理学家郦道元所著的《水经注》对岩画的发现与记载详细而全面，其范围包括半个中国。在黑龙江、内蒙古、甘肃、青海、新疆、西藏、广西、云南、贵州、四川及江苏等地，都有古代岩画。中国岩画内容丰富多彩，形式多种多样，可分为南方、北方两大系统。北方地区的岩画多表现动物、人物、狩猎及各种符号，南方地区的岩画除描绘动物、狩猎外，还表现采集、房屋、村落、宗教仪式等。

（三）德天跨国瀑布

　　德天瀑布（Detian waterfall）位于崇左市大新县硕龙镇德天村，中国与越南边境处的归春河上游，景区位于中越边境，距 53 号界碑约 50 米。德天瀑布宽 100 米，分三级瀑布，垂直高度 70 多米，与越南板约瀑布相连，雨季两瀑布融为一体，全宽 208 米，水流激荡、气势磅礴、蔚为壮观。浩浩荡荡的归春河水，从北面奔涌而来，高崖三叠的浦汤岛，巍然耸峙，横阻江流，江水从高达 50 余米的山崖上跌宕而下，撞在坚石上，水花四溅，水雾迷蒙，远望似缟绢垂天，近观如飞珠溅玉，透过阳光的折射，五彩缤纷，那哗哗的水声，振荡河谷，声闻数里，气势十分雄壮。德天瀑布是亚洲第一、世界第四大跨国瀑布，年均水流量约为贵州黄果树瀑布的三倍，神奇而美妙，成为国家 5A 级旅游景区。

（四）北海银滩旅游度假区

　　北海银滩旅游度假区（Beihai Silver Beach）位于北海市南部海滨，距北海市区 8 千米，拥有银滩景区、金海湾红树林生态保护景区、滨海国家湿地公园和银滩老码头风情商业街等景点。核心景区银滩西起侨港镇渔港，东至大冠沙，由西区、东区和海域沙滩区组成，东西绵延约 24 千米，海滩宽度在 30 ～ 3000 米，其面积超过北戴河、青岛、大连、烟台、厦门海滨浴场的面积的总和，被誉为"天下第一滩"。

　　北海银滩具有"滩长平，沙细白，水温净，浪柔软，无鲨鱼"的特点，沙滩全部由高品位纯净的石英砂堆积而成，沙子里二氧化硅含量高达 98.3%，砂质洁白细腻，如珍珠粉末般细滑，在阳光的照耀下晶莹如银，故称"银滩"。北海银滩所临海域无任何工业污染，海水能见度大于 2 米，水质超过我国沿海平均标准的一倍以上，海水水质各项指标均达到一级（优质）。银滩海水年平均温度 23.7℃，一年内适宜下海游玩的时间长达 9 个月；银滩空气清新，空气中负氧离子含量高达 5000 个 /cm³ 以上，是我国内陆城市的 50 ～ 100 倍，有"天然氧吧"之称。浴场宽阔，海水退潮快，涨潮慢，沙滩自净能力强，游泳安全系数高。北海银滩是我国南方最理想的滨海浴场和海上运动场所，有"南方北戴河""东方夏威夷"之美称。

第五节　云南省

一、概况

云南省简称"滇"或"云"，地处我国西南边陲，以地处云岭以南而得省名；又因东部在战国时为滇国辖地，简称"滇"，省会昆明市。全省面积 39.4 万平方千米，人口约 4673 万（截至 2023 年）。

云南地形以高原山地为主，约占全省总面积的 94%，星罗棋布的坝子仅占 6%。云南具有复杂多样的气候类型。全省季风气候特征极为明显，冬季盛行干燥的大陆季风，夏季盛行温润的海洋季风。加之地形地貌复杂，境内高山深谷纵横交错，立体气候特点显著，类型众多。

云南省是全国植物种类最多的省份，被誉为"植物王国"。热带、亚热带、温带、寒温带等植物类型都有分布，古老的、衍生的、外来的植物种类和类群很多。云南省有高等植物 13000 多种，占全国的 50.1%，树种繁多，类型多样，优良、速生、珍贵树种多，药用植物、香料植物、观赏植物等品种在全省范围内均有分布。云南有中草药 2000 多种，三七、天麻、云木香、云黄连、云茯苓等在传统中药中享有很高声誉，香料植物多达 400 余种，故云南省还有"药物宝库""香料之乡""天然花园"之称。云南省动物种类数为全国之冠，素有"动物王国"之称。珍稀保护动物较多，许多动物在中国国内仅分布在云南省。蜂猴、滇金丝猴、野象、野牛、长臂猿、印支虎、犀鸟、白尾梢虹雉等 46 种属于国家一类保护动物；熊猴、猕猴、灰叶猴、穿山甲、麝、小熊猫、绿孔雀、蟒蛇等 154 种属于国家二类保护动物。

云南省是人类重要的发祥地之一，生活在距今 170 万年前的云南元谋猿人，是迄今为止发现的中国乃至亚洲最早人类之一。云南是我国少数民族最多的省份，少数民族人口约占全省总人口的 1/3。其中，哈尼族、白族、傣族等 15 个民族为云南省所特有，使其成为特有民族最多的省份，堪称祖国多民族大家庭的缩影。

云南各族人民在长期的社会实践中，创造了深邃、悠远和极具特色的文化，丰富了中华民族的文化宝库；加之大自然的鬼斧神工，点化出云南雄奇的山川、旖旎的风光，使其以独特的自然景观、人文风物、民族风情著称于世，成为国内外闻名遐迩的旅游胜地。

二、主要旅游文化胜地

(一) 石林

石林景区（Stone Forest Scenic）位于昆明市石林彝族自治县境内，是以石林地貌景观为主的岩溶地质公园。石林喀斯特地貌面积达 1100 多平方千米，保护区面积 350 平方千米，其中最负盛名的核心景区由大石林、小石林、万年灵芝、李子园箐、步哨山五个片区组成。石林形态类型主要有剑状、塔状、蘑菇状及不规则柱状等，奇山怪石，气势恢宏，造型优美，似人似物。许多石峰如"莲花峰""剑峰池""阿诗玛石峰""万年灵芝"等惟妙惟肖，栩栩如生。特别是这里连片出现的石柱群，远望如树林，故名"石林"。

石林风景区溶岩发育独特，地质演化复杂，科教及美学价值极高。2.7 亿年的地质变迁，造就了今天的剑峰巍峨、山石壮阔。石林风景区多期、多阶段的复杂演化历史无可比拟，历经火山喷溢、湖床覆压而重现天日的岩峰，是世界上最复杂的喀斯特，也是地球历史的记录者。石林风景区，是地形、气候、岩层相互作用，臻于完美的结果，高度多样化的岩石遍布原野，是自然天成的喀斯特博物馆，素有"天下第一奇观""石林博物馆"的美誉。云南石林的剑状、柱状和塔状喀斯特作为中国南方喀斯特的重要组成部分，2007 年 6 月 27 日被列入《世界遗产名录》。

(二) 丽江古城

丽江古城（Old Town of Lijiang），又名"大研古镇"，坐落在丽江坝中部、玉龙雪山下，由于地处金沙江的江湾，而金沙江古称丽江，由此得名"丽江古城"。丽江古城始建于宋末元初，已有 800 多年历史，是历史上茶马古道上的重要枢纽，也曾是滇西北的政治、经济重镇，有四方街、木府、五凤楼、丽江古城大水车、白沙民居建筑群、束河民居建筑群等景点。

丽江古城未受中原建城模式影响，城中无规矩的道路网，无森严的城墙，古城布局中以三山为屏，一川相连，街道依山傍水修建，以红色角砾岩铺就，雨季不泥、旱季无尘。整个古城以四方街为中心，街道布局经络设置有着曲、幽、窄、达的风格，排列有序，向四方发展。以水为核心的丽江古城因水的活用而呈现特有的水巷空间布局。黑龙潭是古城的主要水源，潭水在双石桥处被分为东、中、西三条支流，各支流再分为条条细流入墙绕户，形成水网。桥梁密集是丽江古城最大的特色，在丽江古城区内的玉河水系上，修建有各式各样的桥梁 300 余座，形成了"家家清泉，户户垂柳""小桥、流水、人家"的高原水乡风貌。古城民居在外部造型与结构上，揉合了中原汉族建筑和藏族、白族、彝族和纳西族建筑的技艺，形成了向上收分土石墙、迭落式屋顶、小青瓦、木构架等建筑手法，在建筑布局形式、建筑艺术手法等方面形成了独特的风格。民居大多为土木结构，比较常见的形式有以下几种：三坊一照壁、四合五天井、前后院、一进两院等几种形式。

丽江古城是一座至今还存活着的文化古城。城内文物古迹有木氏土司官邸、五凤楼，存有纳西古代壁画的大宝积宫琉璃殿、玉峰寺、普济寺，还有纳西族古代象形文字书写的《东巴经》和古老的纳西古乐。

古城丽江把经济和战略重地与崎岖的地势巧妙地融合在一起，古城的建筑及城市肌理历经无数朝代的洗礼，饱经沧桑，古朴无华。丽江古城为民族文化的发展提供了良好的环境条件，集中体现了纳西族的兴旺与发展，是研究中国建筑史、文化史的重要资料。1997 年 12 月，丽江古城被联合国教科文组织列入《世界遗产名录》。

（三）红河哈尼梯田

红河哈尼梯田（Cultural Landscape of Honghe Hani Rice Terraces）位于红河南岸哀牢山余脉，是以哈尼族为主的各族人民历时 1300 多年创造的农耕文明奇观，遍布元阳、红河、金平、绿春四县，总面积 100 多万亩。众多的梯田，在茫茫森林的掩映中，在漫漫云海的覆盖下，构成了神奇壮丽的景观。红河哈尼梯田的中心区是元阳梯田，具有面积大、地势陡、级数多、海拔高四大特点。这里形状各异的梯田连绵成片，每片面积多达上千亩；从 15° 的缓坡到 75° 的峭壁上，都能看见梯田；最多的时候能在一面坡上开出 3000 多级阶梯的梯田；梯田由河谷一直延伸到海拔 2000 多米的山上，可以到达水稻生长的最高极限，在中外梯田景观中实属罕见，被称为真正的大地艺术雕塑。

千年哈尼梯田，其线条行云流水，潇洒柔畅；其规模磅礴壮观，气势恢宏，是山与水、天与地、人与自然的交响乐，谱写着自然四季乐章。每到初春，秧苗新插，水天一色间夹杂点点新绿，犹如绒绒翠毯；夏季抽苗时，块块梯田青翠欲滴，好似层层绿波；秋季稻谷成熟，夕阳余晖下满山遍野金黄灿烂，仿佛条条金链；冬日里，形状各异的大小梯田灌满了泉水，宛若面面银镜，一年之景皆妙不可言。

勤劳智慧的哈尼族人，创造出以"森林—村寨—梯田—水系"四素同构为代表的人与自然完美结合的人居生态环境，其反映的精密复杂的农业、林业和水分配系统，通过长期以来形成的独特社会经济宗教体系得以加强，彰显了人与环境互动的一种重要模式。因此，梯田不仅是哈尼族生存延续的支柱力量，还体现着整个民族对自身生存环境审视的观念，反映了极高的生态价值观，具有生态保护和研究的典型价值。2013 年 6 月 22 日，红河哈尼梯田成功入遗，被列入联合国教科文组织《世界遗产名录》中的文化遗产目录。

（四）三江并流

三江并流（Three Parallel Rivers of Yunnan Protected Areas），是指金沙江、澜沧江和怒江这三条发源于青藏高原的大江在云南省境内自北向南并行奔流 170 多千米的区域，穿越在担当力卡山、高黎贡山、怒山和云岭等崇山峻岭之间，形成世界上罕见的"江水并流而不交汇"的奇特自然地理景观。三江并流区域涵盖范围达 170 万公顷，已被分为八区域，每个都能提供全方位的横断山脉的生物和地质多样性的具有代表性的样本。这里集雪山峡谷、高山湖泊、冰川草甸等自然景观于一体，是世界上蕴藏丰富资源的地质地貌博物馆。它也是全世界生物物种最丰富的地区之一，占中国国土面积不到 0.4%，却拥有全国 20% 以上的高等植物和全国 25% 的动物种数，其中有国家珍稀濒危保护植物秃杉、桫椤、红豆杉等 33 种，省级珍稀濒危保护植物 37 种；有国家级保护动物滇金丝猴、羚羊、雪豹、孟加拉虎、黑颈鹤等 77 种。该地区一直是珍稀和濒危动植物的避难所，是欧亚大陆主要的动植物分化中心和起源中心，拥有北半球除沙漠和海洋外的生物群落类型，是北半球生物生态环境的缩影，被誉为"世界生物基因库"。

　　三江并流地区还是 16 个民族的聚居地，是世界上罕见的多民族、多语言、多种宗教信仰和风俗习惯并存的地区。多样的生态环境，孕育了藏族、傈僳族、纳西族、独龙族等多个民族，他们长期与自然和谐相处，在"三江并流"区域形成了传统而多样的生活方式，创造了丰富的民族文化。

　　长期以来，"三江并流"区域一直是科学家、探险家和旅游者的向往之地，他们对此区域显著的科学价值、美学意义和少数民族独特的文化给予了高度评价。2003 年 7 月 2 日，联合国教科文组织将"三江并流"自然景观作为"世界自然遗产"列入《世界遗产名录》。

（五）澄江化石遗址

　　澄江化石遗址（Chengjiang fossil site）位于云南澄江帽天山附近，占地 512 公顷，是目前保存最完整的早期海洋古生物化石群。该遗址处发现了涵盖 16 个门类、200 余个物种的珍稀动物化石，其中有无脊椎动物化石，也有原始脊索动物化石。澄江化石属于特异保存的化石，不仅保存了生物的硬体组织，而且保存了大量软体生物化石，展现了门类广泛的无脊椎与脊椎生命体的硬组织及软组织解剖构造，属世界罕见，为研究地球早期生命起源、生物习性、系统演化、生态环境等理论提供了珍贵证据。

　　澄江化石遗址记录了早期复杂海洋生态系统的形成，生动地再现了 5.3 亿年前海洋生命壮丽景观和生物的原始特征，现今地球上主要动物群都在这一时期出现，是 5.3 亿年前地球生物大爆炸的证据，证明在寒武纪早期，动物多样性的基本体系已经建立，为古生物学的学术研究打开了一扇重要的窗口，打破了达尔文进化理论的局限性，被誉为"20 世纪最惊人的科学发现之一"。2012 年 7 月，澄江化石遗址被正式列入《世界遗产名录》，使中国拥有首个化石类世界遗产，填补了中国化石类自然遗产的空白。

第六节　贵州省

一、概况

　　贵州省位于云贵高原东北部，简称"黔"或"贵"，省会贵阳市，面积 17.62 万平方千米，人口约 3865 万（截至 2023 年）。贵州地貌的显著特征是山地多，素有"八山一水一分田"之说，山地和丘陵占全省总面积的 92.5%。贵州喀斯特地貌面积达

61.9%，是世界上岩溶地貌发育最典型的地区之一，呈现出绚丽多彩的喀斯特景观。地表的石芽、漏斗落水洞、竖井、洼地、峰林、峰丛、天生桥、岩溶湖、瀑布、跌水，与地下的溶洞、暗河、暗湖、伏流等纵横迭置，形成了一个极富地域特色的自然"岩溶博物馆"。著名的黄果树大瀑布、龙宫、织金洞、马岭河、小七孔等，就是这个喀斯特王国的典型代表。

贵州属亚热带高原季风气候，温和湿润，冬无严寒、夏无酷暑，舒适宜人，大部分地区的年平均气温在15℃左右，夏季平均温度23.1℃，有"天然空调省"的美誉，省会贵阳市更被称为"世界避暑之都"，是理想的避暑度假胜地。

贵州省生物资源种类繁多，植物资源有森林、草地、农作物品种、药用植物、野生经济植物和珍稀植物等六类。银杉、珙桐、桫椤、贵州苏铁等15种被列为国家一级保护植物。贵州是全国著名的四大道地药材产地之一，药用植物资源有3900余种，占全国中草药品种的80%，故有"夜郎无闲草，黔地多良药"之美誉。贵州野生动物资源有1000余种，其中黔金丝猴、黑叶猴、黑颈鹤等15种被列为国家一级保护动物。

【知识拓展】

中国四大道地药材产地

道地药材是指在一特定自然条件、生态环境的地域内所产的药材，较同种药材在其他地区所产者品质佳、疗效好，因此具有较高知名度。道地药材形成和发展的全过程都离不开特定产地，我国著名的四大道地药材产地是河南、四川、云南和贵州，主产的道地药材包括以下几种：①怀药：泛指整个河南省盛产的道地药材。其中四大怀药"怀地黄、怀牛膝、怀菊花、怀山药"久负盛名。②川药：指四川省和重庆市境内主产的道地药材。包括川贝母、川芎、大黄、黄连、附子、川乌、川黄柏等。③云药：指云南省境内所主产的道地药材。包括三七、云木香、重楼、诃子、茯苓等。④贵药：指贵州省境内所主产的地道药材。包括天麻、黄精、杜仲、白及等。

贵州是一个多民族共居的省份，有汉、苗、布依、侗、土家、彝、水、仡佬、壮、瑶等民族，少数民族人口占全省人口的37.9%，千百年来，各民族和睦相处，共同创造了多姿多彩的民族文化。贵州具有光荣的革命传统，1930—1936年红七军、红八军、红三军及红六军团等先后在贵州开展革命活动，建立红色政权组织。发生在贵州的"遵义会议"和"四渡赤水"，是中国现代史和军事史上最具浓重色彩的一笔，是"长征文化"的经典。

贵州是中国西部旅游热点地区之一，以其秀丽的自然山水风光和极具民族特色的人文景观成为多民族特色文化和喀斯特高原生态旅游的重要目的地。

二、主要旅游文化胜地

（一）梵净山

　　梵净山（Mount Fanjing）位于贵州省东北部的铜仁市境内，是武陵山脉的主峰，地形起伏，最高峰海拔 2572 米，被称为"武陵第一峰"。梵净山是中国南方最早成为陆地的地区之一，主要由变质岩组成，它巍巍屹立于周边喀斯特地区，成为被喀斯特低山丘陵包围的变质岩穹隆状孤岛，展现了独特的地质、生态、生物和景观特征。

　　梵净山气候湿润，立体气候分异明显，加之该地区长期与世隔绝，极少人类活动干扰，使得该地区蕴含地球同纬度最丰富的生物多样性，是重要的物种基因库。被誉为"地球绿洲""动植物基因库"。梵净山有 4.2 平方千米原始森林，为多种植物区系地理成分汇集地，植物种类丰富，是中国西部中亚热带山地典型的原生植被保存地。区内有植物种数 2000 多种，其中高等植物有 1000 多种，国家重点保护植物有 21 种，包括全球仅存的"贵州紫薇"及中国鸽子花树（珙桐）等珍稀植物，还是梵净山冷杉唯一的栖息地和分布地。梵净山有 2000 多种动物，其中受国家保护的野生动物有 35 种，包括一级保护动物黔金丝猴（中国特产动物，被誉为"梵净山精灵""地球的独生子"现存约 700 只，仅分布在贵州境内武陵山脉之梵净山）、豹、白颈长尾雉等 6 种，二级保护动物大鲵、穿山甲、猕猴、黑熊、红腹角雉等 29 种。梵净山原始生态保存完好，1982 年被联合国列为一级世界生态保护区。

　　梵净山拥有地球同纬度上保存最完好的原始森林，是古老孑遗植物的重要庇护所、珍稀濒危动植物理想的栖息地和特有生物分化发育和保存重要场所。这里原始古朴的生物群体，成了人类的一大财富，具有极高的科学研究价值和保护价值。国务院于 1978 年将梵净山确定为国家级自然保护区，联合国教科文组织于 1986 年将其列入全球"人与生物圈"保护网的成员单位，2018 年 7 月，梵净山获准列入《世界遗产名录》，世界遗产委员会评价认为："梵净山满足了世界自然遗产生物多样性标准和完整性要求，展现和保存了中亚热带孤岛山岳生态系统和显著的生物多样性。"

（二）海龙屯土司遗址

　　海龙屯土司遗址（Tusi Sites），位于贵州省遵义老城北约 30 里的龙岩山东麓，始建于 1257 年，由南宋朝廷与播州（遵义古称）的土司杨氏共同营建，毁于 1600 年对抗明朝廷的战争，是西南土司制度鼎盛时期的重要遗存。

　　海龙屯居群山之巅，东、南、北三面临遵义湘江河主源"白沙水"，均为绝壁，仅东南面一条小道通往山顶，三面环水，一面衔山，地势险要。屯上下相对高差三四百米，屯顶平阔，面积约 1.59 平方千米。屯上共建有九关，屯前为铜柱关、铁柱关、飞虎关、飞龙关、朝天关、飞凤关；屯后为万安关、二道关、头道关，三关两两围合的空间分别称土城、月城（或石城），形成两重瓮城的格局。此外，屯上还建有点将台、校场坝、兵营遗址、海潮寺。环囤城墙周长约 6 千米，囤内面积达 1.59 平方千米，"老王宫"和"新王宫"是囤内两组最大的建筑群，面积均在2万平方米左右。

海龙屯是集军事屯堡、衙署与"行宫"为一体的土司遗存，建筑艺术精湛，是中国西南土司城堡的代表。经受了战火洗礼，历经700多年风雨，海龙屯如今存留的残垣断壁遗迹，依然巍峨壮观。在2015年第39届世界遗产大会上，海龙屯遗址与湖南永顺老司城遗址、湖北唐崖土司城遗址联合，以"中国土司遗址"成功列入《世界遗产名录》。

（三）织金洞

织金洞（Zhi Jin Cave）位于贵州省织金县官寨苗族乡，是汇集天地美景、天下奇观一洞的"地下艺术宝库"，被联合国教科文组织列为世界地质公园。织金洞具有"大""全""奇"的溶洞特色。它分为四层，已勘察长度12.1千米，洞腔最宽跨度175米，相对高差150米，总面积70余万平方米，共划分为迎宾厅、塔林宫、灵霄殿、十万大山等12个大厅，是名副其实的"中国溶洞之王"。织金洞景区有着多层次、多系统、多类别、多形态的完整岩溶系统，景观和空间造型奇特，岩溶堆积物达40多种，囊括了世界溶洞所有的形态类别。洞中遍布石笋、石柱、石芽等，形成千姿百态的岩溶景观，银雨树、霸王盔、倒挂琵琶、大壁画、姊妹玉树、普贤骑象、婆媳情深等景观栩栩如生、惟妙惟肖，让人目不暇接，叹为观止。洞道纵横交错，石峰四布，流水、间歇水塘、地下湖错置其间，被誉为"岩溶瑰宝""溶洞奇观"。

织金洞具有独特的地质遗迹特性和极高的审美和科研价值，是目前世界上洞穴大厅分布密度最大、钟乳石分布密度最高、类型最丰富、珍稀形态最多的洞穴，是名副其实的"洞穴天堂"。故有诗赞曰："黄山归来不看岳，织金洞外无洞天"。

（四）黄果树瀑布

黄果树瀑布（Huangguoshu Waterfall）位于安顺市镇宁布依族、苗族自治县境内的白水河上，白水河流经当地时河床断落成九级瀑布，黄果树为其中最大的一级，以水势浩大著称，是世界著名大瀑布之一。

黄果树大瀑布高77.8米，宽101米，是黄果树瀑布群中最为壮观的瀑布，是世界上唯一可以从上、下、前、后、左、右六个方位观赏的瀑布，也是世界上有水帘洞自然贯通且能从洞内外听、观、摸的瀑布。明代伟大的旅行家徐霞客考察大瀑布赞叹道："捣珠崩玉，飞沫反涌，如烟雾腾空，势甚雄伟；所谓'珠帘钩不卷，匹练挂遥峰'，俱不足以拟其壮也，高峻数倍者有之，而从无此阔而大者。"景区内以黄果树大瀑布为中心，还分布着雄、奇、险、秀风格各异的大小18个瀑布，即"九级十八瀑"，姿态万千，各尽其妙，以"世界上最大的瀑布群"被列入吉尼斯世界纪录。瀑布对面建有观瀑亭，路人可在亭中观赏汹涌澎湃的河水奔腾直泄犀牛潭。瀑布后有水帘洞相当绝妙，134米长的洞内有6个洞窗，5个洞厅，3个洞泉和2个洞内瀑布。游人穿行于洞中，可在洞内窗口窥见天然水帘之胜境。

黄果树瀑布以其雄奇壮阔的大瀑布、连环密布的瀑布群闻名于世，享有"中华第一瀑"之盛誉。瀑布群周围岩溶洞穴众多，洞内多暗河、暗湖及地下瀑布，可供游人泛舟游览。此外，这一带还是布依族、苗族的聚居区，具有浓郁的民族风情。

（五）遵义会议会址

遵义会议会址（Site of the Zunyi meeting），位于遵义市红花岗区子尹路，是一幢建于 20 世纪 30 年代的砖木结构、中西合璧的二层楼房。1935 年 1 月初，红军长征到达遵义后，这里是红军总司令部驻地。1 月 15 日至 17 日，著名的遵义会议（即中共中央政治局扩大会议）就在主楼楼上原房主的小客厅举行。这次会议确立了以毛泽东为代表的新的中央领导集体，成为中国共产党的历史上一个生死攸关的转折点。

遵义会议会址主楼坐北朝南，一楼一底，为曲尺形，砖木结构，歇山式屋顶，上盖小青瓦。1964 年 11 月毛泽东手书的"遵义会议会址"六个大字（此为毛泽东为全国革命纪念地唯一的题字），高悬于会址的大门正中。

新中国成立后，国家重新整修了遵义会议会址、毛泽东长征在遵义驻地、红军烈士陵园和娄山关等纪念景点。游人通过参观瞻仰遵义会议会址内的陈列馆、会议室、革命文物、历史资料、历史照片等，更加深刻认识革命先烈勇于斗争、百折不挠、不怕牺牲的革命精神，了解艰苦卓绝的二万五千里长征中的遵义会议、四渡赤水出奇兵等红色历史，从而更好地继承和发扬革命传统，传承红色基因，用革命文化传播和滋养社会主义核心价值观。

【本章小结】

本区旅游资源丰富且充满独特魅力，高速发展的旅游业已成为各省市的龙头产业或支柱产业。本区自然旅游资源以名山大川、雪山冰峰、石林溶洞、深谷瀑布及珍稀动植物等闻名；人文旅游资源以民族风情、宗教遗迹、革命纪念地、三国古迹等著称。其中，典型多样的岩溶地貌景观和绚丽多姿的少数民族风情是本区突出的旅游资源优势，也是形成本区旅游特色的物质基础。本旅游区自然生态独特，历史文化、民俗风情资源富集，已成为备受游客青睐的热点旅游区域，具有广阔的旅游发展前景。

课堂互动

1. 请根据本旅游区的自然地理环境和人文地理环境，分析归纳该区旅游资源的特点。

2. 云南是多民族聚居的省份，请搜集并分组介绍你了解的主要民族节日。

3. 为什么说中国西南山地是一个重要的全球生物多样性热点地区？

探研思辨

1. 明代大旅行家徐霞客在中国首开实地考察先河，他一生足迹遍及大半个中国，"达人所之未达，探人所之未知"。徐霞客在 51～55 岁期间，进行了一生中时间最长、行程最远的一次旅游，被称为"万里遐征"。其中，他在广西、贵州、云南等西南地区停留日久、所记甚详，撰有《粤西游日记》《黔游日记》《滇游日记》等。

（1）请查阅《徐霞客游记》中相关篇目，探明他在西南地区的考察线路。

（2）徐霞客是世界上将喀斯特地貌进行大规模考察，详细记录的第一人，比欧洲早了 150～200 年。请搜集资料，阐述他在西南广大岩溶地区考察研究岩溶地貌的成果。

2. 中国拥有 56 个民族，位于中国西南地区的云南、贵州、广西、四川都是多民族省区，共有 30 多个少数民族生活在这里。淳朴的民风、独特的地域文化，体现在农耕、游牧、节庆、服饰、饮食、起居、婚丧、建筑、语言文字、宗教信仰等各方面，构成了一幅浓郁而又色彩斑斓的中国民俗风情图画。

请根据本区丰富多彩的少数民族风情旅游资源，设计一条突出少数民族风情的 5 日游旅行线路。

第九章　活力岭南闽粤文化旅游区 ▷▷▷

【思维导图】

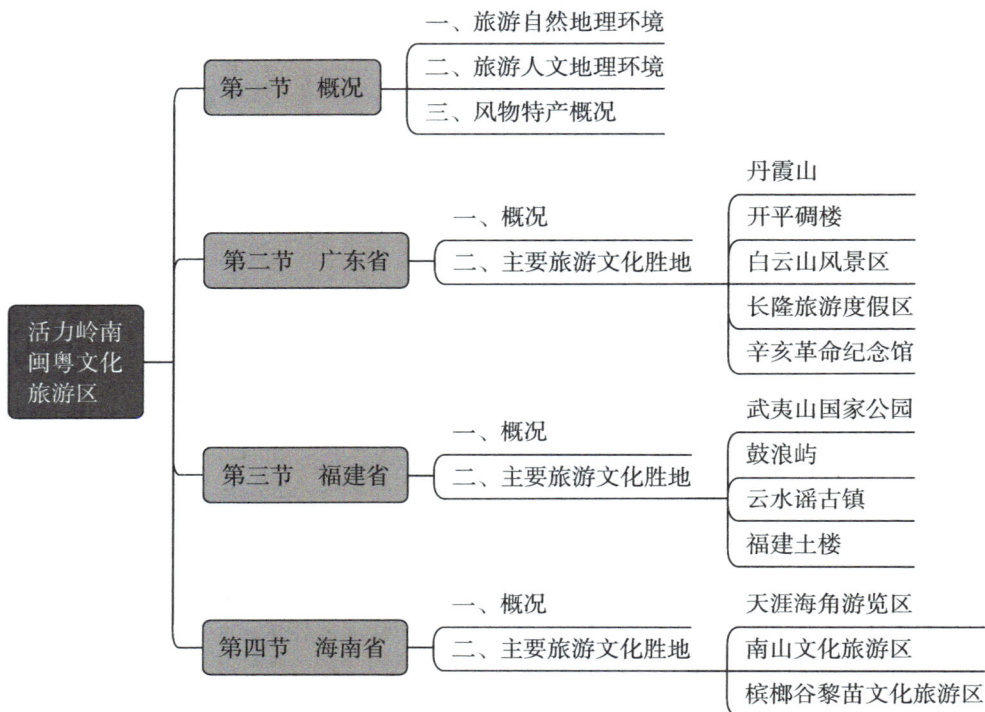

【知识目标】

1. 掌握：本旅游区的自然地理环境和人文地理环境特征。

2. 熟悉：本旅游区的主要旅游文化胜地。

3. 理解：本旅游区各省概况及风物特产。

【能力目标】

1. 能够根据本旅游区自然地理环境及人文地理环境，分析该区旅游资源特点，提高分析问题、总结归纳能力。

2. 能够根据本旅游区旅游资源的特点与分布，进行旅游线路设计，增强自主学习、解决问题的能力。

3. 能够运用所学知识制作本区旅游文化胜地导游词，并熟练地进行讲解，提升语言表达、人际沟通能力。

【思政目标】

1.通过情景导入、福建土楼等内容的学习，更深入地了解客家文化、南山文化等中华优秀传统文化，提升文化素养，增强文化自信。

2.通过辛亥革命纪念馆等旅游文化胜地的引入和学习，领悟"胸怀家国，心系天下"的爱国精神。

【情境导入】

岭南文化与旅游

岭南的名称最早见于《史记》。岭南土著先民是古百越族群的一支，被称为"南越族"。千百年来，岭南人民吸取由中原相继传入的儒、法、道、佛各家思想并进行创新，孕育出了内涵深厚的岭南文化，既包括雅文化、精英文化——如江门学派、岭南画派、岭东画派，又含有市井文化。岭南文化表现缤纷多样，在艺术方面，从粤语、粤剧、广东音乐、广东曲艺、岭南书法、岭南画派、岭南诗歌、岭南建筑、岭南盆景、岭南工艺到岭南民俗和岭南饮食文化，都反映出岭南文化丰富内涵和独具一格、绚丽多姿的岭南地方特色。在精神方面，岭南文化始终是中国近代政治革命的重要代表和领导力量。

岭南文化流播的地方很广，影响力巨大，合理开发岭南文化，将使本区旅游业大放光彩。如广州作为岭南文化的摇篮，具有比较独特的岭南地域文化形态特征，因此，在广州不断培育提升粤港澳大湾区文化中心功能的过程中，应加强地域文化特色旅游彰显岭南文化，文旅融合进一步激活岭南文化名城魅力，推动城市文化综合实力出新出彩，促进文化中心建设高质量发展。

第一节　概　况

活力岭南闽粤文化旅游区包括福建、广东和海南三省，位于我国东南部，东临太平洋，地理位置优越，对外交往频繁，国际旅游发达。区域总面积约247.54万平方千米，人口约17932万（截至2023年）。民族以汉族为主，少数民族有壮族、高山族、黎族、回族、苗族、畲族等。本区山、海、岛浑然一体的地貌结构，温湿相宜的热带亚热带气候，孕育了闽海文化、广府文化、客家文化及少数民族独特文化。本区为我国最主要侨乡，海内外客源丰富，亦是我国旅游经济最发达的地区之一。

一、旅游自然地理环境

（一）独特的南国风光

本旅游区濒临东海和南海，海岸线长，又有众多的岛屿，为开展海滨和海上各项运动提供了优越的条件，红树林海岸是本旅游区独特的海岸景观，海南岛的三亚更是久负盛名的热带海滨地区。冬季1月份，正当北国千里冰封，万里雪飘之时，本区的平均温度仍在 10℃以上，阳光明媚，百花盛开，是非常理想的避寒旅游度假疗养胜地。区内海域面积占全国海域的一半，岛屿资源众多，不仅有海南岛这样的大岛，还有露出海面的沙岛和礁石；不仅有构造复杂的大陆岛，还有构造单一的海洋岛、珊瑚岛，与东南亚各国互为客源地和旅游目的地，旅游业发展具有得天独厚的优势。

（二）风景地貌类型齐全多样

本旅游区旅游景观中，除了缺失亚寒带，寒带和荒漠草原景观外，山、水、岛、林自然风光齐全。本区地形以丘陵与低缓的山地为主，多为丹霞地貌，风光神奇。"赤壁丹崖，色如渥丹，灿若明霞"，因该地貌最早发现于广东北部仁化盆地的丹霞山，故名丹霞地貌。丹霞山、金鸡岭等多处山地都有丹霞地貌。

（三）水热资源丰富

由于本旅游区大部分地处南亚热带，年平均气温较高，热带海洋多数地区平均降水量在 1400～2000 毫米之间。高温多雨的气候条件使本区成为我国冬季避寒的旅游胜地。本区的温泉和地热资源极为丰富，广东共发现地热泉点 299 处，地热资源量达每天 57.11 万立方米，除了著名的从化温泉外，还有湛江、茂名、安平和清溪等一批价值高、开发潜力大的地热泉。

（四）生物种类奇特繁多

本旅游区独特的环境为生物发展提供了良好的条件，生物的多样性和区域性特征显著，区内森林茂密，树种繁多，有热带雨林、季雨林、常绿阔叶林等地带性植被，森林覆盖率达到 50% 左右，为全国之最。该区的动物资源极其丰富，热带性森林动物丰富多样，有许多典型的东洋界动物种类，以及国家级珍稀保护动物，如海南坡鹿、黑冠长臂猿、华南虎等。

二、旅游人文地理环境

（一）华侨密集和地域文化特色显著

闽、粤、琼是我国早期对外贸易的前沿阵地，也是历史上海外劳工最大的输出地，因此本区成为华人华侨祖籍集中的地区。广东的潮汕、梅州地区、珠江三角洲地区，海南的文昌、琼海、万宁、琼山，福建的厦门、晋江、泉州、南安、漳州、永春、福清等都是我国著名的侨乡。海外华侨的分布以东南亚最多，每年都有大批华侨回国观光、寻根祭祖、探亲访友，成为本区入境旅游的稳定客源之一。本区有南北文化兼容，中西文化交融，现代城市文明与传统历史交相辉映的多元文化特色，区内的人文景观既有中原传统文化的印记，也有西方与现代文化的烙印，还有鲜明的地方民俗文化特征，广东粤菜、粤剧、粤绣和骑楼街廊，海南椰雕和椰酒，福建客家土楼等，都是极具地域特色的传统文化内容。

（二）现代都市风光独具魅力

本旅游区具有临海优势，早在宋元时期，泉州、广州即著名的东方大港，我国南方海上丝绸之路的起点，近代又最早接受了西方资本主义的工业文明。我国的改革开放，又使珠江三角洲、闽南三角洲等为代表的东南沿海地区，一跃成为我国经济最发达地区。林立的高楼大厦、高速公路、高铁客运、城市地铁、大型主题公园，都已成为现代都市文明的象征。

本区是我国最早对外开放的区域之一，经济发展迅速、对外贸易繁荣，雄厚的经济基础和繁荣的贸易，对旅游业有极大的促进作用，如每年春秋两季的广交会吸引了世界各国和我国各地的商人前往洽谈，促进了商务旅游和购物旅游的发展。该区城市建设新颖别致，环境优美，广州、深圳、厦门等都是现代化的国际性大都市，市内耸立着各种风格的高楼大厦，车水马龙，人流如潮，璀璨的夜景更是迷醉了无数的游客，城郊各种旅游度假、休闲、娱乐设施齐全，现代都市风景成为本区人文旅游资源最大的亮点。

（三）民俗文化朴素真挚

本旅游区是我国少数民族聚居的重要地区之一，有壮族、苗族、彝族、侗族等20个少数民族，各民族丰富多彩的文化相互融合，朴素而真挚，构成了本区民俗文化的多样性，表现在语言、饮食、音乐、舞蹈、戏剧等方面。如黎族干阑式的船形或金字形民居、"竹筒饭"、苗族的精美服装、瑶族的耍歌堂等，均具有浓郁的民族风情。

三、风物特产概况

福建的风物特产主要有名茶大红袍、茉莉花茶、脱胎漆器和牛羊角梳子等。大红袍茶叶产于福建武夷山，属武夷岩茶，是中国十大名茶之一。茶园大部分在岩壑幽涧之中，四周皆有山峦为屏障，日照较短，更无风害。优越的自然条件孕育出岩茶独特的韵味，质感润滑，回味十足。福州是茉莉花茶的发源地，已有近千年历史，选用优质的烘青绿茶，用茉莉花窨制而成。福建茉莉花茶外形秀美，毫峰显露，香气浓郁，鲜灵持久，泡饮鲜醇爽口，汤色黄绿明亮，叶底匀嫩晶绿，经久耐泡。福州脱胎漆器是具有独特民族风格和浓郁地方特色的艺术珍品，与北京的景泰蓝、江西的景德镇瓷器并称为中国传统工艺的"三宝"，享誉国内外。

广东的风物特产中最著名的是端砚和粤绣。端砚产于广东省肇庆市。它是中国传统的实用工艺美术品，与安徽歙砚、甘肃洮砚和澄泥砚并称中国"四大名砚"。端石石质细腻纯净、娇嫩滋润，用其加工成的端砚研墨不滞，发墨快，研出之墨汁细滑，书写流畅不损毫，字迹颜色经久不变，历来被人们视为文房至宝。粤绣是以广州市为生产中心的手工丝线刺绣的总称，是中国四大名绣之一。

海南澄迈苦丁茶是澄迈县特产，中国国家地理标志产品。澄迈苦丁茶园分布区域山高雾大，而且处于高雷区，空气中富含臭氧负离子，对茶树的生长和各种营养成分的形成十分有利，所生产的苦丁茶具有香气足、耐冲泡、含油量高的特点。苦丁茶是中国古代药、饮兼用的名贵保健珍品，有清热解毒、消炎利便、减肥抗癌，清肝明目的功效，对高血压、动脉硬化、糖尿病、咽喉炎等疾病有明显的疗效。海南还是我国热带亚热带农林特产基地，椰子广布全省，文昌有"椰乡"之称。椰子全身是宝，椰肉可制椰蓉，是糕点馅料。椰汁是清凉解暑的好饮料，椰树干是坚硬的用材，椰壳可嵌雕成各种椰雕工艺品，是古时"天南贡品"。海南椰子制成的特色食品有天然椰子汁、椰子糖、椰蓉月饼等。

第二节　广东省

一、概况

广东省位于我国南部沿海，因春秋战国时为百越之地而简称"粤"，省会广州市。全省面积约 18 万平方千米，人口约 12706 万（截至 2023 年）。广东是海上丝绸之路的发源地，自古就是引领经济之先的商业繁盛之地，现今是我国第一经济大省、沿海经济开发区之一。广东还是我国人口最多的省份，著名的华侨之乡，其作为岭南文化的重要传承地，广府文化、客家文化、潮汕文化等多姿多彩。

广东人杰地灵，孕育了唐朝名相张九龄、革命先行者孙中山、思想家康有为、梁启超等杰出人物，成为近代革命的策源地。广东旅游资源丰富，拥有开平碉楼与村落、丹霞山两处世界遗产，白云山、罗浮山、西樵山、鼎湖山、惠州西湖、镇海楼等风景名胜，以及长隆旅游度假区、深圳锦绣中华、世界之窗等众多著名的主题公园。

二、主要旅游文化胜地

（一）丹霞山

丹霞山（Danxia Mountain）又名中国红石公园，位于广东省韶关市，是以丹霞地貌景观为主的自然与人文并重的风景区。因"色若渥丹，灿若明霞"而得名，是世界低海拔山岳型风景区的杰出代表，2004 年被批准为全球首批世界地质公园，2010 年 8 月被列为世界自然遗产。

丹霞山由丹霞、韶石、飞花水、仙人迹 4 个园区和锦江风光带、浈江风光带组成。全山由 680 多座奇特的红色砂砾岩石峰构成，以赤壁丹崖为特色，最高峰巴寨海拔619.2 米。丹霞山生态环境良好，原生植被以中亚热带常绿阔叶林为主，林木茂盛，一年四季景区郁郁葱葱。特有植物有丹霞梧桐、丹霞南烛、丹霞小花苣苔等。丹霞山出产的丹霞铁皮石斛、白毛茶、沙田柚是岭南名产。

丹霞山人文历史厚重，隋唐时期就已经是岭南风景胜地。现存有别传禅寺、锦石岩寺、仙居岩道观等寺庙宫观，拥有众多古代的石窟寺、古山寨遗址及悬棺岩墓。仅长老峰一带就有 130 多处摩崖石刻、碑刻及 100 多篇诗文。作为丹霞地貌命名地，丹霞山具有重要的生态价值、科学价值、文化价值及美学价值，成为开展科普研学活动的最佳目的地之一。

（二）开平碉楼

开平碉楼（Kaiping Diaolou）源于明朝后期，是一种集防卫、居住和中西建筑艺术于一体的多层塔楼式建筑，其特色融合了中国、古希腊、古罗马、中世纪、文艺复兴等多种建筑风格。碉楼主要分布在开平等地乡村，鼎盛时期有 3000 多座，现存 1833 座。它们与所在的村落融为一体，相互依存，密不可分。2001 年，开平碉楼被列为全国重点文物保护单位。2007 年 6 月，"开平碉楼与村落"申请世界文化遗产项目在第 31 届世界遗产大会上获得通过，被选入世界文化遗产的开平碉楼与村落有四处：锦江里、马降龙、自力村和三门里。中国由此诞生了首个华侨文化的世界遗产项目，这也是广东第一个世界文化遗产项目。

碉楼外观造型一般由楼身、挑台和屋顶组成。楼身为实体，外形坚实稳固，四周各开小方窗或狭长形窗，可通风采光换气，墙身厚实，墙体上均设有枪眼；挑台有拱廊式和柱廊式两种；顶部造型丰富多样，有悬山顶、硬山顶、攒尖顶等中国传统屋顶式，也有仿意大利穹隆顶式、仿欧洲中世纪教堂式、清真寺穹顶式、仿英国寨堡式、仿罗马敞廊式、折中式和中国近代式等。顶层多设有瞭望台，配备枪械、火炮、石块、铜钟、警报器、探照灯等防卫装置。

开平碉楼的最大特点是中西合璧多元化，设计者或工匠按照主人的意愿选取不同的外国建筑式样和建筑要素糅合在一起，自成一体，这些不同风格流派的建筑元素在碉楼中和谐共处，表现出华侨和侨乡民众开放包容的心态，是主动接纳海外文化的历史见证。

（三）白云山风景区

白云山风景区（Baiyun Mountain Scenic Area）位于广州市北部，距市区约 17 千米，是九连山脉的南延部分，素有"南越第一山"之称。白云山总面积 28 平方千米，其最高峰摩星岭海拔 382 米，是广州市最高峰。据说每到秋季，常有白云缓缓升起，使山上变成白茫茫的一片，犹如面纱笼罩，因而得名。白云山峰峦叠嶂、溪涧纵横、林木葱郁、鸟语花香、景观多样、四季如春，一直是广州有名的风景胜地，历史上羊城八景中的"蒲间濂泉""景泰僧归""白云晚望""白云松涛""云山锦绣""云山叠翠"都在白云山。

白云山风景区分为 7 个游览区，即明珠楼游览区、摩星岭游览区、鸣春谷游览区、三台岭游览区、麓湖游览区、飞鹅岭游览区和荷依岭游览区。区内有三个全国之最的景点，分别是全国最大的园林式花园——云台花园；全国最大的天然式鸟笼——鸣春谷；全国最大的主题式雕塑专类公园——雕塑公园。

（四）长隆旅游度假区

长隆旅游度假区（Chimelong Tourist Resort），位于广州市番禺区汉溪大道东与长隆地铁大道交汇处，创立于 1989 年，是综合性主题旅游度假区，总占地面积约 1 万亩，集旅游景区、酒店餐饮、娱乐休闲于一体，拥有长隆欢乐世界、长隆野生动物世界、长隆水上乐园、长隆国际大马戏、长隆飞鸟乐园、广州长隆酒店、香江酒店、长隆高尔夫练习中心和香江酒家等设施。2007 年，广州市长隆旅游度假区被评为国家 5A 级旅游景区，是原文化部命名的"文化产业示范基地"。

1. 长隆欢乐世界 占地约 2000 亩，有游乐设施 70 余套。包括六大主题区：丛林探险（观赏类项目为主）、律动天地（过山车为主）、欢乐嘉年华（适合全家游玩）、星梦奇园（梦幻童趣风格为主）、感动空间（中古欧洲风格为主）、尖叫地带（大型惊险刺激设备）。

2. 长隆野生动物世界 占地 2000 多亩，拥有华南地区亚热带雨林大面积原始生态，珍稀濒危动物众多，园区拥有包括 12 只大熊猫、57 只树熊、近 200 多只白虎等世界各国国宝在内的 500 多种，20000 余只珍奇动物。

3. 长隆水上乐园 占地面积 450 亩，园区拥有众多世界金奖游乐设施，70 多种玩水乐趣尽情挥洒，拥有全球第一台自带动力系统并能自主旋转的玩水设备——"摇滚巨轮"。全新升级水上"星潮之夜"电音演艺，打造精彩的万人水上娱乐派对。

4. 长隆国际大马戏 拥有全世界最大的马戏表演场馆，采购世界高端马戏节目，由来自 20 多个国家，横跨亚洲、欧洲、美洲、非洲共 300 余名的马戏精英共同演绎，与 50 多种、数千只动物同台演出。凭借全球顶尖的舞台灯光与音响设施，国际化的演艺团队，上演以来经久不衰，深受游客喜爱。

5. 长隆飞鸟乐园 在占地面积达数千亩的公园内，自然栖息着世界各地珍稀国鸟 300 多种以及一万多只鸟类，能近距离观赏叹为观止的原生态环岛飞翔，被誉为"一个真正看鸟的地方"。乐园新区占地 2.5 平方千米，包括"仙鹤湾""天鹅湾"和"飞鸟奇域"三大部分，可以观赏多种珍稀的鹤和数千只黑天鹅，有"百鸟之王"与多种鸟类精灵，上演"飞鸟奇遇记"。

（五）辛亥革命纪念馆

辛亥革命纪念馆（Xinhai Revolution Memorial Hall）位于广州市黄埔区长洲岛，占地 5.8 万平方米，是一座为纪念孙中山领导的辛亥革命活动而建的专题纪念馆。

辛亥革命纪念馆以"心系家国、胸怀天下"为主题，以革命者的亲情、爱情、友情为视角设置展陈。纪念馆入口处放置有邹容、陆皓东、秋瑾等多位辛亥革命烈士的雕塑。馆内藏品涵盖纸质、文书、徽章、邮品、织物、陶瓷铜铁器、武器、票据等十几个品种，形成了国内为主，兼顾海外，历史价值丰富和特色鲜明的藏品体系。

馆内两个常设展分别是"开辟共和新纪元——辛亥革命主题展"和"辛亥革命时期的广东名人展"。"开辟共和新纪元——辛亥革命主题展"分为"晚清民族危机""甲午战败后的空前变局""革命运动的蓬勃发展""辛亥革命高潮的到来""开创民主共和制度的新纪元""寻求新的救国道路"等九部分，通过多元的展陈方式，讲述了 1895 年至 1917 年辛亥革命前后，近代中国社会在政治、经济、文化、日常生活等方面发生的巨大变化。"辛亥革命时期的广东名人展"选择了 56 位革命人物，集中展示他们最具代表性的历史瞬间，串联起如画卷般的革命故事。纪念馆还按 1 ：1 的比例设计了高仿真的民国商业街，真实地还原了民国时期繁华热闹的街道和当时革命人士生活的场景，使游客可以亲身体验这段激情澎湃的岁月，更直观地了解当时的历史，对历史的感受变得更加鲜活。

第三节　福建省

一、概况

福建省，简称"闽"，省会福州市。地处我国东南沿海，与台湾隔海相望。全省陆地面积 12.4 万平方千米，海域面积 13.6 万平方千米，人口约 4183 万（截至 2023 年末）。全省因九成陆地为山地丘陵地带，被称为"八山一水一分田"，森林覆盖率居全国第一。福建是海上丝绸之路的起点之一，是海上商贸集散地，还是著名的侨乡，有海外华侨、华人千万人。地跨闽江、晋江、九龙江、汀江四大水系，属亚热带海洋性季风气候。境内著名景点有武夷山、湄洲岛旅游度假区、鼓浪屿、福建土楼等。

二、主要旅游文化胜地

（一）武夷山国家公园

武夷山国家公园（Mount Wuyi National Park）位于福建省西北部，地处我国生物多样性重点地区和亚热带森林保存完好的交汇地带，总面积 1001.41 平方千米，整合了福建武夷山国家级自然保护区、武夷山国家级风景名胜区、武夷山国家森林公园、九曲溪光倒刺鲃国家级水产种质资源保护区等多种类型保护地。1999 年武夷山成为世界文化与自然双重遗产。该旅游区的景观特点表现为以下两个方面：

1. 自然、文化景观独树一帜　武夷山国家公园素有"武夷山水天下奇，千峰万壑皆如画"的美誉。红色丹霞经过漫长的风雨雕琢，成就了形态各异的岩柱、陡崖。幽深清澈的九曲溪在群峰之间蜿蜒缠绵，将 36 奇峰、99 岩连为一体，构成"一溪贯群山，两岩列仙岫"的独特美景，形成了以"碧水丹山"为特色的典型丹霞地貌景观。玉女峰亭亭玉立、大王峰雄伟挺拔、鹰嘴岩振翅欲飞，这里山奇水秀、林木葱郁，共同构成了武夷山天然美景画卷，是我国同类地貌中山体最秀、类型最多、景观最集中、山水结合最好、视域景观最佳、可入性最强的自然景观区之一，在中国名山中享有特殊地位。

东周出孔丘，南宋有朱熹，中国古文化，泰山与武夷。武夷山的自然景观资源，也被赋予了丰富深厚的文化内涵。新石器时期，闽越族人即在武夷山狩猎和捕鱼，至今在武夷山内人迹罕至的悬崖绝壁上，还保留有距今 4000 多年历史的"架壑船棺"和"虹桥板"等重要文化遗产 18 处，是这个民族当时安葬习俗的佐证。秦汉以来，武夷山就为我国各地名流、文人、禅家、道者所喜爱，南宋著名理学家朱熹曾在这里生活、著书、讲学长达 50 年，留下众多传世佳作。武夷山是世界红茶和乌龙茶发源地，元代始武夷山茶便是皇室贡品，孕育出底蕴深厚的茶文化，茶文化遗址遍布武夷山。此外，武夷山还保存有450多方堪称"中国古书法艺术宝库"的历代摩崖石刻、35处书院遗址、60余处宫观寺庙及遗址。

在千百年的历史发展过程中，武夷山形成的人文景观和历史文化遗存，积淀深厚，内涵丰富，颇具特色。保存完好的宗教寺庙、遗址遗迹、摩崖题刻，以及影响深远的理学文化、茶文化、宗教文化等，是武夷山国家公园特色文化的最突出体现。

2. 全球生物多样性保护关键地区　武夷山国家公园生态系统类型多样，分布有11个植被型、170多个群丛组，囊括了中国中亚热带地区所有植被类型。这里有210.7平方千米的原生性森林植被未受到人为破坏，生物多样性丰富，是中亚热带野生动植物的种质基因库、世界著名的生物模式标本产地和我国东南部具有全球意义的生物多样性保护关键区之一。

黄岗山，海拔2160.8米，是武夷山国家公园最高处，从山间俯视气势恢宏的武夷大峡谷，云腾雾绕，如梦似幻。随着海拔的递增、气温的递减，植被呈明显的垂直分带现象，依次分布有常绿阔叶林带、针阔叶混交林带、温性针叶林带、中山苔藓矮曲林带和中山草甸带5个垂直带谱，构成了"一山多景"的奇特风貌。这里有中国最大野生种群——南方铁杉群，劲枝虬干，尽显野性之美。

武夷山国家公园共记录高等植物269科2799种，包括苔藓植物70科345种、蕨类植物40科314种、裸子植物7科26种和被子植物152科2114种。这里既有大量亚热带物种，又有从北方温带分布至此以及南方热带延伸至此的种类，堪称"天然植物园"。这里共有558种野生脊椎动物，其中74种为中国特有种。这里共有昆虫6849种，约占中国昆虫种数的1/5，全世界总共34个目昆虫，这里能找到31个目。这里还是黄腹角雉、金斑喙凤蝶等珍稀濒危物种在国内的重要分布区，被中外生物学家誉为"鸟的天堂""蛇的王国""昆虫的世界"和"研究亚洲两栖爬行动物的钥匙"。

（二）鼓浪屿

鼓浪屿（Kulangsu），原名"圆沙洲"，别名"圆洲仔"，因岛西南有一海蚀岩洞受浪潮冲击，声如擂鼓，故名"鼓浪屿"。它位于厦门岛西南，面积1.88平方千米，与厦门市隔海相望，至高点为日光岩。

鼓浪屿岛上气候宜人，四季如春，鸟语花香，无车马喧嚣，宛如一颗璀璨的海上明珠，镶嵌在厦门湾的碧海绿波之中，素有"海上花园"之誉。岛上岩石峥嵘，山峦叠翠，因长年受海浪扑打，形成许多幽谷和峭崖，沙滩、礁石、峭壁、岩峰，相映成趣。时间的风雨锤洗，赋予了鼓浪屿中西文化交汇、自然景观与人文景观交融的深厚底蕴。迄今岛上留存着千余幢中西合璧、风格各异的别墅建筑，因而有"万国建筑博览"之称。鼓浪屿还是音乐的沃土，人才辈出，钢琴拥有密度居全国之冠，又得美名"钢琴之岛""音乐之乡"。鼓浪屿代表景点有：日光岩、菽庄花园、皓月园、毓园、鼓浪石、鼓浪屿钢琴博物馆、郑成功纪念馆、海底世界、天然海滨浴场、海天堂构等。

鼓浪屿先后获得国家5A级旅游景区、全国重点文物保护单位、中国最美五大城区等荣誉。2017年7月，"鼓浪屿：国际历史社区"被列入《世界遗产名录》。

【知识拓展】

菽庄花园

菽庄花园位于鼓浪屿东南海滨，建于1913年，原为台湾富商林尔嘉私人花园，园主人以他的字"叔臧"的谐音命名花园。庄园背倚日光岩，面向大海，虽占地不满十亩，风光何止万千。全园分为藏海园和补山园两大部分，各景错落有序，整体设计运用了先藏后露、巧借临海坡面等手法，利用天然地形巧妙布局，园建海上，海藏园中，依海拓园，以园饰海，成为涵纳大海、视野宽广、独一无二的一座海上园林。园内还有四十四桥和十二洞天等景点，疏密有致，变化多端。园内植物种类丰富，有大量从海外引种的植物，每至佳期，百花绽放，香气袭人。菽庄花园既有江南庭院的精巧雅致，又有波涛拍岸，浪花飞溅的雄浑壮观，动静对比，相得益彰。

1914年7月，林尔嘉在菽庄花园鹿耳礁之西垱，成立菽庄吟社，聚集了当时大批爱国文人墨客。菽庄花园的传奇，不仅在于建筑和景观本身独特的文化价值，亦在于它的原主人赋予其中的家国情怀。

（三）云水谣古镇

云水谣古镇（Yunshui Ballad Ancient Town），原名叫"长教村"，位于福建省漳州市南靖县境内，是世界文化遗产"福建土楼"的主要遗产地之一，也是国家5A级旅游景区。古镇历史悠久，距今已经有约700多年的历史。村中幽长古道、百年老榕、神奇土楼、青山碧水，宛如一幅浓墨重彩的山水画。

古镇四面环山，纵横十余里，汩汩流淌的长教溪环镇而过，溪流间一座座小桥跨越其上，两岸村庄衣带相连；溪岸两边，13棵千年古榕，如伞如盖，曲折伸张，枝繁叶茂，组成了蔚为壮观的榕树群。榕树下一条被踩磨得非常光滑的鹅卵石古道伸向远方。古镇中最引人注目的是山脚下、溪岸旁、田野上星罗棋布的一座座土楼。这些从元朝中期就开始建造的土楼，保存完好的有53座。土楼姿态万千，除了有建在沼泽地上堪称"天下第一奇"的和贵楼，及工艺最精美、保护最完好的双环圆土楼——怀远楼外，还有吊脚楼、竹竿楼、府第式土楼等，土楼风景别具一格。

云水谣古镇是漳州著名的侨乡。据《长教简氏族谱》记载，长教简氏族人从明宣德年间陆续开始向外迁移，到缅甸、新加坡、印度尼西亚、泰国等国家及我国台湾、香港等地区谋生。现祖籍长教的台湾简氏人口就有15.4万人之众，每年都有数百位台湾同胞不远千里，回长教寻根谒祖。

（四）福建土楼

福建土楼（Hakka Earth Building）散布在闽西的永定、武平、上杭及闽西南的南靖、平和、华安、漳浦等地，历史悠久、规模宏大、结构奇巧、功能齐全、文化内涵丰富。因为这些土楼大多数是由福建客家人所建，所以又被称"客家土楼"，是客家文化的象征之一。2008 年，永定、南靖、华安三县的"六楼四群"共 46 座福建土楼被列入《世界遗产名录》。这些土楼主要分布在福建西部和南部山区，其中包括永定的下洋初溪、湖坑、洪坑、高投、高北土楼群、衍高楼、振福楼、永康楼，南靖的田螺坑土楼群、和贵楼、怀远楼，华安的大地土楼群等。

福建土楼是世界上独一无二的山区大型夯土民居建筑，创造性的生土建筑艺术杰作。土楼墙体以生土作为主要建筑材料，掺上细沙、石灰、糯米饭、红糖、竹片、木条这些材料，经过反复揉、舂、压建造而成，楼顶则覆以火烧瓦盖。土楼高可四五层，供三代或四代人同楼聚居。土楼产生于宋元，在明末、清代和民国时期逐步演变成熟。上述土楼中最古老和最晚近的都在初溪的土楼群中，直径 66 米的集庆楼已有 600 年的历史，直径 31 米的善庆楼则仅有 30 多年历史。

福建土楼所在的闽西和闽南山区，地势险峻，人烟相对稀少。聚族而居既是根深蒂固的中原儒家传统观念要求，更是聚集力量、共御外敌的现实需要。福建土楼依山就势，布局合理，吸收了中国传统建筑规划的堪舆和风水理念，适应聚族而居的生活和防御的要求，还巧妙地利用了山间狭小的平地和当地的生土、木材、鹅卵石等建筑材料，具有节省材料、坚固耐久、防御性强的特点，又极富美感。它不仅是世界上独有的大型原生土夯筑的建筑艺术成就的典范，还是东方血缘伦理关系和聚族而居传统文化的历史见证，可谓天下一绝。

【知识拓展】

振成楼

振成楼由洪坑林氏 21 世林鸿超兄弟等人于 1912 年建造，距今已有 107 年的历史，该楼保存相当完整，有"土楼王子"的美称。该楼坐北朝南，占地约 5000 平方米，由两环同心圆楼组合而成，圆楼外有左右对称的半月形馆相辅，外观建筑恰似一顶封建官吏的乌纱帽，是福建土楼中独一无二的"官帽"造型土楼。其局部建筑风格及大门、内墙、祖堂、花墙等所用的颜色，大胆采用了西方建筑美学所强调的多样统一原则，是一座外土内洋，中西合璧的土楼，堪称中西合璧的生土民居建筑杰作。

第四节 海南省

一、概况

海南古称"琼崖""琼州"，简称"琼"，省会海口市。海南地势中部高四周低，中间高耸，呈穹窿山地形，属热带海洋性季风气候。全省陆地总面积 3.54 万平方千米，管辖海域总面积约 200 万平方千米，人口约 1043 万（截至 2023 年）。

海南是我国唯一全部处于热带的省份，也是我国最大的热带作物产地。动植物药材资源丰富，有"天然药库"之称，亦是国内发展热带海洋渔业的理想之地。这里蕴藏着丰富的矿产资源，还是理想的天然盐场。海南的旅游资源极其丰富，有着旖旎迷人的海岛风光、多姿多彩的民族风情。著名的博鳌亚洲论坛每年都在这里召开，天涯海角、五指山、东坡书院等风景区闻名中外。

二、主要旅游文化胜地

（一）天涯海角游览区

天涯海角游览区（Tianya Haijiao Scenic Area）是国家 4A 级旅游景区，位于海南省三亚市区西南 23 千米处，以美丽迷人的热带自然海滨风光、悠久独特的历史文化和浓郁多彩的民族风情驰名海内外。"天涯海角"一词，早时是用来表达一种异乡的情结，经过千百年的积淀，承载了丰富深刻的文化内涵。清雍正年间崖州知州程哲在景区的海滨礁石上题刻了"天涯"二字，民国时期抗日将领王毅将军又在相邻的巨石上题写了"海角"二字。1961 年，郭沫若题写"天涯海角游览区"，使这里成为名副其实的"天涯海角"，也让人们心中的"天涯情结"找到了物化的载体。天涯海角游览区内碧海、青山、白沙、礁盘浑然一体，宛若七彩交融的丹青画屏；椰林、波涛、渔帆、鸥燕、云霞辉映点衬，形成南国特有的椰风海韵。

（二）南山文化旅游区

南山文化旅游区（Nanshan Cultural Tourism Zone）位于三亚市崖州区，依托山海相依的自然资源开发而成。它是新中国成立以来经国务院批准兴建的具有"像寺合一"特质的佛教文化主题景区，主要景点有南山寺、海上观音、不二法门、观音文化苑、天竺圣迹、佛名胜景观苑、十方塔林与归根园、佛教文化交流中心、素斋购物一条街等。

盛唐建筑风格的南山寺背山面海，主要建筑有仁王门、兜率内院、钟鼓楼、转轮藏、东西配殿、金堂等建筑群，鳞次栉比，错落有致。寺庙总面积超过 4 万平方米，暮鼓晨钟，梵音缭绕，大气沉雄，是我国南部最大的佛教道场之一。

寺前的海中塑 108 米高的海上观音圣像，用白色合金材质制作，总重约 2600 吨。南山海上观音采用"一体化三尊"造型，三尊观音手中分别持莲、持箧、持珠，各有不同寓意，是东方世界"和平""智慧""慈悲"的精神象征。观音脚踏一百零八瓣莲花宝座，莲花座下为金刚台，金刚台内是面积达 15000 平方米的圆通宝殿。金刚台由长 280 米的普济桥与陆岸相连，并与面积达 60000 平方米的观音广场及广场两侧主题公园，共同组成占地面积近 30 万平方米的"观音净苑"景区。

南山面朝南海，历来是吉祥福泽之地。中国传扬千古的名句"福如东海，寿比南山"，道出了南山与福寿文化的悠久渊源。作为我国著名的宗教与福寿文化景区，南山文化旅游区无处不在地显示着博大精深的佛教文化和中华优秀传统文化。在这里既能欣赏山海自然美景，还可拜访众多佛教名胜，又可以感受生态建设与环境保护给人类所带来的福音，体味回归自然的乐趣。2007 年 5 月，南山文化旅游区获批成为国家 5A 级旅游景区。

（三）槟榔谷黎苗文化旅游区

槟榔谷黎苗文化旅游区（Binlang Valley Li Miao Cultural Tourism Area）地处海南省保亭县与三亚市交界的甘什岭自然保护区境内，坐落于万棵亭亭玉立、婀娜多姿的槟榔林海和古木参天、藤蔓交织的热带雨林中，规划面积5000余亩，距三亚市中心28千米。景区风景秀丽，古韵悠长，由非遗村、甘什黎村、雨林苗寨、田野黎家、兰花客栈、黎苗风味美食街和《槟榔·古韵》大型实景演出地七大文化体验区构成，藏有十项国家级非物质文化遗产，是海南黎、苗族传统"三月三"及"七夕嬉水节"的主要活动举办地之一，是海南最丰富、最权威、最灵动、最纯正的民族文化"活体"博物馆。2015年7月，槟榔谷黎苗文化旅游区成为中国首家民族文化型国家5A级旅游景区。

1. 甘什黎村　村内有造型奇特的船形屋，有以黎族同胞崇拜的动物图腾而建的龟形屋以及图腾艺术馆、非物质文化遗产陈列馆、黎族纹身馆、山栏文化馆、陶艺馆等主题展馆，集中展示了海南传统民俗文化和非遗文化，也是槟榔谷景区民族文化的精髓所在。

2. 非遗村　即非物质文化遗产保护村。这里展示了黎族千百年来的文化传承，是黎族传统文化中最灿烂的一部分。在非遗村内有四大主题博物馆：无纺馆、麻纺馆、棉纺馆、龙被馆。

3.《槟榔·古韵》实景演出　槟榔谷，黎家梦，穿越海南三千年。大型原生态黎苗文化实景演出《槟榔·古韵》，以钻木取火、织黎锦、苗捏、舂米、黎族服饰、打柴舞等节目表演，展示最原始、最古老、最震撼的黎苗文化底蕴。《槟榔·古韵》是海南唯一一个以黎苗文化为主题的大型原生态实景演出，浓郁的黎苗风韵受到广大游客的欢迎，被授予"国家文化出口重点项目"，已成为槟榔谷的核心品牌。

4. 雨林苗寨　位于甘什岭腹地，地处北纬18°，海拔480米，属亚热带季风气候区，常年气温23～27℃，阳光充足，雨量充沛，雨林灌木1400多种，野生动物种类繁多，空气中的氧离子是城市中的九倍，是名副其实的天然大氧吧。

【本章小结】

本区包括广东、福建、海南三个省，地处我国东南沿海，位于亚洲至欧、非和大洋洲的航道要冲，地理位置优越，因此是我国发展对外旅游条件最优越的地区之一。本区地形以丘陵、山地为主，有南岭山脉、武夷山脉等，热带、亚热带自然景观突出。源远流长的岭南文化以其独有的多元、务实、开放、兼容、创新等特点，采中原之精粹，纳四海之新风，在中华大文化之林独树一帜，具体体现在本区特色建筑、文学艺术、民俗风情和餐饮美食等诸多人文景观之中，具有很强的旅游吸引力。

课堂互动

请根据活力岭南闽粤文化旅游区的自然地理环境和人文地理环境，分析归纳该区旅游资源的特点。

探研思辨

1. 客家文化是指客家人共同创造的物质文化与精神文化的总和，是客家人聚集地长期形成的风格独特的文化，包括语言、戏剧、音乐、舞蹈、工艺、民俗、建筑、饮食等方面。客家文化有古汉文化活化石之誉，源自中原汉人南迁时自身所保留的唐宋时期的华夏文化和中原文化。客家文化一方面，保留了中原文化主流特征，崇尚华夏正统文化，崇文重教，诗礼传家；另一方面，又善于从当地少数民族中汲取养分，容纳了所在地民族的文化精华。客家文化因其独特性、深厚性、多样性、开放性、适应性等特点，被誉为中国传统文化的重要组成部分之一。

（1）请找出客家文化的物化载体或特色建筑，介绍其是如何融入和体现客家文化的。

（2）请根据客家人历次迁徙路线，谈谈客家文化的发展历程。

2. 深圳欢乐谷是首批国家 5A 级旅游景区，占地 35 万平方米，分为九大主题区，有大小项目 100 多个，集海陆空三栖游乐于一身、融日夜两重娱乐于一体，是国内项目数量最多，设施科技含量最高也最为先进的主题乐园。据英国品牌评估及战略咨询公司 Brand Finance 去年发布的《全球休闲旅游品牌价值 10 强》榜单，欢乐谷品牌以 20.32 亿美元的品牌价值，高居全球第 6 位。

深圳欢乐谷始终坚持"常玩常新、常建常新"的运营理念，每隔 3 年时间推出一组新的投资 5000 万元以上大型娱乐项目，每隔 2 年推出一组新型中型娱乐项目（1000 万～5000 万元），每年推出一组新型小型娱乐项目。深圳欢乐谷多年来亦坚持数字化发展战略，牢牢把握数字化产业与文旅行业融合发展的趋势，积极探索以技术创新赋能游客体验提升和运营提质，率先打造中国首个 5G+ 智慧乐园，并推出全球首个 AR 沉浸式节庆潮玩节，探索科技时代主题公园发展新模式，成功入选"2022 智慧旅游创新企业"。同时，作为大型主题公园的民族品牌，欢乐谷充分融合杂技、魔术、滑稽等传统艺术形式，利用自身产业资源优势，将传统文化与现代生活相连接，以文化底色增强中国主题公园的品牌自信。

（1）请回顾中国主题公园建设的发展历程、现状和存在问题。

（2）请根据深圳欢乐谷的成功经验，提出解决主题公园主题淡化、内容陈旧、项目单调、服务脱节等问题的途径和措施。

第十章　世界屋脊雪域高原旅游区 ▷▷▷

【思维导图】

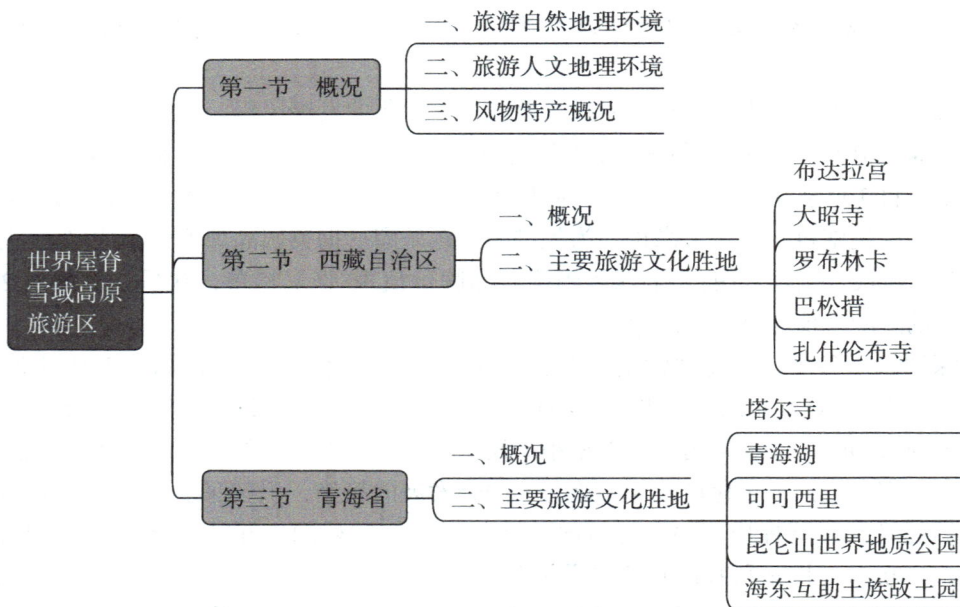

世界屋脊雪域高原旅游区
- 第一节　概况
  - 一、旅游自然地理环境
  - 二、旅游人文地理环境
  - 三、风物特产概况
- 第二节　西藏自治区
  - 一、概况
  - 二、主要旅游文化胜地
    - 布达拉宫
    - 大昭寺
    - 罗布林卡
    - 巴松措
    - 扎什伦布寺
- 第三节　青海省
  - 一、概况
  - 二、主要旅游文化胜地
    - 塔尔寺
    - 青海湖
    - 可可西里
    - 昆仑山世界地质公园
    - 海东互助土族故土园

【知识目标】

1. 掌握：本旅游区的自然地理环境和人文地理环境特征。

2. 熟悉：本旅游区的主要旅游文化胜地。

3. 理解：本旅游区概况及风物特产。

【能力目标】

1. 能够根据本旅游区自然地理环境及人文地理环境，分析该区旅游资源特点，提高分析问题、总结归纳能力。

2. 能够根据本旅游区旅游资源的特点与分布，进行旅游线路设计，增强自主学习、解决问题的能力。

3. 能够运用所学知识制作本区旅游文化胜地导游词，并熟练地进行讲解，提升语言表达、人际沟通能力。

【思政目标】

1. 通过领略本旅游区独特的高原自然风貌，培养宽阔视野和豁达胸襟，并更好地树立生态保护理念；

2. 通过了解青藏高原上源远流长的民族交往史，以及民族交往交流交融的历史遗迹，铸牢中华民族共同体意识，构筑中华民族共有精神家园。

【情境导入】

藏族的"世界级非遗"项目知多少

中国的非物质文化遗产是中华民族智慧的结晶，作为中华优秀传统文化的代表，其在各类国际性重大活动中展露风采，成为传播中华优秀传统文化的一张亮丽名片，对于提升文化自信，增强民族认同感具有重要意义和作用。

勤劳智慧的藏族同胞创造了神奇瑰丽的民族民间文化，包括舞蹈、戏剧、美术、手工技艺等在内的非物质文化遗产历史悠久，积淀厚重，丰富多彩，是中华优秀传统文化宝库中一朵绚丽的奇葩。目前，在中国列入联合国教科文组织非物质文化遗产名录（名册）的 40 个项目中，藏族创造的有四项，分别为《格萨尔》史诗、热贡艺术、藏戏和藏医药浴法。《格萨尔》是关于藏族古代英雄格萨尔神圣业绩的宏大叙事史诗，拥有数百万诗行、2000 多万字，是世界上最长的史诗，是一部反映古代藏族社会生活的百科全书式著作，代表着藏族民间文化与口头叙事艺术的最高成就。热贡艺术主要指唐卡、壁画、堆绣、雕塑等佛教绘画造型艺术，是藏传佛教的重要艺术流派，其内容以藏传佛教、神话故事、史诗、藏医藏药、天文地理以及传统知识等为主，具有浓郁的宗教色彩和鲜明的地域特色。藏戏是戴着面具、以歌舞演故事的藏族戏剧，具有高原戏独特形式和强烈、鲜明的民族个性，形成于 14 世纪，被誉为藏文化的"活化石"。藏医药浴法，是藏族人民以"五源"（土、水、火、风、空）生命观和"三因"（隆、赤巴、培根）健康观及疾病观为指导，通过沐浴天然温泉或药物煮熬的水汁或蒸汽，调节身心平衡，实现生命健康和疾病防治的传统知识和实践。

藏族同胞世代生活在青藏高原，这片雪域高原孕育了博大精深的藏文化，并以壮阔神奇的自然风光吸引着世界旅游者的目光。让我们步入本区，揭开青藏高原的神秘面纱，欣赏高原旅游区原始独特的风景，品读藏文化深厚丰富的内涵。

第一节　概　况

世界屋脊雪域高原旅游区地处我国西南部的青藏高原上，包括青海省和西藏自治区，总面积 192 万平方千米，人口约 958 万（截至 2023 年），地广人稀，是我国人口密度最小的一个区域。本区的主要民族是藏族，还有汉、回、土、蒙古、撒拉、哈萨克、门巴、珞巴、纳西等 30 多个民族，是一个多民族聚居区。

青藏高原被誉为世界屋脊，平均海拔 4000 米以上，青藏旅游区涵盖了青藏高原的大部分地区，是中国最大的山地旅游区。以"地球第三极""亚洲水塔"之称闻名于世的青藏地区是我国重要的生态安全屏障，这里的高山、湿地、森林、湖泊等自然生态资源风光独特，拥有珠穆朗玛峰、雅鲁藏布大峡谷、三江源自然保护区、青海湖和可可西里自然保护区等。布达拉宫、大昭寺、罗布林卡、塔尔寺等著名人文景观，则充分彰显出我国青藏地区独特的文化内涵，使本旅游区成为世人瞩目的旅游胜地。

一、旅游自然地理环境

（一）高原地貌壮观巍峨，冰川地热交相辉映

本区位于我国第一级阶梯，地形以高原为主体，平均海拔4000～5000米，有"世界屋脊"之称，因地势高耸而成为一个独特的地区。青藏高原上的山脉多为东西走向，自北向南有阿尔金山、祁连山、昆仑山、唐古拉山以及喜马拉雅等山脉。如此众多巨大的山脉汇聚在一起的现象为世界上绝无仅有的。其中，喜马拉雅山位于青藏高原最南部，是世界上最大的山脉。珠穆朗玛峰是世界最高峰，海拔8848.86米，被称为"世界第三极"。山脉之间分布着盆地、湖泊、峡谷、河流、冰川等自然景观。柴达木盆地介于阿尔金山—祁连山和昆仑山之间，面积约22万平方千米，是我国第三大内陆盆地。盆地有丰富的盐矿资源和其他矿产资源，素有"青藏高原上的聚宝盆"之称。雅鲁藏布大峡谷是地球上最深的峡谷，最深处达6009米，被誉为"世界第一大峡谷"。高峰与深谷咫尺为邻，近万米的强烈地形反差，构成了堪称世界第一的壮丽景观。

这里许多高大的山脉终年积雪，冰川广布，其冰川覆盖面积达到了4.7万平方千米，占全国总冰川覆盖面的80%，故有"冰雪高山"之誉。全世界中纬度山区8条长度超过50千米的大冰川，就有6条分布在本区。地处珠穆朗玛峰脚下的绒布冰川，是青藏高原最大最著名的冰川。座座乳白色的冰塔拔地而起，晶莹夺目，每座高达数十米，构成长达十余千米的冰塔林带，冰面上还耸立着数十米厚的冰墙，层层叠叠，蔚为壮观。冰川形成的冰斗、角峰、刃脊、鼓丘等冰蚀、冰碛地貌分布广泛，还有冰塔林、冰洞、冰面溪流等奇异景观，是本区景观特色之一，成为人们高山滑雪、冰雪探险、科考的理想去处。

青藏地区还是我国地热资源最丰富的地区，据考古学家考察，青藏高原是印度洋板块与亚欧板块碰撞而隆起形成的。地质板块运动使岩浆活动频繁，从而形成了丰富的地热资源。地热资源主要分布在雅鲁藏布江中上游河谷地带，有热泉、温泉、沸泉、间歇喷泉、热水河、热水湖、热水沼泽、水热爆炸穴等20多种，地球上已经发现的地热类型，这里应有尽有。其中水热爆炸穴、间歇喷泉是我国仅有、世界罕见的自然奇观。位于拉萨西北90千米的羊八井地热田最负盛名，它海拔4000米，面积15平方千米，有沸泉、热泉、温泉、热水湖、水热爆炸穴、喷气孔等，在当地平均气温只有2℃的时候，湖面温度竟达40℃以上，沸泉水温最高达92℃。羊八井建有我国第一座温蒸汽型地热发电站。地热田热气蒸腾，与雪山、冰川映衬辉照，构成一幅绝妙的高原美景，不

仅提供了重要的能源，而且是我国乃至世界上其他地区都难得一见的自然奇观，成为本区独具特色的旅游资源。

（二）高原气候特征鲜明，区域气候差异明显

青藏高原平均高度在 4000 米以上，高原气候的气压低、气温低、空气稀薄、日照强烈、气温年变化小、日变化大的特征表现得最为突出。青藏高原年平均气温低，是气候首要特征之一。位于藏北高原和青南高原的可可西里年平均气温在 −4℃ 以下，为青藏高原温度最低的地区，也是北半球同纬度气温最低的地区。本区气温日较差比同纬度东部地区大，藏北高原、柴达木盆地等地的日较差约 17℃，昼夜温差大。本区夏季温凉多雨，气温较低，而冬季的温度不太低，尤其在西藏南部地区，冬季干燥，太阳辐射强，局部地区增温比较明显，所以，冬季相对而言不太冷，导致气温年变化较小。故有"一年无四季，一日有寒暑"之说。本区海拔高，面积大，空气比较干燥，稀薄，太阳辐射通过的大气路程较短，因此太阳辐射被削弱得少，太阳总辐射量高居全国之冠。

由于地形复杂多变，青藏高原上气候也随地区的不同而变化很大。喜马拉雅山南坡的雅鲁藏布河谷地带，由于纬度低、海拔低，北有大山阻隔，南有西南季风侵入，竟形成了与高原上截然不同的热带雨林气候及热带风光。沿着河谷从山麓到山顶渐次出现热带、温带和寒带的立体气候景观，与典型的高原气候迥然不同，是天然的旅游和科考胜地。

（三）大河源头水量丰富，各类湖泊星罗棋布

青藏高原冰川广布、湖泊密集、河流纵横、湿地遍布、冻土千里，丰富的水资源让这里成为众多大江大河的源头。长江、黄河、澜沧江、怒江、雅鲁藏布江、印度河、恒河等亚洲许多的著名大河均发源于此。2020 年，据中国科学院青藏高原综合科学考察课题组对青藏高原地区的冰川储量、湖泊水量和主要河流出山口的径流量进行初步勘查后估算，三者之和的储水量超过了 9 万亿立方米，至少相当于 230 个三峡水库的最大蓄水量，水量极其丰富，因此，青藏高原被誉为"亚洲水塔"，是中国乃至亚洲重要的生态安全屏障。

【知识拓展】

最重要又最脆弱的"亚洲水塔"

"亚洲水塔"是指喜马拉雅——青藏高原地区。该地区是除极地冰盖以外全球第二大的冰川聚集地。该地区孕育了黄河、长江、恒河、湄公河、印度河、萨尔温江和伊洛瓦底江等七条亚洲的重要河流，哺育了东亚、南亚和中亚的伟大文明，因此被称为"亚洲水塔"。"亚洲水塔"辽阔雄健，却也敏感脆弱。它是对气候变化最敏感的地区之一，全球变暖正令冰川消融加快，湖泊显著扩张、冰崩等新型灾害出现，高原总体有暖干化趋势，使亚洲水塔面临失衡的风险，其变化影响着我国以及"一带一路"沿线国家和地区 20 多亿人口的生存和发展。保护"亚洲水塔"，是建设人类命运共同体的一部分。科学家正

精心研究其变化，寻求根源，应对挑战，全世界须采取积极行动，控制温室气体排放，才能维持亚洲水塔平衡。

青藏高原湖区是世界上湖泊数量最多和面积最大的内陆湖区，共有湖泊1500多个，面积大于10平方千米的就有300多个。湖泊总面积约为3.69万平方千米，约占全国湖泊总面积的45%，以内陆湖、咸水湖为多。比较著名的湖泊有我国最大的湖泊——青海湖，是一个咸水湖，位于青藏高原东北部，湖泊总面积约为4435平方千米；第二大咸水湖——色林错，面积为2391平方千米；第三大咸水湖——纳木错，位于西藏自治区中部，湖面海拔4718米，面积1920多平方千米，是世界上海拔最高的大型湖泊。此外，青藏高原地区还有像茶卡盐湖这样美丽，被称为"天空之镜"的湖泊。众多高原湖泊一片翠蓝，纯净圣洁，仿佛高原上的蓝宝石璀璨夺目，令人无限向往。

二、旅游人文地理环境

（一）历史宗教文化古老厚重

藏传佛教俗称"喇嘛教"，在雪域高原上源远流长，影响广泛，使青藏高原的历史带有浓厚的宗教色彩。本区的民族主要是藏族，藏族居民基本上都信奉喇嘛教，因此青藏高原上处处都可领略到浓浓的宗教氛围。喇嘛教的发展在本区留下了大量独具特色的宫殿寺庙建筑和珍贵宗教艺术品，形成了独特的民族传统和文化习俗。本区成为我国近代史上寺庙和教徒最多的省区，全区有大小寺庙2000余座，有著名的宫堡式建筑群布达拉宫，还有大昭寺、罗布林卡、扎什伦布寺和塔尔寺等世界上知名的庙宇梵宫，各大寺庙殿堂内的香火终年不断，并陈有精美的佛像、壁画、雕刻、唐卡、泥塑，以及工艺精湛的酥油花、浩瀚的藏文典籍和其他珍贵的文物等。红楼白壁、金顶飞檐的庙宇不仅是宗教活动的场所，也是政治、经济、文化、艺术、教育的集中地，可以说寺庙是高原历史、文化的浓缩和凝聚点。

（二）少数民族风情多姿多彩

本区是多民族聚居之地，其中以藏族人口最多，此外还有土族、撒拉族、门巴族、珞巴族等，这些民族在同大自然的斗争中创造了灿烂的民族文化，表现在服饰、民居、饮食、礼仪、节日、婚俗、丧俗等许多方面。以服饰为例，藏族同胞喜着宽大的藏袍，饰物华美繁多；土族妇女爱穿七彩花袖衫，因此土族被称为高原彩虹；撒拉族女性常穿色泽鲜艳的大襟花衣服，戴精美的"盖头"。多姿多彩的民族风情不仅让旅游者能够领略到完全不同于自己生活地域的异域情调，而且能让旅游者感受和认识少数民族文化的独特魅力。

（三）藏族文化艺术内涵深厚

在漫长的历史发展过程中，藏族人民创造了辉煌的藏族文化艺术，主要表现在文学、歌舞、藏戏、藏医、藏药等方面。它们丰富了中华文化，是中华文化艺术的重要组成部分，藏族文学丰富多彩，在数量上居中国少数民族前列。《格萨尔王传》是民间说唱体英雄史诗，它是已知世界上最长的说唱史诗。藏族文学经典《仓央嘉措情歌》也已享誉世界。藏族同胞能歌善舞，歌曲旋律顿挫抑扬，歌词贴切合韵，唱时还可伴以各种舞蹈，舞姿优美，有独舞、对舞和群舞，形成有歌必舞、舞中有歌的藏族歌舞。藏戏集神话、传说、民歌、舞蹈、说唱、杂技等多种民间文学艺术与宗教仪式乐舞为一体。每逢雪顿节、望果节、达玛节、藏历新年和特定的宗教节日，都要举行大型藏戏汇演。藏医药是中国医学宝库中一颗璀璨的明珠，它具有丰富的内容、完整的科学体系和鲜明的民族特色。藏民族医药科学早在吐蕃时期即形成体系，已有 2000 多年的历史。在赤松德赞在位期间，藏医药学得到了前所未有的发展，藏医学鼻祖宇妥·元丹贡布在集古代藏医的基础上，吸收四方医学精华，编著了《四部医典》。藏药约有 1000 余种，常用的基本有 400 种，多采用成药，大多采自高海拔、大温差、强日光的高原地带，其有效成分和生物活性大大高于同类药物，具有独特疗效。

【知识拓展】

中国四大民族医药

民族医药是对我国少数民族医药理论与经验的总称，其中藏、蒙、维吾尔、傣医药并称为我国四大民族医药。藏医药：是仅次于中医中药而有系统理论的民族医药，几千年来为我国藏区人民的健康和繁衍昌盛作出了重要贡献；蒙医药：是蒙古族人民在长期的医疗实践中逐渐形成与发展起来的，它广泛吸收了藏医、中医及印度医学理论的精华；维吾尔医药：成为独特的理论体系已有上千年的历史，在祖国传统医学宝库中占有很大的比重；傣医药：是傣族人民同疾病作斗争而总结出的传统医学，有着较系统的医学理论和丰富的临床经验。民族医药具有鲜明的民族特色、地域特点和独特的理论体系，是中医药的重要组成部分，在历史上为民族地区的繁荣和发展作出了重要的贡献。

三、风物特产概况

本区地域辽阔，地理环境复杂，气候多样，造就了丰富的物产，盛产贝母、虫草、麝香、天麻、党参、藏红花、全蝎等名贵中药材，其中西藏麝香为我国特产，驰名中外。冬虫夏草和西藏麝香已经出口亚洲及欧美国家。传统工艺品以金银器、地毯闻名国内外。青藏地毯做工精细，质地优良，花色鲜艳，手感柔软，金银器具工艺高超，多是纯手工制作，绝少重样，为中外旅游者所青睐。长垫、氆氇、围裙、木碗等也颇受游客喜爱。

本区特色美食和特产食物主要包括：西藏牦牛肉、酥油茶、糌粑、青稞酒、林芝核桃、林芝苹果、西藏酸奶、人参果奶渣糕、奶渣包子、门源奶皮、柴达木枸杞、互助八眉猪、湟源陈醋、乐都紫皮大蒜、祁连黄蘑菇、贵南黑藏羊等。

第二节　西藏自治区

一、概况

西藏自治区，简称"藏"，首府拉萨市，位于我国青藏高原的西南部，是西南边疆的重要门户。全区总面积约 120 万平方千米，约占中国陆地总面积的 1/8，在中国各省区中，仅次于新疆维吾尔自治区，位居第二。全区总人口 364 万余人（截至 2023 年），是中国人口最少、密度最小的省区。西藏自治区是以藏族为主体的少数民族地区，藏族人口约占自治区总人口的 95.45%，其他还有汉族、回族、门巴族、珞巴族等。

西藏高原是青藏高原的主体部分，海拔 4000 米以上，是地球上隆起较晚、海拔最高的大高原，有"世界屋脊"之称。高原南部喜马拉雅山脉高峻雄伟，中尼边境的珠穆朗玛峰是世界最高峰，雪山冰川遍布，景象壮观神奇；藏南有雅鲁藏布江谷地，森林峡谷为主的自然生态风光旖旎多姿；藏北内流区有我国第二大咸水湖色林错等大小湖泊 1500 多个，是我国湖泊最多的地区，众多的湖泊被林海环绕、雪山映照，景色绮丽动人。

西藏自治区不仅有世界屋脊奇异的地质地貌和独特的自然风光，而且有丰富多样的社会人文景观，仅寺庙在历史上最盛时就有 2700 多座，还有不少宫殿、园林、城堡、要塞、古墓、古碑等。主要的人文旅游景点有布达拉宫、大昭寺、小昭寺、罗布林卡、扎什伦布寺、藏王墓等。

西藏自治区自然风光雄伟壮丽，宗教文化灿烂悠久，民俗风情古朴浓郁，它以其丰富、独特、堪称世界一流的旅游资源，成为世界性的旅游目的地和全球旅游者向往的热土。

二、主要旅游文化胜地

（一）布达拉宫

布达拉宫（The Potala Palace）坐落在海拔 3700 米的拉萨市中心的红山上，因其建造历史悠久，建筑所表现出来的民族审美特征，以及对研究藏民族社会历史、文化、宗教所具有的特殊价值，而成为举世闻名的名胜古迹。它是世界上海拔最高、规模最大的宫堡式建筑群，整座宫殿群楼高耸、壮观巍峨、气势宏伟，被誉为"世界屋脊的明珠"。1994 年 12 月，布达拉宫被列入《世界遗产名录》。

布达拉宫始建于公元 7 世纪，相传是松赞干布为迎娶文成公主而建。原建筑毁于战火，于明代修复和重建。布达拉宫占地面积 40 万平方米，建筑面积 13 万平方米，具有宫殿、灵塔殿、大殿、佛殿、经堂、重要职能机构办公处等诸多处所的巨型宫堡。布达拉宫的主体建筑分为白宫和红宫两部分。白宫有寝室、经堂和客厅、书库等建筑，是处理政教事务和生活起居的地方。红宫是布达拉宫的主楼，有历代灵塔殿和各类佛堂，是供奉佛神和举行宗教仪式的地方。

布达拉宫内保存着大量艺术价值极高的壁画和珍贵的历史资料和文物，其中包括中央政府敕封西藏地方政教领袖、僧俗官员的藏经册印、贝叶经和金银铜器、佛像、唐卡、服饰等各类文物约7万余件，典籍6万余函卷（部），是西藏最重要的历史、宗教、文化和艺术宝库。

（二）大昭寺

大昭寺（Jokhang Temple），又名"祖拉康""觉康"（藏语意为佛殿），位于拉萨老城区中心，是一座藏传佛教寺院，也是西藏最早的土木结构建筑，其融合了藏、唐、尼泊尔、印度的建筑风格，并且开创了藏式平川式的寺庙布局规式，成为藏式宗教建筑的千古典范。

大昭寺始建于公元647年，是藏王松赞干布为纪念文成公主入藏和在西藏宣扬佛教而兴建的第一座庙宇，经过元、明、清历朝屡加修改扩建，形成了现今庞大的建筑规模。寺建筑面积达2.51万余平方米，有20多个殿堂，由前庭、主殿和拉章（活佛公署）组成，主殿高4层，上覆金顶，辉煌壮观，大殿正中供奉文成公主从长安带来的释迦牟尼12岁时等身镀金铜像。两侧配殿供奉松赞干布、文成公主、尼泊尔尺尊公主等塑像。殿内还保存有明代的"唐卡"和清代的金奔巴瓶等珍贵历史文物。寺内还有300多尊铜像和描述佛教故事、藏民生活的精美壁画。大昭寺前还立有一座唐蕃会盟碑，是千余年来藏汉人民团结友好的象征。

大昭寺是西藏重大佛事活动的中心，在藏传佛教中拥有至高无上的地位。许多重大的政治、宗教活动都在这里进行。2000年11月，大昭寺作为布达拉宫世界遗产的扩展项目被批准列入《世界遗产名录》。

【知识拓展】

唐蕃会盟碑

公元821年，唐穆宗继位后，唐蕃双方为长期和解，决定"刻日月于巨石"，将盟文刻石立碑，即历史上有名的甥舅和盟碑，又称唐蕃会盟碑或长庆会盟碑。碑高342厘米，宽82厘米，厚35厘米，用汉藏两种文字刻成。碑文记载："商议社稷如一，结立大和盟约，永无沦替！神人俱以证知，世世代代，使其称赞。"碑文中强调了唐代文成、金城公主出嫁吐蕃赞普，缔结了舅甥姻好之事；追溯唐蕃的历史和功业，并记载了这次会盟的经过、立石年月以及双方参加登坛会盟的官员名单。这块会盟碑表达了汉藏历史悠久的亲密关系，是汉藏历史上一件可贵的文物。千余年来，唐蕃会盟碑一直巍然矗立在拉萨大昭寺前，公主柳树旁，受到人们的景仰，成为汉藏人民团结友好的历史见证。

（三）罗布林卡

罗布林卡（Norbulingka），藏语意为"宝贝公园"，是西藏人造园林中规模最大、风景最佳、古迹最多的园林。它位于拉萨西郊，始建于18世纪40年代。全园占地约

36 公顷，有房 374 间，建筑以格桑颇章、金色颇章、达登明久颇章为主体，规划整齐，主要殿堂内的墙壁上均绘有精美的壁画，另有湖心宫、龙王亭、金色林卡等建筑点缀其间，都具有明显的藏式风格。园内树木茂盛、郁郁葱葱，不仅有拉萨地区常见花木，而且有取自喜马拉雅山南北麓的奇花异草，还有从内地移植或从国外引进的名贵花卉，堪称高原植物园。清新的空气，静谧的环境，幽深的庭院，具有一种西藏园林特有的朴实自然的情趣。此外，罗布林卡内还珍藏有大量的典籍和文物，包括瓷器、珐琅器、金器、银器、铜器、漆器、丝织品、唐卡和马车等。

罗布林卡集中表现了藏族造园、建筑、绘画、雕刻等多方面的艺术成就和藏汉民族文化艺术之间的交流，具有藏汉园林艺术合璧之美，是一份珍贵的园林遗产。2001 年 12 月，罗布林卡作为布达拉宫世界遗产的扩展项目被批准列入《世界遗产名录》。

（四）巴松措

巴松措（Basom Lake 或 Baksum Lake）又名措高湖，藏语中是"绿色的水"的意思，湖面海拔 3700 多米，湖面面积约 27 平方千米，虽位于林芝远离城镇的高峡深谷里，但却以其林木繁茂和群山耸立中的一池碧水而广为人知，也是红教的一处著名神湖和圣地。

巴松措湖水潋滟，四周雪山环抱，如一块镶嵌于高山峡谷的碧玉，宁静妩媚又不失大气。确如其名，巴松措呈现出淡淡的玉石般没有杂质的绿色，而且湖水清澈见底，可以看见两三米下成群游动的鱼儿，四周青山如黛，顶峰是终年不化的积雪，连绵不绝，蔚为壮观。不同于西藏其他的神湖，巴松措完全被郁郁葱葱的原始森林所包围。茂密的植物不仅是大地上的点缀，还给人类制造了丰富的氧气，加之它是西藏同规模大湖中海拔最低的，所以游客在这里一般不会产生严重的高原反应。

湖心处有一个扎西岛，岛上有唐代的建筑"错宗工巴寺"，玲珑小巧，是西藏有名的红教宁玛派寺庙，建于唐代末年，距今已有 1500 多年的历史。错宗寺为土木结构，上下两层，殿内主供莲花生、千手观音和金童玉女。

湖泊、森林、雪山、牧场、寺庙都被融合在巴松措景区，四季皆美。碧水和云天共成一体，两岸和远流同为一色，令人陶醉，因此巴松措有"小瑞士""西藏的阿尔卑斯"以及"户外天堂"等美誉。

（五）扎什伦布寺

扎什伦布寺（Tashilhunpo Monastery）位于西藏日喀则的尼色日山下，意为"吉祥须弥寺"，是一处汇聚藏传佛教文化的宗教圣地。它始建于明正统十二年（1447 年），由宗喀巴弟子根敦主巴兴建，后多次扩建修缮，形成占地 15 万平方米的庞大建筑物，其中包括 57 间经堂和 3600 个房间。

扎什伦布寺依山势而建，在其四周筑有宫墙，蜿蜒曲折的宫墙与庄严的庙宇，一同构成扎什伦布寺的神圣之源。整个寺院坐北朝南，将佛教殿宇巧妙地与山体相衔接，构成一道宏伟壮观的景观。寺中错钦大殿可容 2000 人诵经，殿中有释迦牟尼像，两边有根敦主巴与四世班禅立像。大殿两侧为弥勒殿与度母殿。另有历世班禅灵塔殿，藏舍利肉身。寺内还有四扎仓（经院），教学显密并重。

　　扎什伦布寺与拉萨的"三大寺"噶丹寺、色拉寺、哲蚌寺合称藏传佛教格鲁派的"四大寺"。它是藏传佛教格鲁派的政令中心，整座寺院融合了藏区传统建筑特点和佛教风格，雄伟庄严，是藏区建筑风格与工艺的结晶，也是宗教艺术和文化底蕴的展示之地。

第三节　青海省

一、概况

　　青海省，简称"青"，雄踞世界屋脊青藏高原的东北部。因境内有国内最大的内陆咸水湖——青海湖而得名，省会西宁市。青海省是长江、黄河、澜沧江的发源地，故被称为"江河源头"，又称"三江源"，素有"中华水塔"之美誉。全省面积约72万平方千米，总人口为594万余人（截至2023年底）。青海是一个多民族聚居的地区，有汉、藏、回、土、撒拉、维吾尔、蒙古、塔吉克等民族，少数民族人口占全省人口的42.77%。

　　青海省境内山脉高耸，地形多样，河流纵横，湖泊棋布。巍巍昆仑山横贯中部，唐古拉山峙立于南，祁连山矗立于北，茫茫草原起伏绵延，柴达木盆地浩瀚无垠。野生动物种类繁多，其中，野骆驼、野牦牛、野驴、藏羚羊、盘羊、白唇鹿、雪豹、黑颈鹤、黑鹳等为国家一类保护动物。青海省的气候大部分属于大陆性高原气候，冬寒、夏凉，日照长，雨量少，年降水量100～600毫米。夏季气候凉爽宜人，是最佳的旅游季节。

　　青海地处"世界屋脊"、江河源头，特殊的地理优势让这里成为中华文明的重要源头，形成了以昆仑文化为主体、不同民族文化构成的多元文化。独特的高原地理位置，独具一格的高山大川，悠久的历史文化，淳厚的民族风情，为青海发展旅游事业提供了丰富的自然资源和人文资源。著名景区有塔尔寺、青海湖、可可西里自然保护区、昆仑山世界地质公园、海东互助土族故土园等。

二、主要旅游文化胜地

（一）塔尔寺

　　塔尔寺（Ta'er Lamasery）又名塔儿寺，地处西宁市西南25千米处的湟中区鲁沙尔镇，因其主要宫殿大金瓦寺内为纪念格鲁派创始人宗喀巴而建的大银塔而得名。该寺创建于明洪武十二年（1379年），距今已有600多年历史，是青海省和中国西北地区的佛教中心和格鲁派的圣地，也是全国重点文物保护单位和国家5A级旅游景区。

　　塔尔寺主要建筑依山傍源，分布于莲花山的一沟两面坡上，有大金瓦寺、大经堂、弥勒殿、九间殿、花寺、小金瓦寺、居巴扎仓、丁科扎仓、曼巴扎仓、大拉浪、大厨房、如意宝塔等9300余间（座），占地面积45万平方米，组成一个庞大的藏汉结合的建筑群。塔尔寺殿宇高低错落，交相辉映，气势壮观，位于寺中心的大金瓦殿，绿墙金瓦，灿烂辉煌，是该寺的主建筑，殿中央立有大银塔，纯银作底，表层镀金，并镶嵌各种珍宝，裹以数十层白色"哈达"，以示高贵。塔高 11 米，相传为宗喀巴诞生处，塔顶佛龛内供奉着 2.5 米高的宗喀巴像。

酥油花（用酥油塑成人物、鸟兽、花卉等各种塑像）、壁画、堆绣（绸缎塞以羊毛、棉花等充实物而绣成的丝绸美术工艺品）被称为塔尔寺"三绝"，是藏族艺苑中的奇葩。寺内还珍藏了许多佛教典籍和历史、文学、哲学、医药及立法等方面的学术专著。每年举行的佛事活动"四大法会"，更是热闹非凡。

（二）青海湖

青海湖（Qinghai Lake）古称西海，位于青海省东北部，是我国第一大内陆湖泊，也是我国最大的咸水湖。青海湖面积达 4456 平方千米，环湖周长 360 多千米，湖面海拔 3196 米，湖区盛夏时节平均气温仅 15℃，为天然避暑胜地。湖水晶莹透彻，湖畔绿色成荫，景色秀丽，是天然的旅游胜地，2011 年被评为国家 5A 级旅游景区。

青海湖四周有巍巍高山环抱，分别是壮丽的大通山、逶迤的南山、嵯峨的橡皮山和雄伟的日月山，四座大山海拔都在 3600 ～ 5000 米，绵延不绝，峥嵘巍峨。雪冠冰峰消融之水，仿佛甜美的乳汁，日夜不停地注入青海湖中，滋润着生活在湖中的各类生灵。湖中盛产肉嫩味鲜的湟鱼，湖畔有绿草如茵的草原。青海湖宛如一块巨大的宝镜镶嵌在高山和草原之间，构成了一幅碧湖、雪山、草原相映成趣的绝美画卷。

青海湖中有 5 个小岛，其中以鸟岛最为著名。它位于湖的西部，面积为 0.11 平方千米，栖息着近 10 万只候鸟，堪称鸟类王国，是青海湖具有灵气和生机的地方。每年春夏之交，来自中国南方和东西亚等地的斑头雁、棕头鸥、鱼鸥、赤麻鸭、鸬鹚、黑颈鹤、天鹅及其他鸭、雀、百灵鸟等 10 余种候鸟在此繁衍生息，构成青海湖一大奇观。

（三）可可西里

可可西里（Qinghai Hoh Xil），蒙语意为"美丽的少女"，位于青海省玉树藏族自治州东北部。可可西里是可可西里山脉及其附近盆地和丘陵地带的总称，面积 23.5 万平方千米，其中自然保护区 8.4 万平方千米，是中国最大的无人区之一，被称为"生命的禁区"。可可西里平均海拔在 4600 米以上，是世界上海拔最高、面积最大的高原湿地。

可可西里所在地区是数千万年前从古地中海隆升而来的。地质地貌的巨大变化，造成今天的可可西里及周边地区气温低，降水少，湖泊、冰川和冻土众多，动植物种类少但存量庞大等特点。这里有高原湖泊、雪山、草原、森林、河流、寺庙，还有藏羚羊、野牦牛、藏野驴、白唇鹿、棕熊等珍稀动物，以及大量的植物化石、矿物标本、古生物化石等。可可西里是全球受人类影响最小的区域之一，保存较好的原始生态环境和与此相适应的植被类型，为藏羚羊、野牦牛等青藏高原特有哺乳动物提供了完整的栖息地和迁徙通道，成为野生动物资源最为丰富的地区之一，拥有的野生动物多达 230 多种，其中属国家重点保护的一类、二类野生动物就有 20 余种。

可可西里是全世界非常稀有的高原，有着特殊的生态和特殊的生物多样性。2017 年

7月，青海可可西里获准列入《世界遗产名录》，成为我国面积最大的世界自然遗产地。

（四）昆仑山世界地质公园

昆仑山世界地质公园（Mount Kunlun UNESCO Global Geopark）位于昆仑山东段，青海省格尔木市境内西南部，距格尔木市区30千米，海拔3091～6178米，面积7033.17平方千米。昆仑山世界地质公园雄奇、神秘，在众多自然景观中地质遗迹景观占据着重要位置，展示了地质历史变迁和冰川发育情况。昆仑山世界地质公园平均海拔4000米以上，气候寒冷，终年被冰雪覆盖，就是在烈日炎炎的盛夏，这里也是寒气逼人，正是这样严酷特殊的环境孕育了公园内独特的高原生态系统。昆仑山地区主要植被类型是高寒草原和高寒草甸，高山冰缘植被也有较大面积分布。其中，高寒草原是本区分布面积最大的植被类型，主要有紫花针茅、扇穗茅、青藏苔草等，常见的伴生植物有垫状棱子芹、紫羊茅、沙生风毛菊等。公园地区生物区系种类少，但青藏高原特有种比例大，且种群数量大，藏羚羊、野牦牛、黄羊、野驴等均属于珍稀动物。公园内的高寒物种，类型丰富，特点鲜明，是世界上重要的高寒地区物种基因库，在生态学上具有十分重要的保护意义和研究价值。

昆仑山，自古以来都被华夏民族尊称为"万山之宗，龙脉之祖"。围绕昆仑山产生了中华文化史上最为壮丽的诗篇和神话，脍炙人口，传遍天下，如"女娲补天、钻木取火、夸父逐日、共工触山、后羿射日、嫦娥奔月、大禹治水"等不胜枚举，昆仑山在这些神话传说中被认为是中华民族的发源地。中国道教文化里，昆仑山被誉为"万山之祖"，也是"万神之乡"。昆仑山还是明末道教混元派道场所在地，后因变故逐渐隐出。神话传说、道教文化结合当地独有的民俗文化，赋予了昆仑山地质公园非同一般的人文氛围，在昆仑山地质公园内留下了众多的人文景观，他们见证了昆仑山的历史文化变迁，是中华民族的瑰宝，也是世界人民的宝贵遗产。

昆仑山世界地质公园以冰川地貌为主旋律，辅以历史悠久神秘莫测的道教文化景观和昆仑神话，兼有高原风光和珍贵独特的高原生态系统，是一个集科学研究、科学普及、登山探险、观光游览和休闲度假于一体，科学内涵丰富、地方特色浓郁、文化气息浓厚，极具观赏价值的综合性自然公园。

（五）海东互助土族故土园

土族故土园景区（Tu Nationality Hometown Park）位于海东市互助土族自治县威远镇境内，距青海省西宁市31千米，是世界上最全面、最纯正、最真实的以"土族文化"为主题，集游览观光、休闲度假、体验民俗、宗教朝觐为一体的综合旅游景区。

景区总面积6.81平方千米，核心游览区达3.25平方千米，包括彩虹部落土族园、纳顿庄园、小庄土族民俗文化村、西部土族民俗文化村和天佑德中国青稞酒之源5个核心景点，集中展示了土族绚丽多彩的民族文化、源远流长的青稞酒文化、弥久沉香的酩馏酒文化、古老典雅的建筑文化、别具一格的民居文化以及古朴神秘的宗教文化，是国内外游客了解土族民俗文化的首选之地。景区内原始纯朴的自然环境、雄奇独特的生态环境、古老神秘的文化遗迹，风格迥异的民族风情具有很强的吸引力，游客可以一边欣赏自然美景，一边感受土族文化的独特气韵。互助土族故土园也成为全国唯一一个落户在主体民族为人口较少民族地区的 5A 级旅游景区。

【本章小结】

本区位于青藏高原之上，独特的地理位置、变化多样的地貌特征和自然风光，以及少数民族的悠久历史文化，构成了丰富多姿并具神秘色彩的旅游资源，素以奇特壮观的高山冰川、星罗棋布的高原湖泊、雪域藏乡的民俗风情以及神奇的藏传佛教而著称于世。登山探险、科研考察、宗教文化、藏乡风情对旅游者具有较强吸引力。此外，高原特有的珍奇野生动植物繁多，亦适合开展特殊的高原生态旅游。随着交通条件的持续改善，本区不断挖掘旅游潜力，日益发展成为风格独特、极具竞争力的旅游区。

课堂互动

1. 你还了解本区哪些具有少数民族特色的风俗人情？请与同学讨论和分享。

2. 请根据本旅游区的自然地理环境和人文地理环境，分析归纳该区旅游资源的特点。

3. 当人体进入海拔 3 千米以上的高原时，由于暴露于低压、低氧、低温环境中而出现一系列不适反应即为高原反应。请谈谈应采取哪些预防措施，以避免发生严重的高原反应？

探研思辨

1. 藏传佛教，或称藏语系佛教，俗称喇嘛教，是指传入西藏的佛教分支，始于公元 7 世纪吐蕃赞普松赞干布当政时期。它传入藏族社会后，逐渐渗入其历史、政治、经济、文化、教育和风俗习惯中，对藏民族的影响广泛而深刻。藏传佛教以卷帙浩繁、渊博深奥的藏文文献著称，有举世闻名的《甘珠尔》《丹珠尔》两大佛学丛书。藏传佛教主要有宁玛派、萨迦派、噶举派和格鲁派四大派别。

（1）请查阅资料，阐述藏传佛教与汉传佛教的区别。

（2）除本章所讲大昭寺、扎什伦布寺和塔尔寺外，你还知道哪些著名的藏传佛教文化旅游胜地？请选取其中 1～2 处进行具体介绍。

2. 青藏铁路，简称青藏线，是一条连接青海省西宁市至西藏自治区拉萨市的国铁 I 级铁路，全长 1956 千米，是中国新世纪四大工程之一，是通往西藏腹地的第一条铁路，也是世界上海拔最高、线路最长的高原铁路。这条犹如吉祥哈达一样的雪域天路把青藏高原与祖国内地紧密相连，为雪域高原的跨越式发展插上了腾飞的翅膀。青藏铁路通车后，多年来制约西藏旅游业发展的交通瓶颈得到极大改善，基本上形成了以铁路为主、铁—公—航联合运输的局面，吸引了越来越多的游客进高原，给世界屋脊旅游业快速发展创造了条件。

（1）请查阅青藏铁路的路线，介绍青藏铁路沿线的主要旅游景点。

（2）青藏铁路地处世界"第三极"，生态环境极为脆弱，你认为应采取哪些措施改善铁路沿线生态环境，使其成为一条"环保铁路"？

第十一章　大漠绿洲丝路文化旅游区 ▷▷▷▷

【思维导图】

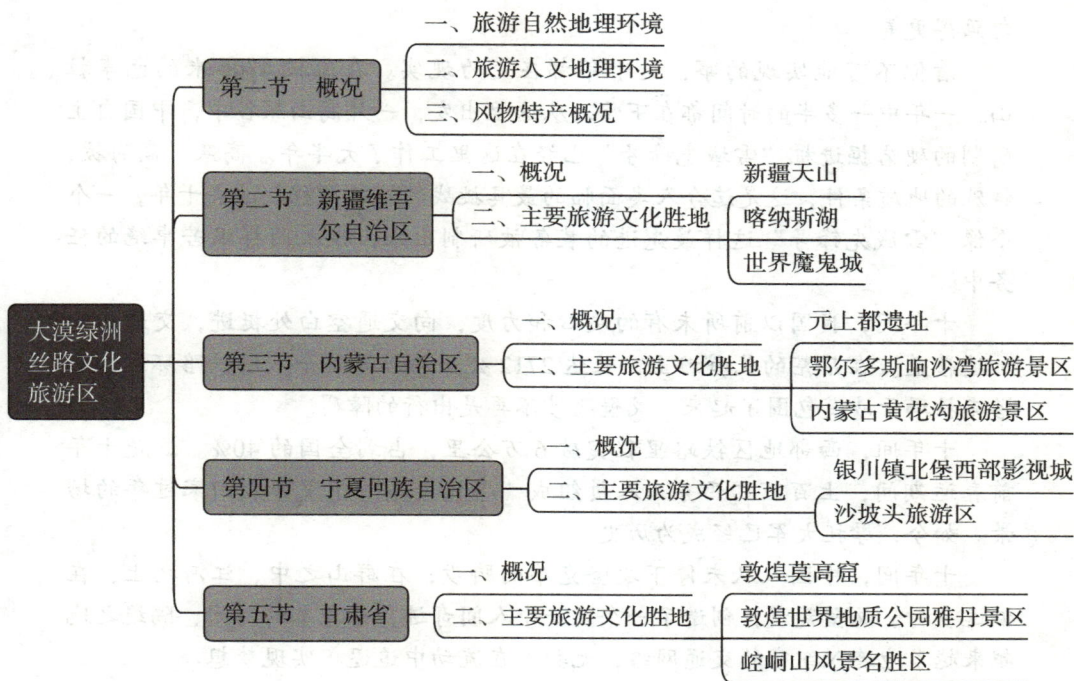

大漠绿洲丝路文化旅游区

- 第一节　概况
  - 一、旅游自然地理环境
  - 二、旅游人文地理环境
  - 三、风物特产概况
- 第二节　新疆维吾尔自治区
  - 一、概况
  - 二、主要旅游文化胜地
    - 新疆天山
    - 喀纳斯湖
    - 世界魔鬼城
- 第三节　内蒙古自治区
  - 一、概况
  - 二、主要旅游文化胜地
    - 元上都遗址
    - 鄂尔多斯响沙湾旅游景区
    - 内蒙古黄花沟旅游景区
- 第四节　宁夏回族自治区
  - 一、概况
  - 二、主要旅游文化胜地
    - 银川镇北堡西部影视城
    - 沙坡头旅游区
- 第五节　甘肃省
  - 一、概况
  - 二、主要旅游文化胜地
    - 敦煌莫高窟
    - 敦煌世界地质公园雅丹景区
    - 崆峒山风景名胜区

【知识目标】

1. 掌握：本旅游区的自然地理环境和人文地理环境特征。
2. 熟悉：本旅游区的主要旅游文化胜地。
3. 理解：本旅游区概况及风物特产。

【能力目标】

1. 能够根据本旅游区自然地理环境及人文地理环境，分析该区旅游资源特点，提高分析问题、总结归纳能力。

2. 能够根据本旅游区旅游资源的特点与分布，进行旅游线路设计，增强自主学习、解决问题的能力。

3. 能够运用所学知识制作本区旅游文化胜地导游词，并熟练地进行讲解，提升语言表达、人际沟通能力。

【思政目标】

1.通过情景导入、西北荒漠化防治和相关知识学习，领悟脱贫攻坚、人民至上的大国风范和严谨细致、精益求精、追求完美的工匠精神。

2.从探研思辨岐黄学者内容的引入，陶冶、传承和发展中医药文化的情怀。

【情境导入】

穿山越壑，向交通空白处挺进

习近平总书记指出，中国的交通地图就像一幅画儿，中国的中部、东部、东北地区都是工笔画，西部留白太大了，将来也要补几笔，把美丽中国的交通勾画得更美。

看似不可能实现的事，这十年都在变为现实。在海拔4700米的色季拉山，一年中一多半的时间都在下雪。从这里出发，一片高山深谷中，中国自主研制的硬岩掘进机"雪域先锋号"已经在这里工作了大半年。高寒、高海拔，特殊的地质条件，这是迄今人类面临的最具挑战的铁路工程。过去十年，一个个像"雪域先锋号"这样最先进的装备被研制出来，投入同样艰苦卓绝的任务中。

十年间，我国以前所未有的决心和力度，向交通空白处挺进，交通网络加速覆盖。在茫茫的戈壁滩上，长达2712公里的世界首个沙漠铁路环线，将塔克拉玛干沙漠包围了起来。戈壁飞沙不再是出行的障碍。

十年间，西部地区铁路里程突破6万公里，占到全国的40%。这是十年前春运期间，上百万广西务工人员组成"摩托大军"千里奔袭回家过年的场景。如今，摩托大军已经成为历史。

十年间，中国人从未停下攻坚克难的脚步，在群山之中、江河之上，在偏远乡村、戈壁荒漠，创造了一个又一个人间奇迹，让原本的封闭、隔绝之地越来越多地连入织密的交通网络，无数人在流动中追逐、实现梦想。

——2022年08月12日央视网

西北地区深居内陆，距离主要的客源市场比较远，交通不太便利，经济发展水平相对较低，均一定程度上制约了旅游业的发展。党的十八大以来，在以习近平总书记为核心的党中央坚强领导下，中国人民以越是艰险越向前的大无畏气概，向着人迹罕至、环境恶劣的交通空白处挺进，逢山开路，遇水架桥，创造了一个又一个人间奇迹，改变了亿万人的生活，也带动了本旅游区的发展。

第一节　概　况

大漠绿洲丝路文化旅游区包括甘肃省、新疆维吾尔自治区、宁夏回族自治区和内蒙古自治区四大省区，是我国北部和西北的边陲地区，总面积约333.6万平方千米，人口约8187万（截至2023年），主要民族有蒙古族、回族、维吾尔族、哈萨克族、汉族等40多个民族，是我国民族成分较多的地区之一。本区与蒙古国、俄罗斯和中亚西亚数国有着近万千米长的边境线，第二座亚欧大陆桥的开通为加强旅游区间的横向联合和国际区域合作提供了有利条件，非常有利于发展边境旅游。本区历史上长期是中西文化交流的纽带，是连接亚非欧大陆著名"丝绸之路"的必经之地。

一、旅游自然地理环境

（一）高耸山地与巨大盆地相间分布

本旅游区位置和范围主要为大兴安岭以西，祁连山、阿尔金山、昆仑山以北，主要地貌类型为内蒙古高原、河套平原和"三山夹两盆"地貌，即阿尔泰山与天山之间的准噶尔盆地，天山与昆仑山、阿尔金山之间的塔里木盆地。其中，内蒙古自治区地形以内蒙古高原为主，新疆维吾尔自治区地形以"三山夹两盆"的地貌类型为主。宁夏回族自治区和甘肃省地形高原山地交错，大部分地区海拔在1000～1500米。本区有众多巍峨险峻、气势磅礴的雪峰，在内陆盆地周围的高大山岭上发育了成千上万条现代冰川，昆仑山、天山、祁连山等西北名山争相将瑰丽壮观的雪峰、冰川展现在游人眼前，成为人们登山探险、科学考察、猎奇观光的主要选择。

（二）典型的大陆性温带荒漠气候

本区深居内陆，属典型的大陆性温带荒漠气候，特点是云量稀少，日照时数较长，全年实际日照时数达到2555～3500小时，光照资源在全国仅次于青藏高原，热量资源丰富，气温变化剧烈，温度年较差和日较差都比较大，沙漠地区气温年较差达35℃以上，日较差高达30℃，即使在一天当中也有"早穿棉袄午穿纱，抱着火炉吃西瓜"的奇特景观。本区冬季严寒而漫长，夏季温暖而短暂，春季多风沙，短促的秋季是最佳旅游季节。降水稀少，相对湿度较小，因而形成我国最干旱的地区，我国最热、最干旱、风力最大和降水最少的地方都分布在这里，位于新疆天山东部，山间盆地中的吐鲁番是公认的我国最热的地区，被称为火洲，当地民间流传着沙窝里蒸鸡蛋，石头上烤面饼的说法。七里井阿拉山口、达坂城、瓜州等都是著名的风口，瓜州有世界风库之称。风大沙多，是我国风电高产区。

本区旅游季节与气候组合良好，5～10月是本区气候条件最好的时节，此时正是本区降水最多，植物生长最茂盛，自然景观最丰富的季节。

（三）戈壁荒漠与绿洲交错

本区戈壁、沙漠、黄土广布，呈现出荒凉的大漠景观。主要沙漠包括塔克拉玛干沙漠、古尔班通古特沙漠、巴丹吉林沙漠、腾格里沙漠、库布齐沙漠和毛乌素沙漠等。大漠戈壁，人迹罕至，黄沙漫漫，别有一番风趣，吸引着大量的旅游者。由于本区山地众多，在山麓下部常有泉流、河水发育，受两侧高山冰雪融水滋润，土壤肥沃，水草肥美，农业发达，形成了大小不等的片片绿洲，为荒凉的景观平添了无限生机。密集的绿洲，沿河西走廊和天山山麓呈串珠状分布，天山南北的阿克苏、阿拉尔、库车、吐鲁番、乌鲁木齐、塔城、伊宁、喀什、和田，河西走廊的武威、永昌、酒泉、敦煌等都是西北著名的绿洲，形成了本区绿洲与沙漠紧密相连的奇特风光。

二、旅游人文地理环境

（一）众多历史遗存积淀深厚

本区历史悠久，是中华民族和华夏文明的发祥地之一，各历史时期的文化遗存十分丰富。1920年于甘肃庆阳泥河湾发现了中国第一块旧石器时代的石制品，证实了中国是人类早期文明的发源地之一。甘肃天水大地湾保存有7800年前的人类遗址，将华夏文明的出现提前了近3000年。有关伏羲、西王母、黄帝、炎帝等神话传说在此广泛流传，羲皇故里——甘肃天水、岐黄故里和农耕文明发源地——甘肃庆阳都位于本区。特殊的地缘环境使本区边塞文化格外璀璨，西北地区特别是甘肃、宁夏，历史上位于中原政权的边疆地区，处在北方政权与中原政权交流与冲突的最前沿，充满神秘色彩的西夏王朝也曾雄踞于此。本区境内不仅分布多处古战场，边关要塞，古城遗址，还有着天水、银川、武威、敦煌、张掖、吐鲁番、延安等众多历史文化名城，本区是长城所经的重要路段，甘肃是现存长城绵延最长、保存遗迹最多、形态结构最复杂的地区，其境内的嘉峪关是明长城的最西端，为万里长城全线中保存最完整，规模最宏大的关城，享有"天下雄关"的美誉。

（二）古老丝绸之路魅力无限

举世闻名的丝绸之路东起长安（西安），经渭河流域，穿过河西走廊和塔里木盆地，跨越现今的帕米尔、中亚和阿富汗、伊朗、伊拉克、叙利亚而达地中海东岸，全长7000余千米。丝绸之路不仅是古代中国与西方各国间的一条贸易之路，也是一条政治、经济、文化交往的友谊之路。丝绸之路的开拓和发达，使沿线各处遗留下数量巨大、种类丰富的文物古迹，有明代嘉峪关、汉代阳关、玉门关、秦长城遗址等军事设施；有敦煌莫高窟、麦积山石窟、炳灵寺石窟、榆林窟和克孜尔千佛洞等宗教石窟、寺院；丝绸之路沿途还遍布古墓，每年都有惊人的珍贵文物出土，如出土于武威县雷台汉墓的铜铸天马，造型奇特、想象大胆，已被选为中国旅游的图形标志。随着历史变迁，丝绸之路上的许多繁华古城或被战争破坏，或被沙粒掩埋，成为千古之谜，留存至今的嘉峪关、阳关、玉门关、秦长城、楼兰古城、高昌古城、交河古城、敦煌莫高窟、麦积山石窟等遗物遗址，有着很高的历史价值和艺术价值，也是古代丝绸之路繁荣昌盛的历史见证。丝绸之路是游览、观光、科研、考古的一条"热线"，大漠丝路游已成为本区最具魅力的特色旅游之一。

（三）交通运输网初具规模

本区的旅游交通已初步形成铁路、公路、民用航空交通运输网。铁路是本区交通运输网的骨干，主要铁路干线有京包、包兰、兰新、兰青、集二、京通、滨洲、南疆等线。公路在本区也占有重要的地位，90% 以上的县和乡已通公路，区内很多旅游景点主要依靠公路对外联系，并进行长途运输。此外，以兰州、银川、乌鲁木齐、呼和浩特、包头为中心的航空线可通往北京和各大城市。

三、风物特产概况

本区畜牧业发达，名贵药材、手工艺品和土特产众多。著名的有内蒙古肉奶食品、口蘑、牛黄、蒙古靴、马头琴等；宁夏的"五宝"（枸杞、甘草、贺兰石、滩羊皮、发菜）；甘肃的兰州白兰瓜、酒泉夜光杯；新疆的地毯、维吾尔族小花帽、和田玉，特别是新疆的温带瓜果香浓脆甜，如鄯善的哈密瓜、吐鲁番的葡萄、库尔勒的香梨、叶城的大籽石榴、伊犁的苹果等非常著名。

第二节 新疆维吾尔自治区

一、概况

新疆古称西域，简称"新"，首府乌鲁木齐，是古丝绸之路的重要通道，也是各民族迁徙融合的走廊，素有"瓜果之乡""歌舞之乡"的美誉。新疆面积约 166 万平方千米，约占全国面积的 1/6，是中国陆地面积最大的省级行政区，陆地边境线 5600 多千米，是我国边境线最长、对外口岸最多的一个省区。全区总人口约 2598 万（截至 2023年），是一个多民族聚居的地区，主要有汉族、维吾尔族、哈萨克族、回族、柯尔克孜族、蒙古族、塔吉克族、锡伯族、满族、乌孜别克族、俄罗斯族、达斡尔族和塔塔尔族等民族。

新疆具有"三山夹两盆"的地貌特征，自然景观奇特，著名的自然风景有天山、喀纳斯湖、博斯腾湖、赛里木湖、巴音布鲁克草原等。新疆历史文化底蕴深厚，人文景观丰富，古丝绸之路上的交河故城、高昌故城、克孜尔千佛洞等人文胜迹享誉中外。

二、主要旅游文化胜地

（一）新疆天山

新疆天山（Xinjiang Tianshan）世界自然遗产项目由博格达峰、巴音布鲁克、喀拉峻—库尔德宁、托木尔峰四部分组成，总面积达 5759 平方千米。天山是世界七大山系之一，是全球温带干旱区最大的山系，具有极好的自然奇观，将反差巨大的炎热与寒冷、干旱与湿润、荒凉与秀美、壮观与精致奇妙地汇集在一起，展现了独特的自然美；

典型的山地垂直自然带谱、南北坡景观差异和植物多样性，体现了帕米尔——天山山地生物生态演进过程，也是中亚山地众多珍稀濒危物种、特有种的最重要栖息地，突出代表了这一区域由暖湿植物区系逐步被现代旱生的地中海植物区系所替代的生物进化过程，在地球科学、生物与生态学和景观美学方面具有独特价值。2013 年 6 月，新疆天山正式被批准列入联合国教科文组织《世界遗产名录》中的自然遗产目录，填补了新疆没有世界自然遗产的空白。

天山天池风景区以高山湖泊为中心，雪峰倒映，云杉环拥，碧水似镜，风光如画，是国家 5A 级旅游景区。天池古称"瑶池"。湖面 4.9 平方千米，最大水深 105 米，湖面海拔 1900 多米，湖畔绿草如茵，繁花似锦，有"天山明珠"盛誉。天池东南面就是雄伟的博格达主峰，海拔达 5445 米，终年积雪，冰川连绵，雪山与蓝湖相辉映，景色奇美。

（二）喀纳斯湖

喀纳斯湖（Kanas Lake）位于新疆维吾尔自治区布尔津县境内北部，距县城 150 千米，是一个坐落在阿尔泰深山密林中的高山湖泊。喀纳斯是蒙古语，意为"美丽富饶、神秘莫测"。环湖四周原始森林密布，阳坡被茂密的草丛覆盖。湖水来自奎屯、友谊峰等山的冰川融水和当地降水，从地表或地下泻入喀纳斯湖。湖面海拔 1374 米，面积 44.78 平方千米，湖水最深处达 188 米左右。喀纳斯湖水澄澈、天空湛蓝、流云翻涌、山林草原绿意盎然，秀美的风光和宜人的气候，使之成为各地游客来疆旅游的热点景区。

喀纳斯湖是喀纳斯自然保护区的重要组成部分，湖周峰峦叠嶂，原始森林密布，青山绿水，绿草如茵，繁花似锦，似阿尔泰山的一颗璀璨的明珠。以湖为中心建立的喀纳斯湖自然景观保护区，总面积达 5588 平方千米。保护区自上而下分别为冰川恒雪带、山地冻雪带、高山草甸带、山地草甸带等，是中国唯一的西伯利亚区系动植物保护分布区。2007 年 5 月，阿勒泰地区喀纳斯景区获批为国家 5A 级旅游景区。

（三）世界魔鬼城

世界魔鬼城（Reverso Context）位于新疆克拉玛依，是一片规模宏大、气势雄伟、蔚为壮观的风蚀奇景。整个景区占地面积近 120 平方千米，核心面积约 38 平方千米，一个又一个鬼斧神工的"雅丹雕塑"，埭堞分明，清晰呈现。"孔雀迎宾"是在一座高高的基台上，一只美丽的"孔雀"正拖着长长的尾羽，身姿傲立，优美舒展。虽没有华贵艳丽的色彩，但它在形态上不亚于任何一只骄傲的孔雀。还有"雄鹰展翅""海狮望月"和"魔鬼夫妻"等很多形态各异的景观，似塔、似林、似坛、似亭，不一而足。狮身人面像、大地之父、古堡、军舰、桂林山水、天坛，甚至布达拉宫，都能在此找到相似的身影，实在令人称奇。

魔鬼城得名，不仅仅因为千岩万壑的奇特地貌，还因为时常狂风肆虐而发出的幽幽怒鸣。这里地处风口，经常会遇到十到十二级大风，狂风大作、天昏地暗、飞沙走石、怪影迷离，一阵阵如箭的气流穿梭回旋于林立怪石之间，发出或尖厉或低沉的声音，如龙吟虎啸般震耳欲聋。

除了令人称奇的地形地貌，魔鬼城还蕴含着丰富多彩的文化。其所在的新疆维吾尔自治区克拉玛依市乌尔禾区是重要的石油产地之一，景区里开辟了专门的石油体验区，让游客体验石油文化。距离景区 8 千米处，还有 13 条沥青矿脉，天然矿藏文化引人入胜。在上亿年的时光中，金丝玉在茫茫戈壁滩上接受岁月的洗礼，最终成长为非常稳定和优秀的玉石品种。世界魔鬼城也是新疆金丝玉的发现地和原产地，被誉为"散落在准噶尔盆地的玉石瑰宝"。金丝玉文化正成为克拉玛依市的又一张亮丽名片。

世界魔鬼城还是著名的影视拍摄基地。自《卧虎藏龙》开始，《英雄》《七剑下天山》《无人区》等 40 余部影视剧在此取景，影视文化已渗透进这里的一沙一土之间。世界魔鬼城历经沧桑，从荒漠戈壁中抖落沙霾，渐渐被人们熟知。如今，它正借着独特的自然资源与丰富的历史文化，走向更宽广的世界。

第三节　内蒙古自治区

一、概况

内蒙古自治区简称内蒙古，首府呼和浩特市，位于我国北部边疆，是我国最早成立的少数民族自治区，土地总面积约 118 万平方千米，占全国总面积的 12.3%，在全国各省、自治区、直辖市中名列第三位，是我国跨经度最广的省区。截至 2023 年底全区人口约 2396 万。

内蒙古的旅游特色以草原、大漠、森林、民族风情为主。呼伦贝尔大草原、锡林郭勒草原、希拉穆仁草原都是感受草原风光的好去处。内蒙古的沙漠主要分布在西部地区，比较著名的有巴丹吉林沙漠、腾格里沙漠、库布齐沙漠的响沙湾等。而以蒙古族为主体的民族风情更为内蒙古草原增添了淳朴自然的神韵。名胜古迹有成吉思汗陵、昭君墓、五当召、席力图召和元上都遗址等。

二、主要旅游文化胜地

（一）元上都遗址

元上都遗址（Site of Xanadu）是中国元代都城遗址，位于内蒙古自治区锡林郭勒盟正蓝旗旗政府所在地东北约 20 千米处闪电河北岸。由我国北方游牧民族创建的这座草原都城，被认定是中原农耕文化与草原游牧文化奇妙结合的产物，史学家称它可与意大利古城庞贝媲美。2012 年 6 月，中国元上都遗址被列入《世界遗产名录》。

元世祖忽必烈未即皇帝位前，在蒙古宪宗六年（1256 年）开始筑城，初名开平府。忽必烈即位后，改称开平府为上都，又名上京或滦京，为元朝的夏都。元朝皇帝每年夏季率领重要大臣来这里避暑和处理政务，因此将宫城建成园林式的离宫别馆。全城由宫城、皇城和外城三重城组成，周长约 9 千米，东西 2050 米，南北 2115 米。宫城墙用砖包砌，四角有楼，内有水晶殿、鸿禧殿、穆清阁、大安阁等殿阁亭榭，将河水引入城内建有池沼。皇城环卫宫城四周，城墙用石块包镶，道路整齐，井然有序，南半部为官署、府邸所在区域，东北和西北隅建有乾元寺和龙光华严寺。外城全用土筑，在皇城西北面，北部为皇帝观赏的御苑，南部为官署、寺观和作坊所在地区。城外东、南、西三处关厢地带，为市肆、民居、仓廪所在。明永乐初年此处荒废，城垣及建筑台基残留于地表。

（二）鄂尔多斯响沙湾旅游景区

响沙湾（Ordos Xiangsha Bay Tourist Attraction）又名"银肯"响沙，位于鄂尔多斯市达拉特旗中部，库布齐沙漠东端。响沙湾是我国5A级景区，属于沙漠类自然风景区，为新月形丘链或格状丘地貌。沙高110米，宽400米，坡度为45度，地势呈弯月状，形成一个巨大的沙山回音壁，当人们顺着沙山往下滑，便会听到犹如飞机掠空而过的轰鸣声，顿觉妙趣横生。

响沙湾拥有世界第一条沙漠索道，中国最大的骆驼群，中国一流的蒙古民族歌舞团，有最具民族特色、地域风情的大型"鄂尔多斯婚礼"演出，还有十多种惊险刺激的沙漠活动项目如滑沙、沙漠卡丁车、沙漠冲浪、沙浴、骑骆驼、跳伞、打靶、牵引伞等，将游客带入一个全新的沙海世界。

响沙湾沙丘高大，比肩而立，瀚海茫茫，一望无际，它以特有的神奇响沙，每年吸引着无数游客及外国友人到此旅游观光，是一处珍稀、罕见、宝贵的旅游自然资源。

（三）内蒙古黄花沟旅游景区

黄花沟旅游景区（Huanghuagou Tourist Attraction in Inner Mongolia）位于内蒙古自治区乌兰察布市察右中旗境内，地处阴山北脉、大青山东段，是国家4A级旅游景区。景区平均海拔2100米，方圆180平方千米，植被覆盖率达90%以上，是世界三大高山草甸草原之一。这里是第四纪冰川的典型地质遗存，地质构造复杂，山林间遍布的火山岩距今已有1亿年的历史，有"大青山地质博物馆"之称。现存有秦长城、赵长城、沃阳城、官山卫、兵器库、点将台、烽火台和议事台等多处遗迹，印证着历史的悠久和岁月的沧桑。

每到旅游季节，整个草原绿草如茵、鲜花点点、毡包座座，牛羊片片、牧歌悠扬、奶酒飘香，绘成一幅美丽的草原风情画。更为神奇的是，广阔的草原上分布着星罗棋布的大小湖泊，古人称"九十九泉"。这里环境气候独特，年平均气温18℃，是不可多得的塞外避暑旅游胜地，被中外游客誉为"天堂草原·清凉乐园"。

第四节　宁夏回族自治区

一、概况

宁夏回族自治区简称"宁"，首府设在银川市，是我国回族主要聚居的省级民族自治区。全区面积约 6.64 万平方千米，人口约 728 万（截至 2023 年底）。宁夏回族自治区除回族外，还有汉族、维吾尔族、东乡族、哈萨克族、撒拉族和保安族等。

宁夏境内地势平坦，土壤肥沃，是我国重要商品粮基地之一，有"天下黄河富宁夏""塞上江南"的美誉。宁夏是中华民族远古文明发祥地之一，早在 3 万年前的旧石器时代，就有人类在此生息繁衍。1038 年，党项族的首领李元昊在此建立了西夏王朝。自元代始，这里成为中国回族的主要聚居地。古老的黄河文明、神秘的西夏历史、雄浑的大漠风光，构成了多姿多彩的旅游资源。著名景点有银川海宝塔、银川承天寺塔、银川镇北堡西部影视城、须弥山石窟、石空山石窟、灵武县水洞沟遗址、西夏王陵、一百零八塔、同心清真大寺、贺兰山小滚钟口和中卫高庙等。

二、主要旅游文化胜地

（一）银川镇北堡西部影视城

镇北堡西部影视城（Chuan Zhenbeipu Western Cinema）是我国 5A 级景区，地处银川西郊镇北堡，距市区 38 千米，原址为明清时代的边防城堡，有两座城堡即"老堡"和"新堡"。老堡始建于明弘治十三年（1500 年）；新堡始建于清乾隆五年（1740 年）。两堡一南一北，均坐西朝东。紧邻沿山公路东侧的老堡已被风蚀殆尽，仅存残墙断垣，形制尚存。城东西长 175 米，南北宽 160 米，向北穿过城中黄土路，是老堡瓮城遗址。新堡城池较完整，东西长 170 米，南北宽 150 米，墙体用黄土夯筑而成，高 10 余米。东面辟有半圆形瓮城，城门南侧有一斜坡可登上城墙。城墙宽 5 米，墙上筑砌有 1.8 米高的蝶墙垛口。城墙四角原建有角楼，角楼基址依稀可见。

镇北堡西部影视城 1993 年由著名作家张贤亮创办，迄今为止，这里已拍摄了获得国际国内大奖的影片《牧马人》《红高粱》《黄河谣》《老人与狗》，以及著名影视剧《大话西游》《新龙门客栈》《绝地苍狼》等五十多部影视剧。镇北堡西部影视城在中国众多的影视城中以古朴、原始、粗犷、荒凉、民间化为特色，这里摄制影片之多，升起明星之多，获得国际、国内影视大奖之多，皆为中国各地影视城之冠，是中外游客来宁夏的必游之处。

（二）沙坡头旅游区

沙坡头旅游区（Shapotou Tourist Area）位于宁夏中卫市城西 20 千米的腾格里沙漠东南边缘处，景区集大漠、黄河、高山、绿洲于一处，既具西北风光之雄奇，又兼江南景色之秀美，是国家级沙漠生态自然保护区。2007 年 5 月，中卫市沙坡头旅游景区获准为国家 5A 级旅游景区。

沙坡头游览区有三大特色：其一是滑沙。游人从高约百米的沙坡头的坡顶往下滑，由于特殊的地理环境和地质结构，滑沙时座下会发出一种奇特的响声如洪钟巨鼓，沉闷浑厚称为"金沙鸣钟"；其二是沙山北面是浩瀚无垠的腾格里沙漠，而沙山南面则是一片郁郁葱葱的沙漠绿洲。游人既可以在这里观赏沙漠景色，又可以眺望包兰铁路如一条绿龙伸向远方；其三是乘古老的渡河工具羊皮筏，在滔滔黄河之中，渡向彼岸。

作为黄河和沙漠交会的地方，沙坡头凭借黄河与沙漠两大得天独厚的旅游资源，成功地开发了独具特色的精品旅游项目——黄河漂流游、沙漠探险游和治沙成果游，深受游客喜爱。

第五节　甘肃省

一、概况

甘肃省简称"甘"，因境内有陇山，故又简称"陇"，省会兰州市。甘肃省面积42.59万平方千米，人口约2465万（截至2023年）。

甘肃是古丝绸之路的锁匙之地和黄金路段，也是华夏文明和中医药学的发祥地之一，被誉为"河岳根源、羲轩桑梓"。河西走廊是甘肃著名的粮仓，也是昔日铁马金戈的古战场和古丝绸之路的交通要道。主要景点有敦煌石窟、长城嘉峪关、兰州五泉山、兰州白塔山、天水麦积山石窟、永靖炳灵寺石窟、夏河拉卜楞寺、榆中兴隆山、张掖大佛寺、平凉崆峒山、敦煌鸣沙山——月牙泉等。

二、主要旅游文化胜地

（一）敦煌莫高窟

敦煌莫高窟（The Mogao Grottoes of Dunhuang）俗称千佛洞，位于甘肃敦煌市东南25千米的鸣沙山东麓崖壁上，上下五层，南北长约600米。敦煌莫高窟始凿于前秦建元二年（公元366年），后经十六国至元十几个朝代的开凿，形成一座内容丰富、规模宏大的石窟群。现存洞窟492个，壁画45000平方米，彩塑240余身，飞天4000余身，唐宋木结构建筑5座，莲花柱石和铺地花砖数千块，是一处由建筑、绘画、雕塑组成的博大精深的综合艺术殿堂，也是世界上现存规模最宏大、保存最完好的佛教艺术宝库，被誉为"东方艺术明珠"。20世纪初又发现了藏经洞（莫高窟第17洞），洞内藏有从4—10世纪的写经、文书和文物五六万件，引起国内外学者极大关注，形成了著名的敦煌学。

敦煌莫高窟艺术包括建筑艺术、彩塑艺术、壁画艺术和敦煌文书四大部分，窟的形制有禅窟与中心柱、方形佛殿式的覆斗式。塑像是敦煌石窟艺术的主体，除了几尊高达数10米的石胎泥塑外，都是彩绘泥塑。壁画大致可分为佛像、神怪、故事、肖像、经变、佛教史迹和装饰图案画7大类。

莫高窟是一座伟大的艺术宫殿，是一部形象的百科全书，它以数量浩繁、技艺卓越的壁画艺术向人们展示了公元4世纪到14世纪千余年间的社会历史图景。1987年12月，甘肃敦煌莫高窟被联合国教科文组织作为文化遗产列入《世界遗产名录》。

【知识拓展】

此生无悔入敦煌
——敦煌研究员 文物保护者

大漠深处，鸣沙山上，敦煌莫高窟静守着，延续一千多年的信仰。这里曾历经劫难，有人来了，有人走了，一代又一代人，在这里留下了欢笑与悲歌。不过也有一些人，来了就再也没有离开过，他们将自己的一生交付于这里，只为了守护这座千年古窟，让莫高窟依然在戈壁中焕发光彩，熠熠生辉。大历史，小工匠；择一事，终一生，他们就是敦煌研究院文物保护利用群体。

他们坚守大漠76载春秋，从国立敦煌艺术研究所，到敦煌文物研究所，再到敦煌研究院，从常书鸿、段文杰、樊锦诗，再到赵声良，几代莫高窟人坚守不易，扎根大漠数十年，一生只为一件事，将自己的青春热血甚至生命，留在了这片土地上。孕育"莫高精神"——坚守大漠，甘于奉献，勇于担当，开拓进取。这是敦煌研究院76载薪火相传、生生不息的源泉和动力，是讲好中国故事，促进文明交流互鉴的强大精神力量。

敬业、精益、专注、创新，这是我们广为推崇的工匠精神，文物修复最需要的就是这样的精神，几代敦煌人用自己的行动践行大国工匠精神。李云鹤1956年来到敦煌，是现在敦煌研究院里，工作时间最长的文物修复师，60多年间，他参与修复壁画近4000平方米，塑像500余身，并获得多项研究成果，被誉为我国"文物修复界泰斗"。如今，他依然背着磨得发亮的工具箱，穿行于各个洞窟之间，专注地修复着壁画和塑像。新时代需要这样的工匠精神，培育和弘扬严谨认真、精益求精、追求完美的工匠精神，树匠心、育匠人，才能更好地保护千年文化瑰宝。

使命召唤担当，榜样引领前行。76年来，一批又一批年轻人，秉承"莫高精神"，从四面八方来到敦煌，扎根打磨，奉献青春芳华，担当起文化保护与传承的责任。如今的敦煌研究院，已经从建院之初的18人发展到1463人。正是在这些守护者和传承者的努力下，敦煌研究院多学科协同深入挖掘敦煌文化的多元价值，在文化遗产"保护、研究、弘扬"方面取得了令世人瞩目的成绩。而在未来，还会有更多的人加入其中，一起奋斗一起坚守，让千年古窟焕发新生。古老的莫高窟，正书写着新的传奇，几代人在这里用时间去印证"择一事，终一生"的人生选择，用时间去诠释"坚守大漠、甘于奉献、勇于担当、开拓进取"的"莫高精神"，代代相传，生生不息。"莫高精神"不仅植根于中华传统文化的沃土中，也不断激发新时代年轻人，不忘初心、牢记使命、艰苦奋斗，找到自我的人生价值。

（二）敦煌世界地质公园雅丹景区

敦煌世界地质公园雅丹景区（Yadan Scenic Area of Dunhuang World Geopark）位于甘肃省敦煌市西北约 180 千米处的戈壁上，2015 年加入教科文组织世界地质公园网络。

敦煌世界地质公园由雅丹景区、鸣沙山月牙泉景区、自然景观游览区和文化遗址游览区组成，公园总面积 2067.2 平方千米。其中，雅丹景区主要以雅丹地貌、戈壁沙漠地貌、断层构造与沉积构造为主。雅丹地貌的形成经历了一个漫长的历史过程，由湖底沉积、地壳变化、雨水冲刷、劲风侵蚀而成，形成颇具规则的沟谷、高矮不等的土岗和如刀刻斧凿过的雅丹体，独特的地质景观深受游客欢迎。

（三）崆峒山风景名胜区

崆峒山（Kongtong Mountains Scenic Area）位于甘肃省平凉市西 15 千米，海拔 2123 米，面积 30 平方千米，是古丝绸之路长安通往西域之要塞，融自然美和人文美于一体的人文生态旅游景区。古往今来以奇、险、灵、秀的自然风光和厚重深邃的文化底蕴，赢得"西来第一山""西镇奇观""崆峒山色天下秀""中国道教第一山"等诸多美誉。2007 年 5 月成为国家首批 5A 级旅游景区。

崆峒山林木葱茏，峰险石奇，既有北方山势之雄，又兼南国山色之秀，是天然的动植物王国，有各类植物 1000 多种、动物 300 余种，森林覆盖率达 90% 以上。人文始祖轩辕黄帝亲自登临崆峒山，向广成子请教治国之道和养生之术，因而崆峒山被誉为"道源圣地"。司马迁、杜甫、白居易、赵时春、林则徐、谭嗣同等历代文人墨客在此留下了大量的诗词、华章、碑碣、铭文。崆峒武术与少林、武当、峨眉、昆仑并称为中华五大武术流派，驰名华夏。

【本章小结】

本旅游区包括内蒙古自治区、宁夏回族自治区、新疆维吾尔自治区和甘肃省三区一省。本区深居亚欧大陆中部，远离大海，形成了温带大陆性干旱、半干旱气候。本区自然旅游资源丰富，文化底蕴丰厚，历史文物古迹众多，少数民族风情浓郁，旅游资源以荒漠、草原、戈壁、绿洲、丝路文化、西夏文化、古都文化和民族风情为特色，旅游开发前景广阔。

课堂互动

1. 请根据本旅游区的自然地理环境和人文地理环境，分析归纳该区旅游资源的特点。

2. 请查找资料分析敦煌高窟被联合国教科文组织列入世界文化遗产名录的原因。

探研思辨

1. 2014 年中央工作会议提出了丝绸之路"一带一路"举措。意在密切中国与世界各国之间的经贸合作，提升中国对外开放水平，促进世界经济共同发展。"一带一路"

倡议的最大特色，就是突出了一个"新"字，是新一届党中央和国务院领导人，在新的历史发展时期提出来并体现出新思维、谋求新发展、开拓新局面、创造新辉煌的重大战略决策，上行下效一呼百应。

（1）"一带一路"与古代丝绸之路的联系和区别是什么？

（2）在调查研究的基础上试述本地区对"一带一路"倡议的响应事例。

2.甘肃是岐黄中医药文化发祥地，"华夏中医始祖"岐伯与轩辕黄帝坐而论道，《黄帝内经》由此行世。这里也是我国中药材主产区，当归等道地药材驰名全国。十九大以来，借助建设全国唯一的国家中医药产业发展综合试验区契机，甘肃为振兴全省中医药事业"把脉开方"，逐渐形成中药材优质优价、"陇药"品牌越擦越亮、"南药北贮"格局凸显的新趋势。

岐黄文化是中医药文化的源泉，是中华优秀传统文化的重要部分，传承发扬岐黄中医药文化对丰富传统文化内容，振兴中医药理论自信都具有重大意义。随着西医学的快速发展，西方医学思想模式对传统中医药岐黄文化带来巨大的冲击，加强岐黄中医药文化传承保护非常迫切。阐明岐黄中医药文化的丰富内涵，探讨中医药岐黄文化发展传承策略至关重要。

问题：结合自己的专业，谈一谈你将如何在工作中传承与发展岐黄文化？

第十二章　山海胜境多元文化旅游区 ▷▷▷

【思维导图】

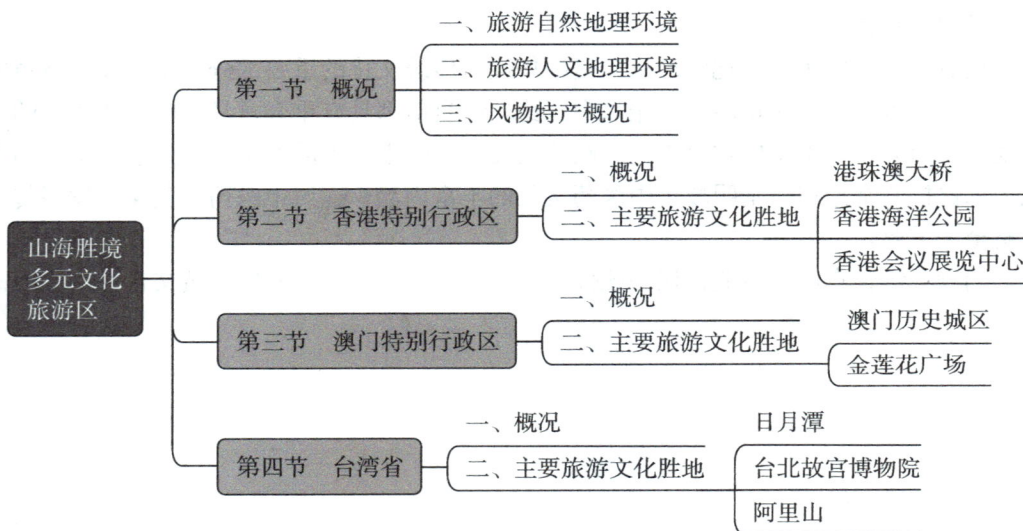

【知识目标】

1. 掌握：本旅游区的自然地理环境和人文地理环境特征。

2. 熟悉：本旅游区的主要旅游文化胜地。

3. 理解：本旅游区概况及风物特产。

【能力目标】

1. 能够根据本旅游区自然地理环境及人文地理环境，分析该区旅游资源特点，提高分析问题、总结归纳能力。

2. 能够根据本旅游区旅游资源的特点与分布，进行旅游线路设计，增强自主学习、解决问题的能力。

3. 能够运用所学知识制作本区旅游文化胜地导游词，并熟练地进行讲解，提升语言表达、人际沟通能力。

【思政目标】

1. 通过情境导入和相关知识拓展，领悟家国情怀、一国两制的概念、以人民为中心的社会主义制度优越性及倡导和平外交的大国风范。

2. 通过学习港珠澳大桥建设历程，感悟中国智慧和大国工匠精神。

【情境导入】

港澳文化和旅游推广季

2022年7月27日，由文化和旅游部主办、中外文化交流中心承办的2022"美丽中国·心睇验"推广活动暨2022年港澳文化和旅游推广季启动仪式以线上线下相结合的形式举办。

2022年是国家"十四五"规划推进的关键一年，适逢香港回归祖国25周年，粤港澳大湾区建设也迈入了全面深度发展的新阶段。香港故宫文化博物馆等文化地标的建成不仅有助于坚定港澳民众的文化自信和家国情怀，同时也将通过香港独具的国际视野和特区优势，为在世界舞台上讲好中国故事、传播好中国声音发挥积极作用。香港是国际和内地旅客的旅游热点，具备落实《粤港澳大湾区发展规划纲要》和《粤港澳大湾区文化和旅游发展规划》的优越条件。香港将在"一程多站"式旅游发展中作出贡献，积极促进文化和旅游融合发展，改善旅游配套及设施，培育具有特色的旅游产品及项目。该活动亦有助于澳门市民从不同角度感受内地的旅游资源和历史文化，为探索美丽的祖国山河做好准备，也为内地省市和澳门开展互拓客源等合作方面奠定良好的基础。

本旅游区正在通过自己独特的方式向大陆旅游业界和媒体代表推介旅游线路以及数字化和文创产品，拓展市场，助推旅游业可持续发展。

第一节　概　况

山海胜境多元文化旅游区由香港特别行政区、澳门特别行政区和台湾省组成，因为三地在政治、经济和文化体制上有诸多类似，又有别于中国内地，故我们常常将香港、澳门和台湾统称为"港澳台"。

一、旅游自然地理环境

(一) 多低山丘陵，海岸线绵长

本区主要以岛屿或半岛的形式存在，地势低缓，多为低山丘陵。台湾岛是我国最大的岛屿。香港特别行政区由香港岛、九龙半岛、新界及附近200多个离岛组成，岛上多低山丘陵，平地面积较小。本区面临浩瀚的太平洋，海岸线绵长，有许多优良海港和丰富的海滨旅游资源。如香港的维多利亚港，澳门的内外港口，台湾的高雄港等。香港岛的浅水湾被称为天下第一湾，是香港最美丽的，最具代表性的海滩。澳门黑沙湾海滩和竹湾海滩均为著名的海滨浴场。台湾岛的海岸线长达1140千米，也分布有许多理想的海滨浴场。

（二）海洋性季风气候，夏季有台风

台湾地区中部有北回归线穿过，属亚热带——热带过渡海洋性季风气候，气候温暖湿润，夏季长达 7 ～ 10 个月，受海洋影响较大，年均降水量在 2000 毫米以上。作物一年三熟，水果品种繁多，以香蕉、菠萝、柑橘、木瓜等为主。港澳地区属亚热带海洋性季风气候，夏季炎热潮湿，冬季微冷干燥，春秋两季不明显。全年平均气温在 22℃左右，港澳台夏季都有台风经过。台湾岛北部海岸多被台风、海浪冲蚀，鬼斧神工，千奇百怪，有"海上龙宫"的雅号。

（三）天然植物园和动物王国，动植物繁盛

本区植物类型复杂多样，森林覆盖率达 50% 以上，从热带到寒带的树林，应有尽有。树木品种多达 9000 多种，相当于欧洲大陆木本植物种数的三分之二。花卉种类繁多，樱花、梅花、杜鹃、山茶等名花异草，比比皆是，其中仅兰花就有上百种，是亚洲有名的天然植物园。

本区野生动物众多，包括猴类、豹猫、麝香猫、果子狸、穿山甲、野猪、鹿、蛇、蜥蜴等。尤其台湾盛产蝴蝶，是世界著名的"蝴蝶观光区"，蝴蝶品种达四百多种，其中木生蝶、阔尾凤蝶等是罕见稀有珍品。高雄等地还有"蝴蝶谷"，栖息着数以百万计的各种蝴蝶。每年这里约有四千万只蝴蝶经加工成标本出口，被誉为"蝴蝶王国"。

二、旅游人文地理环境

（一）多元融合的文化特征

1842—1997 年间，香港被英国所殖民，1997 年中国政府正式收回香港，并设为特别行政区。澳门在 16 世纪被葡萄牙占领，1999 年中国政府正式收回澳门，并设为特别行政区。台湾地区自古为我国领土的一部分，1889 年被日本侵占，1945 年抗日战争胜利后归还中国。三地在被殖民帝国长期统治的过程中，本地传统文化与外来文化经历了冲突与融合，特殊的地理环境、历史条件使本区文化具有多元复合型特征，既有中国传统文化的基本特征，又受到外来文化的深刻影响，并兼具少数民族文化习俗。

（二）港口众多，进出口贸易发达

优越的地理位置和众多的良港，决定了本区经济以对外贸易为本。香港是自由贸易港，与 160 多个国家和地区都有贸易往来，除少数商品征税外，一般消费品均可免税进口。因此，市场上各国产品云集，价格较低，被称为"世界商品橱窗"和"购物天堂"。澳门也是自由港，烟酒税较低，外国烟酒等比香港还便宜，高档商品则稍逊于香港，但贸易量也非常大，活跃的贸易往来刺激了游客增长，促进了旅游业的发展。

（三）旅游城市中外闻名

本区主要旅游城市中，香港被称为"东方明珠"，澳门被称为"自由贸易港"，台北被称为"健康城市"，桃园被称为"幸福城市"。主要旅游名胜有香港：太平山顶、浅水湾、杜莎夫人蜡像馆、香港海洋公园、兰桂坊、香港会议展览中心、尖沙咀、香港太空馆、黄大仙祠、大屿山宝莲寺、香港迪斯尼乐园等。澳门：大三巴牌坊、妈祖庙、海事博物馆、莲峰庙、普济禅院、大炮台城堡、葡萄酒博物馆、渔人码头、白鸽巢公园等。台湾地区：日月潭、阿里山、阳明山、大冈山、鹅銮鼻、观音山、龙山寺、北投温泉、大屯火山、台北中山纪念馆、台北故宫博物院等。

三、风物特产概况

该区的气候、地形、地势和特殊的旅游文化，孕育了品种多样的风物特产。金门高粱酒是我国台湾地区的三大名酒之一，清香典雅、味绵醇厚、甘冽净爽、余味久长。冻顶茶被誉为台湾茶中之圣，产于台湾省南投鹿谷乡。它的鲜叶采自青心乌龙品种的茶树，故又名"冻顶乌龙"。冻顶为山名，乌龙为品种名。冻顶茶品质优异，汤味醇厚，喉韵回甘强。牡蛎在台湾又被人们俗称为"呵仔"。台湾地区的牡蛎养殖业已有200余年的历史，全省可养殖牡蛎的海岸线长达200多千米。彰化、云林、嘉义等县是台湾牡蛎的主要产地，这里自然条件得天独厚，所产的牡蛎享誉世界。牡蛎含有较多的维生素，又含有丰富的碘质，并且肉质柔软，易于消化。中医认为牡蛎可用于治疗头晕、盗汗等病症。

此外，香港的元朗老婆饼以其独特的加工工艺在香港市场上独占鳌头，是馈赠亲友的精美礼品。香港琳琅满目、设计新颖、做工精细、价格合理的珠宝中外驰名，可供不同年龄的人士选择和佩戴。澳门的葡国葡萄酒历史悠久、味道甘醇、质量上乘。葡式蛋挞是澳门小吃中最著名的，入口酥软兼备，深受食客的喜爱。

第二节　香港特别行政区

一、概况

香港特别行政区由香港岛、九龙半岛、新界以及其他离岛组成，陆地总面积为1106.34平方千米，海域面积为1648.69平方千米，人口约为750万余人（截至2023年）。香港属亚热带气候区，冬季的温度可能跌至10℃以下，夏季则往往回升至31℃以上，雨量集中在5～9月间，约占全年雨量的80%。

香港是全球第三大金融中心，是亚太地区联络东南亚和欧洲、美洲、大洋洲的枢纽，出口加工、商贸、金融业发达，有"东方之珠""旅游购物天堂"之称。主要景点有尖沙咀、金紫荆广场、沙田马场、太平山、大屿山天坛大佛、海洋公园、维多利亚港、香港迪士尼乐园等。

【知识拓展】

香港特别行政区区徽

　　香港特别行政区区徽呈圆形，外周写有"中华人民共和国香港特别行政区"和"HONG KONG"的标准字样外，中间是红底红色五星白色紫荆花蕊图案，白色紫荆花代表香港，紫荆花红底寓意香港是祖国不可分离的一部分，并将在祖国怀抱中兴旺发达。花蕊上的五星象征香港同胞热爱祖国，分别采用白、红不同颜色，象征"一国两制"。

二、主要旅游文化胜地

（一）港珠澳大桥

　　港珠澳大桥（Hong Kong–Zhuhai–Macao Bridge）是广东省、香港特别行政区和澳门特别行政区三地政府在"一国两制"方针下共同开发的首个大型基础设施项目，从设计到建设前后历时 14 年。大桥全长 55 千米，集桥、岛、隧于一体，是目前世界上最长的跨海大桥。大桥包含一段 6.7 千米的海底隧道，是我国第一条外海沉管隧道，也是目前世界上最长的公路沉管隧道。它通过东西两个海中人工岛（蓝海豚岛和白海豚岛）与桥梁部分连接。港珠澳大桥桥隧建筑风格设计汇聚粤港澳三地文化元素，浓缩三地共同的文化记忆，同时寓意三地通力合作、共同建设"世纪工程"。

【知识拓展】

港珠澳大桥的五大"世界之最"

　　港珠澳大桥在建设的过程中，创下了许多奇迹，多项世界之最，彰显了中国智慧和奋斗精神。

　　世界上最长的跨海大桥：港珠澳大桥集桥、岛、隧于一体，全长 55 千米。

　　世界上最长的海底隧道：隧道全长 6.7 千米，由 33 个巨型沉管组成，全部采用沉箱预制搭建。

　　世界上最长的钢结构桥梁：桥梁的主梁钢板用量达到 42 万吨，相当于建 60 座埃菲尔铁塔的重量。

　　世界上最大的起重船：承担最终接头的起重船"振华 30"，具备单臂固定起吊 12000 吨、单臂全回转起吊 7000 吨的能力。

　　世界上最大橡胶隔震支座：该支座承载力约 3000 吨，可为港珠澳大桥抵抗 16 台风、8 级地震以及 30 万吨巨轮撞击。

（二）香港海洋公园

香港海洋公园（Ocean Park Hongkong）位于香港港岛南区黄竹坑，在 1977 年 1 月

10 日开幕，是一座集海陆动物、机动游戏和大型表演于一身的世界级主题公园，拥有东南亚最大的海洋水族馆及主题游乐园，凭山临海，旖旎多姿，是访港游客最爱光顾的地方。香港海洋公园建筑分布于南朗山上及黄竹坑谷地。山上以海洋馆、海洋剧场、海涛馆、机动游戏为主。山下则有水上乐园、花园剧场、金鱼馆及仿照历代文物所建的集古村，并有民间艺术表演。在这里不仅可以看到趣味十足的露天游乐场、海豚表演，还有千奇百怪的海洋鱼类、高耸入云的海洋摩天塔，更有惊险刺激的月矿飞车、极速之旅，堪称科普、观光、娱乐的完美组合。

（三）香港会议展览中心

香港会议展览中心（Hong Kong Convention and Exhibition Center，HKCEC）位于香港湾仔，是世界最大的展览馆之一、香港区海边最新建筑群中的代表者之一。整个建筑的外形犹如一只向天空展翅飞翔的巨鸟，铝金属与玻璃的结合营造出很强的现代感，内有大礼堂及多个展厅，分布于三层建筑之中。展览中心的新翼由填海扩建而成，还有两间五星级酒店、办公大楼和豪华公寓各一幢。

1997 年香港回归时，主权交接仪式就在展览中心举行。除了作大型会议及展览用途之外，展览中心也经常举办艺术表演，以及每年百场以上的电影首映。中心外耸立的回归纪念碑、紫荆花铜像及维多利亚港海景，使这里成为新的观光景点。

第三节　澳门特别行政区

一、概况

澳门特别行政区位于我国南部，与广东省珠海市接壤，由澳门半岛、氹仔岛、路环岛组成，面积约为 32.9 平方千米，人口约为 68.4 万（截至 2023 年）。澳门北靠亚洲大陆，南临广阔热带海洋，年平均气温 22.6℃。冬季雨量较少，天气干燥；夏季气温较高，湿度大，降雨量充沛，每年 5～10 月为台风季节。

澳门的官方语言为中文和葡文。西方文化与中国文化在澳门长期交融，形成建筑中西合璧、宗教和平共处、种族和谐相融等多元文化特色。在澳门，中西习俗都受到尊重，为居民所接受。中国的节日如国庆节、春节、中秋节、清明节、端午节，葡萄牙的节日如葡国自由日、葡国国庆，以及西方的宗教节日如圣诞节、复活节等，都有公众假期。澳门经济呈现多元化发展趋势，旅游、会展、金融、中医药等产业稳步发展。主要旅游景点有大三巴牌坊、妈阁庙、东望洋山、澳门塔、澳门回归广场等。

二、主要旅游文化胜地

（一）澳门历史城区

澳门历史城区（Historic Centre of Macao）是一片以澳门旧城区为核心的历史街区，

其间以相邻的广场和街道连接而成，包括 22 座建筑和 8 个广场前地，这个大范围的建筑群，风格统一，呈现着海港城市和传统中葡聚居地的典型特色。澳门历史城区保存了澳门四百多年中西文化交流的历史精髓，是中国境内现存年代最远、规模最大、保存最完整和最集中的以西式建筑为主、中西式建筑互相辉映的历史城区，也是西方宗教文化在中国和远东地区传播历史重要的见证，更是四百多年来中西文化交流互补、多元共存的结晶。2005 年澳门历史城区列入了《世界遗产名录》。

澳门历史城区的 22 座建筑详见下文。

1. 妈阁庙   约于 1605 年以前建成，是澳门现存庙宇中有实物可考的最古老的庙宇，也是澳门文物中原建筑物保存至今时间最长的。该庙包括"神山第一"殿、正觉禅林、弘仁殿、观音阁等建筑物。早期称娘妈庙、天妃庙或海觉寺，后定名"妈祖阁"，华人俗称"妈阁庙"。

【 知识拓展 】

妈祖文化

"妈祖"在福建话里是"母亲"的意思。"妈祖"姓林名默，宋朝福建莆田人，自幼聪颖，得老道秘传法术，能通神，经常在海上搭救遇难船只，"升天"后仍屡次在海上显灵，救助遇难的人。人们感其恩德，尊为护航海神，历代王朝也多次封谥，明朝时晋封为"天后"。

相传 400 多年前，明代有一福建商人在澳门附近遭遇飓风，危在旦夕，幸得"显灵海上消灾解难"的天后娘娘解难相救。后来这位商人在神女显圣处设庙纪念以谢神恩，被称为"娘妈庙"。

妈阁庙平时香火不绝，每年农历除夕和农历三月二十三日"天后"神诞，香火更甚。四方香客云集于此上香拜祀、叩首祈福，并举行丰富多彩的节目助兴，这时妈阁庙上紫烟弥漫，一派祥和，这就是澳门八景之一的"妈阁紫烟"的景色。

2. 港务局大楼   1874 年建成，原称摩尔兵营，俗称水师厂，由一位意大利人卡苏杜（Cassuto）设计，是当时由印度来澳的警察的营地，后来曾作为水警稽查队和港务局的办公室。

3. 郑家大屋   建于 1869 年前，是中国近代著名思想家郑观应的故居，是一院落式大宅。建筑虽主要以中国形制构建，却处处体现中西结合之特色，中式建筑手法主要表现于屋顶、梁架结构，内院中多样的窗户，还有趟栊门等；而受西方或外国影响的则印证于一些室内天花的处理、门楣窗楣的式样、檐口线，以及外墙之抹灰。郑家大屋于 2018 年获联合国教科文组织亚太地区世界遗产培训与研究中心授予"世界遗产青少年教育基地"称号。

4. 圣老楞佐教堂   创建于 16 世纪中叶，是澳门三大古教堂之一，目前的规模形成于 1846 年，华人称为"风顺堂"，有祈求"风调雨顺"之意。教堂建筑美轮美奂，教堂外观的特征是在欧洲古典式的基础上带有巴洛克风格。

5. 圣若瑟修道院及圣堂　于 1728 年由耶稣会士创办，在 200 多年的办学过程中，修道院培养了许多中国和东南亚各地的教会人才。与修道院毗连的圣堂于 1758 年落成，本地人称它为"三巴仔"，具有巴洛克建筑风格特色。

6. 岗顶剧院　原称伯多禄五世剧院，建于 1860 年，但当时只建成主体部分，至 1873 年才加建具新古典主义建筑特色的正立面。它是中国第一所西式剧院，供戏剧及音乐会演出之用，也是当年葡人社群举行重要活动的场所。

7. 何东图书馆大楼　建于清光绪二十年（1894 年）以前，原主人为官也夫人（D. Carolina Cunha）。香港富商何东爵士于 1918 年购入该大楼，作为来澳门居住时的别墅。何东爵士逝世后，其后人根据他的遗嘱，将大楼赠予澳门当局作开设公共图书馆之用，1958 年图书馆正式对外开放。

8. 圣奥斯定教堂　由西班牙奥斯定会修士于 1591 年创建。教堂最初的建筑非常简陋，教士们使用蒲葵叶覆盖屋顶来遮挡风雨，每当大风吹来，蒲葵叶便随风飞扬，华人远远望去，觉得这情景像龙须竖起，就称教堂作"龙须庙"。

9. 民政总署大楼　建于 1784 年，后曾多次重修，目前规模是 1874 年重修时形成的，具有明显的南欧建筑艺术特色，现为市政署大楼。

10. 三街会馆（关帝庙）　建于 18 世纪，其所在地原为昔日澳门之"荣宁坊"，故其门前之社坛现仍刻有荣宁社字样，且有联云"荣居康乐境，宁享太平年"。会馆初设时只是商人议事的场所，后因馆中设有关帝神殿及财帛星君殿，祀者日众，庙宇成为会馆的主要功能。

11. 仁慈堂大楼　于 1569 年由澳门首任主教贾尼路创立，负责慈善救济的工作，故名"仁慈堂"。仁慈堂开办了中国第一间西式医院白马行医院，并设育婴堂、麻风院、老人院、孤儿院等机构。

12. 大堂（主教座堂）　约于 1622 年建造，主祭坛空间深远，设计简单，仅仅以彩色玻璃窗为背景，因为祭坛下面掩埋着 16 世纪和 17 世纪的主教和圣徒遗骨，为教堂带来无限的荣光。

13. 卢家大屋　位于大堂巷 7 号，是澳门著名商人卢九家族的旧居，约于清光绪十五年（1889 年）落成。卢家大屋是用厚青砖建造的中式两层建筑，是典型的中式大宅，也是晚清时期粤中民居温婉纤细建筑风格的典型例子。

14. 玫瑰堂　由道明会创建于 1587 年，是该会在中国的第一所教堂。教堂初时用木板搭建，华人称为"板樟庙"，又因教堂供奉玫瑰圣母，故又称"玫瑰堂"。整座教堂建筑富丽堂皇，其巴洛克建筑风格的祭坛更是典雅精致。教堂旁的"圣物宝库"收藏了 300 多件澳门天主教珍贵文物。

15. 大三巴牌坊　是附属于圣保禄学院的天主之母教堂前壁的遗迹。学院于 1594 年成立，1762 年结束，是远东地区第一所西式大学。1835 年一场大火将学院及教堂烧毁，仅剩下教堂的前壁。本地人因教堂前壁形似中国传统牌坊，将之称为大三巴牌坊。

16. 哪吒庙　位于大三巴牌坊后右侧，创建于 1888 年，改建于 1901 年，庙内供奉哪吒。哪吒庙与大三巴牌坊同在一山坡上，依附在旧城墙一侧，为两进式建筑，但中间没有天井，是传统中式庙宇中较罕见的例子。

17. 旧城墙遗址 葡人在澳门建城墙，最早可追溯至明朝隆庆三年（1569年）。从当时澳门城市图可见，整个澳门城除西部内港外，北部、东部及南部均建有城墙，并于诸要塞处建置炮台，使澳门成为一座军事防范严密的城堡。现存的旧城墙遗址，正是当时所建的一部分。

18. 大炮台 创建于1617年，至1626年建成，名为圣保禄炮台，澳门居民多称为"大炮台"。炮台占地约八千平方米，呈不规则四边形，是当时澳门防御系统的核心，构成一个覆盖东西海岸的宽大炮火防卫网。

19. 圣安多尼教堂（花王堂） 约建于1558至1560年间，是澳门三大古老教堂之一。澳门早期的教堂大多经历烈火洗礼，圣安多尼堂也不例外，今天我们看到的教堂是1930年重修后的规模。葡人婚礼多在此举行，华人因此将之称为"花王堂"。

20. 东方基金会会址 建于18世纪70年代，原址是葡国商人俾利喇（Manuel Perreira）的别墅。20世纪60年代后曾改作贾梅士博物院，现为东方基金会会址。

21. 基督教坟场 辟于1821年，原为东印度公司坟场，是澳门第一座基督新教坟场。坟场内的马礼逊教堂，是澳门第一座基督新教教堂，造型仿罗马建筑风格，为一座基督新教教堂在澳门早期的典型实例。

22. 东望洋炮台（包括圣母雪地殿圣堂及灯塔） 东望洋炮台始建于1622年，位于澳门半岛最高峰东望洋山之巅，俯瞰整个半岛，炮台上建有一灯塔及小教堂。建于1864年的东望洋灯塔是中国海岸第一座现代灯塔。灯塔侧的小教堂名为圣母雪地殿，建于1622年，教堂内的拱顶和墙身绘有彩色壁画，其绘画技巧融合中西艺术，在本地众多教堂中独一无二。

（二）金莲花广场

金莲花广场（Golden Lotus Square），即澳门回归纪念广场，位于澳门新口岸高美士街、毕士达大马路及友谊大马路之间。

为庆祝1999年澳门主权移交，中华人民共和国中央人民政府赠送了一尊名为《盛世莲花》的雕塑，分为大、小各一件。大型雕塑置于广场上，重6.5吨，高6米，花体部分最大直径3.6米；小型雕塑直径1米，高0.9米，于澳门回归纪念馆展出。莲花主体部分由花茎、花瓣和花芯组成，青铜铸造，表面贴金装饰，形似莲叶的基座部分则由二十三块红色花岗岩相叠组成，寓意澳门三岛。莲花是澳门特别行政区区花，莲花盛开、亭亭玉立、冉冉升腾，象征澳门永远繁荣昌盛。盛世莲花同香港金紫荆一起，是中国对港澳恢复行使主权的标志。

第四节　台湾地区

一、概况

台湾，简称"台"，位于中国大陆东南海域，东临太平洋，西隔台湾海峡与福建省相望，南界巴士海峡与菲律宾群岛相对。台湾面积约为 3.6 万平方千米。人口约为2341.9 万（截至 2023 年）。台湾地区包括我国第一大岛台湾岛及附属岛屿和澎湖列岛，其自然风光优美，文化底蕴深厚，有"宝岛"的美誉。台湾的地理位置得天独厚，扼西太平洋航道的中心，是中国与太平洋地区各国海上联系的重要交通枢纽。

台湾地区的地形南北长、东西窄。山地、丘陵占总面积的三分之二，平原占三分之一。海岸山脉（又称台东山脉、台湾山脉）、中央山脉、雪山山脉、玉山山脉和阿里山脉等五大山脉有"五条巨龙"之美誉，蜿蜒起伏，自东北至西南平行伏卧在台湾岛上。构成台湾地形的骨干是位置偏东的海岸山脉，为全岛主要分水岭。山岳高峻雄伟，气势磅礴。台湾属于亚热带海岛型气候，终年温暖潮湿，台中、花莲两地堪称四季如春；进入北回归线以南，则几乎可称全年如夏。主要旅游景点有日月潭、阿里山、北投温泉、阳明山风景区、垦丁和七星潭等。

二、主要旅游文化胜地

（一）日月潭

日月潭风景区（Sun Moon Lake），位于台湾省南投县鱼池乡，是台湾最大的天然湖泊，由玉山和阿里山的断裂盆地积水而成。环潭周长 35 千米，面积 7.93 平方千米，湖面海拔 748 米，潭中有一小岛名珠仔屿，亦名珠仔山，以此岛为界，北半湖形状如圆日，南半湖形状如一弯新月，日月潭因此而得名。

日月潭美景如画，春夏秋冬，晨昏晴雨，景色变幻无穷。尤其秋天夜晚，湖面轻笼着薄雾，明月倒映湖中，景色更为佳丽动人，双潭秋月成为台湾八景之一。日月潭也是台湾少数民族居住地，每年中秋圆月当空时，高山族的青年男女扛着又长又粗的竹竿，带着彩球，来到潭边跳起古老的民间舞蹈。他们重演着征服恶龙的民间故事，把太阳和月亮顶上天，让日月潭永远享有日月的光辉。

（二）台北故宫博物院

台北故宫博物院（Taipei Palace Museum），又称中山博物院，坐落在台北市基隆河北岸士林区外双溪，始建于 1962 年，1965 年夏落成。占地总面积约 16 公顷，依山傍水，外观仿北京故宫博物院，碧瓦黄墙，采用中国宫殿式建筑设计，共 4 层，正院呈梅花形。院前广场耸立由 6 根石柱组成的牌坊，气势宏伟，整座建筑庄重典雅，富有民族特色。院内设有 20 余间展览室，文化瑰宝不胜枚举。院内收藏有自北京故宫博物院、南京博物院、沈阳故宫、热河行宫、中国青铜器之乡——宝鸡运到台湾的二十四万余件文物，商周青铜器、历代的玉器、陶瓷、古籍文献、名画碑帖等皆为稀世之珍，展馆每三个月更换一次展品。文物中极品甚多，主要有铜器中的西周毛公鼎、散氏盘；玉器中的翠玉白菜、辟邪雕刻（六朝古墓出土）；书法中的王羲之《快雪时晴帖》及颜真卿、宋徽宗（赵佶）书法手迹；画卷中的张宏《华子冈图》及中唐至清历代名家的代表作；瓷器中的宋、明、清名窑名家亲制品，官窑制御用艺瓷等。

（三）阿里山

阿里山（Ali Mountain），位于台湾省嘉义市东 75 千米，海拔 2216 米，东面靠近台湾最高峰玉山。阿里山地形起伏变化很大，因受高山环绕影响，气候凉爽，年平均温度在 10℃左右，平均最低温度为 8℃，平均最高温 15.7℃。湿度大、雨量充沛（4 至 9 月为雨季，10 月至翌年 3 月为旱季），全年出现雾日达百余天。

阿里山地区曾是台湾重要的林场，如今则是驰名中外的森林游乐区，此地地势高亢，空气清爽宜人，夏季气温较平地低，故素以避暑胜地闻名。阿里山有令人沉醉的樱花，有璀璨的日出、云海、晚霞，有森林火车和神木，自然资源丰富珍贵，也保留了当地邹族 200 多年的人文资源。

【知识拓展】

台湾文化

台湾文化的母体是中华文化，同时构成中华文化的重要组成部分，也丰富了中华文化的内涵。中华文化根植于台湾民间，渗透在社会生活的各个方面。台湾通用普通话（国语），主要方言有闽南话、客家话。台湾少数民族使用自己的语言（如泰雅语、布农语、雅美语等），书写都使用汉字。台湾民间习俗大多是明清时期由福建、广东移民带入，沿袭至今，"处处表现闽粤风尚，事事彰显中华色彩"。儒家思想体现在台湾社会生活的各个方面。台湾宗教活动非常盛行，除佛教、道教、基督教外，还有妈祖、关公、开漳圣王、开台圣王、保生大帝等民间信仰。

【本章小结】

山海胜境多元文化旅游区包括香港特别行政区、澳门特别行政区和台湾地区。本旅游区自然地理环境多以岛屿、半岛形式存在，地势低缓，多为低山丘陵。宗教信仰兼容并蓄，建筑风格中西合璧，交通便利，经济以对外贸易为主。旅游资源丰富多样，风物特产独具特色。

课堂互动

1.请根据本旅游区的自然地理环境和人文地理环境，分析归纳该区旅游资源的特点。

2. 在澳门历史城区遗产点的 22 座建筑中，你最喜欢哪一处？请查找资料，进行详细的介绍，说明喜欢该景点的原因。

探研思辨

1. 中国人对桥情有独钟，它连接着过去与未来，向更远处延伸。中国已经开启"交通强国"新征程，中国桥梁人恰逢其时，奇迹在神州大地不断上演。伶仃洋上"作画"，大海深处"穿针"，历时 9 年建设，全长 55 千米，集桥、岛、隧于一体的港珠澳大桥横空出世。汇众智，聚众力，数以万计建设者百折不挠、不懈奋斗，用心血和汗水浇筑成了横跨三地的"海上长城"。从早期设想到最终落成，港珠澳大桥的建设过程，正是中国经济、科技、教育、装备、技术、工艺工法发展到一定程度上集成式创新的结果。

（1）请查找资料，从建设港珠澳大桥的目的和初衷，谈一谈建设港珠澳大桥的价值意义。

（2）港珠澳大桥建设的过程，正是中国国力不断向上攀升的过程。请查找港珠澳大桥建设过程中的一些典型的案例和事迹，说一说港珠澳大桥如何彰显中国人的智慧和奋斗精神。

2. 粤港澳大湾区包括香港特别行政区、澳门特别行政区和广东省广州市、深圳市、珠海市、佛山市、惠州市、东莞市、中山市、江门市、肇庆市，总面积 5.6 万平方千米，是我国开放程度最高、经济活力最强的区域之一，在国家发展大局中具有重要战略地位。粤港澳大湾区建设的战略定位是：要建成世界新兴产业、先进制造业和现代服务业基地，建设世界级城市群。

（1）请查阅粤港澳大湾区建设的相关资料，谈一谈打造粤港澳大湾区，建设世界级城市群的意义和作用。

（2）结合资料谈一谈，新时代粤港澳大湾区的发展现状、机遇与挑战。

主要参考书目 ▷▷▷

［1］李娟文，王红国．中国旅游地理［M］．大连：东北财经出版社，2017.
［2］曹培培．中国旅游地理（修订版）［M］．北京：清华大学出版社，2016.
［3］吴春美．中国旅游地理［M］．北京：旅游教育出版社，2016.
［4］刘刚，杨辉，湛杰．中国旅游地理［M］．北京：中国言实出版社，2020.
［5］杨载田．中国旅游地理［M］．北京：科学出版社，2014.
［6］芦爱英，王雁．中国旅游地理［M］．北京：高等教育出版社，2008.
［7］谢元博，麦霖．中国旅游文化［M］．北京：中国商业出版社，2014.
［8］韦燕生．中国旅游文化［M］．北京：旅游教育出版社，2014.
［9］潘宝明．中国旅游文化［M］．北京：中国旅游出版社，2020.
［10］邵世刚，何山．旅游概论［M］．北京：高等教育出版社，2020.
［11］冯秀红，胡强．世界遗产在中国［M］．北京：中国旅游出版社，2021.
［12］葛成飞．旅游文学［M］．北京：中国商业出版社，2014.